舰船装备保障工程丛书

舰船装备保障理论创新与实践

朱石坚 俞 翔 刘 勇 著

科学出版社
北京

内 容 简 介

本书针对舰船装备保障面临的挑战，在舰船装备保障理论方面提出若干新的想法和思路，包括海军舰船装备的技术责任型保障模式、"四位一体"的新型保障系统、保障能力建设的目标规划、军民融合背景下的分类保障决策模型、保障信息化建设的内容和途径、等级修理模式的优化及其配套机制建设、等级修理的层次目标及提升途径、舰船总体性能相关技术体系建设要求、基于向上综合的舰船装备技术状态评估方法、保障流程管理及其与质量管理的协同应用、保障资源需求的半结构化预测方法、引进装备保障战略的半结构化决策方法等，并结合这些理论上的创新，给出基于作者长期实践的诸多舰船装备保障实例。

本书可供从事装备保障的工程技术人员和管理者使用，也可作为装备保障专业本科生和研究生的参考书。

图书在版编目(CIP)数据

舰船装备保障理论创新与实践 / 朱石坚,俞翔,刘勇著. —北京:科学出版社,2016.12

(舰船装备保障工程丛书)

ISBN 978-7-03-051337-3

Ⅰ. ①舰… Ⅱ. ①朱… ②俞… ③刘… Ⅲ. ①军用船-装备保障-研究 Ⅳ. ①E925.6

中国版本图书馆 CIP 数据核字(2016)第 315203 号

责任编辑：张艳芬 / 责任校对：郭瑞芝
责任印制：吴兆东 / 封面设计：蓝 正

科 学 出 版 社 出版
北京东黄城根北街 16 号
邮政编码：100717
http://www.sciencep.com

固安县铭成印刷有限公司印刷
科学出版社发行 各地新华书店经销

*

2016 年 12 月第 一 版 开本：720×1000 1/16
2025 年 12 月第四次印刷 印张：13 3/4 插页：2
字数：280 000
定价：98.00 元
(如有印装质量问题，我社负责调换)

《舰船装备保障工程丛书》编委会

名誉主编：徐滨士
主　　编：朱石坚
副 主 编：李庆民　黎　放
秘　　书：阮旻智
编　　委：(按姓氏汉语拼音排序)
　　　　　　曹小平(火箭军装备部)
　　　　　　陈大圣(中国船舶工业综合技术研究院)
　　　　　　辜家莉(中国船舶重工集团719研究所)
　　　　　　胡　涛(海军工程大学)
　　　　　　贾成斌(海军装备技术研究所)
　　　　　　金家善(海军工程大学)
　　　　　　刘宝平(海军工程大学)
　　　　　　楼京俊(海军工程大学)
　　　　　　陆洪武(海军装备部)
　　　　　　马绍力(海军装备研究院)
　　　　　　钱　骅(中国人民解放军91181部队)
　　　　　　钱彦岭(国防科学技术大学)
　　　　　　单志伟(装甲兵工程学院)
　　　　　　王明为(中国人民解放军91181部队)
　　　　　　杨拥民(国防科学技术大学)
　　　　　　叶晓慧(海军工程大学)
　　　　　　张　磊(中国船舶工业集团708研究所)
　　　　　　张　平(中国船舶重工集团701研究所)
　　　　　　张怀强(海军工程大学)
　　　　　　张静远(海军工程大学)
　　　　　　张志华(海军工程大学)
　　　　　　朱　胜(装甲兵工程学院)
　　　　　　朱晓军(海军工程大学)

《舰船装备保障工程丛书》序

  舰船装备是现代海军装备的重要组成部分,是海军战斗力建设的重要物质基础。随着科学技术的飞速发展及其在舰船装备中的广泛应用,舰船装备呈现出结构复杂、技术密集、系统功能集成的发展趋势。为使舰船装备能够尽快形成并长久保持战斗力,必须为其配套建设快速、高效和低耗的保障系统,形成全系统、全寿命保障能力。

  20 世纪 80 年代,随着各国对海军战略的调整以适应海军装备发展需求,舰船装备保障技术得到迅速发展。它涉及管理学、运筹学、系统工程方法论、决策优化等诸多学科专业,现已成为世界军事强国在海军装备建设发展中关注的重点,该技术领域研究具有前瞻性、战略性、实践性和推动性。

  舰船装备保障的研究内容主要包括:研制阶段的"六性"设计,使研制出的舰船装备具备"高可靠、好保障、有条件保障"的良好特性;保障顶层规划、保障系统建设,并在实践中科学运用保障资源开展保障工作,确保装备列装后尽快形成保障能力并保持良好的技术状态;研究突破舰船装备维修与再制造保障技术瓶颈,促进装备战斗力再生。舰船装备保障能力不仅依赖于装备管理水平的提升,而且取决于维修工程关键技术的突破。

  当前,在舰船装备保障管理方面,正逐步从以定性、经验为主的传统管理向综合运用现代管理学理论及系统工程方法的精细化、全寿命周期管理转变;在舰船装备保障系统设计上,由过去的"序贯设计"向"综合同步设计"的模式转变;在舰船装备故障处理方式上,由过去的"故障后修理"向基于维修保障信息挖掘与融合技术的"状态修理"转变;在保障资源规划方面,由过去的"过度采购、事先储备"向"精确化保障"转变;在维修保障技术方面,由过去的"换件修理"向"装备应急抢修和备件现场快速再制造"转变。

  因此,迫切需要一套全面反映海军舰船装备保障工程技术领域的丛书,系统开展舰船装备保障顶层设计、保障工程管理、保障性分析,以及维修保障决策与优化等方面的理论与技术研究。本套丛书凝聚了撰写人员在长期从事舰船装备保障理论研究与实践中积累的成果,代表了我国舰船装备保障领域的先进水平。

中国工程院院士
波兰科学院外籍院士
2016 年 5 月 31 日

前　言

当前,以信息技术为核心的新军事变革正在世界范围内全面深化,武器装备远程精确化、智能化、隐身化、无人化趋势明显,作战手段信息化、一体化、集约化程度不断提高,战争形态正加速由机械化向信息化转变。与此同时,近年来的几场局部战争表明,高效、精确的装备保障能力已经成为现代战争中重要的制胜因素,并得到了世界各国的一致认同和高度重视。因此,为迎接新军事变革的挑战,履行新世纪新阶段我军的历史使命,我们不仅要在新装备研发上实现历史性跨越,还要在装备保障建设上实现划时代突破。

装备保障不仅涉及保障工作顶层规划与设计等方面的基础性管理工作,而且包括以维修技术的应用与实施为主体的装备维修工程,体现了管理科学与工程技术的融合,其前沿发展需以保障理论的创新为牵引。美军多年来在装备保障理论领域持续创新,相继提出了基于性能的保障、增强型基于状态的维修、自主保障、聚焦保障、敏捷保障、感知与响应保障等新理论新方法,正是这种保障理论领域的创新,使得美军始终保持较高的装备保障能力,从而满足其军事战略的需要。近年来,我军装备保障工作者基于长期的保障实践,并借鉴世界军事强国保障理论成果,开展了大量理论研究,涌现出了一批富有成效、令人瞩目的研究成果和学术著作,推动了装备保障领域的创新发展。

本书是作者所在团队十几年来从事海军舰船装备保障实践的理论凝练,书中提出了若干新的想法和思路,包括海军舰船装备的技术责任型保障模式、"四位一体"的新型保障系统、军民融合背景下的分类保障决策模型、等级修理模式的优化及其配套机制建设、等级修理的层次目标及提升途径、流程管理及其与质量管理的协同应用、保障半结构化管理等。在这个以强军为主旋律、以创新为主基调的时代背景下,本书权为抛砖之作,期待更多富有开拓性、创新性的装备保障理论成果问世。相信在不久的将来,我们一定会建立既有我军特色,又有时代特征的装备保障理论体系,为我军装备保障跨越式发展提供强有力的指导。

全书共9章。第1章阐述装备保障的发展历史和相关概念;第2章论述舰船装备技术责任型保障模式和"四位一体"保障系统的构建;第3章论述舰船装备保障能力建设的目标和规划,以及军民融合背景下分类保障决策模型;第4章论述舰船装备保障信息化建设的内容、发展趋势和建设途径等;第5章论述舰船装备等级修理模式优化的总体目标、要点及配套机制;第6章提出舰船装备等级修理的基本目标和高级目标,探讨舰船总体性能相关技术体系建设要求;第 7 章从流程识别、建立、运行、优化、再造,以及与质量管理的协同应用等方面研究舰船装备流程管理;第 8 章提出基于设备技术状态、逐级向上综合的舰船装备技术状态评估方法,并进行模拟评估验证;第 9 章从保障资源需求的半结构化预测和引进装备保障战略的半结构化决策两方面阐述半结构化管理的方法及过程。

  限于作者水平和经验,加上舰船装备保障体系十分复杂,书中难免存在不足之处,恳请广大读者批评指正。

作 者

2016 年 10 月于武汉

目 录

《舰船装备保障工程丛书》序
前言
第1章 舰船装备保障概述 ··· 1
  1.1 装备保障相关概念辨析 ··· 1
    1.1.1 装备保障的历史发展 ·· 1
    1.1.2 相关概念及相互关系 ·· 2
  1.2 舰船装备保障关键技术体系 ··· 6
    1.2.1 舰船装备综合保障设计关键技术 ····································· 7
    1.2.2 舰船装备技术保障设计关键技术 ····································· 7
    1.2.3 舰船装备维修工程关键技术 ·· 7
  1.3 舰船装备保障的特点 ·· 10
    1.3.1 保障持续时间长,贯穿舰船装备全寿命周期 ······················· 10
    1.3.2 保障对象多元化,涵盖舰船装备全系统 ···························· 10
    1.3.3 保障实施难度大,跨越作战空间全维度 ···························· 11
    1.3.4 保障综合程度高,涉及装备技术全领域 ···························· 12
    1.3.5 保障环境压力大,面向平时战时全因素 ···························· 12
  1.4 舰船装备保障的发展方向 ·· 13
    1.4.1 加强装备保障的顶层设计 ··· 13
    1.4.2 推进保障领域信息系统的综合集成 ································· 14
    1.4.3 建立高效的联合保障供应体系 ······································· 15
    1.4.4 实现装备的预测性维修 ··· 16
    1.4.5 建立一体化保障体系 ·· 17
    1.4.6 优化整合保障力量和保障资源 ······································· 18
    1.4.7 提高装备保障训练水平 ··· 18
  1.5 本书的结构及内容概要 ··· 19
  参考文献 ·· 20
第2章 舰船装备保障系统构建 ·· 22
  2.1 技术责任型保障模式 ·· 22
    2.1.1 技术支援型保障模式 ·· 22

  2.1.2 技术责任型保障模式的创立 …………………………………… 22
  2.1.3 技术责任型保障模式的优势 …………………………………… 24
  2.1.4 总技术责任单位的主要工作 …………………………………… 25
  2.1.5 技术责任型保障模式的推广与应用 …………………………… 26
 2.2 新型保障系统要素结构 ……………………………………………… 27
  2.2.1 保障系统组成要素 ……………………………………………… 27
  2.2.2 组成要素的分类及能力要求 …………………………………… 28
  2.2.3 新型保障系统的优势 …………………………………………… 30
  2.2.4 保障系统要素间的作用机制 …………………………………… 30
 2.3 新型保障系统的构建 ………………………………………………… 31
  2.3.1 建立完善的保障工作组织体系 ………………………………… 31
  2.3.2 建立完善的技术资料和标准法规体系 ………………………… 34
  2.3.3 建立完善的保障物质资源体系 ………………………………… 36
  2.3.4 建立完善的保障关键技术体系 ………………………………… 38
参考文献 …………………………………………………………………………… 39
第3章 舰船装备保障能力建设 ………………………………………………… 40
 3.1 装备保障能力定义 …………………………………………………… 40
  3.1.1 装备保障能力内涵 ……………………………………………… 40
  3.1.2 舰船装备保障能力定义 ………………………………………… 41
 3.2 舰船装备保障能力建设目标 ………………………………………… 42
  3.2.1 总体目标 ………………………………………………………… 42
  3.2.2 能力构成 ………………………………………………………… 42
  3.2.3 分阶段目标 ……………………………………………………… 44
 3.3 军民融合背景下的核心保障能力 …………………………………… 46
  3.3.1 军民融合保障的建设原则 ……………………………………… 46
  3.3.2 军方核心保障能力建设的重要性 ……………………………… 47
  3.3.3 军方核心保障能力发展规律 …………………………………… 49
  3.3.4 分类保障决策模型 ……………………………………………… 50
  3.3.5 分类保障实施方法 ……………………………………………… 52
 3.4 舰船装备保障能力建设规划 ………………………………………… 53
  3.4.1 保障能力建设规划框架 ………………………………………… 53
  3.4.2 保障能力建设路线 ……………………………………………… 54
 3.5 舰船装备保障能力评估 ……………………………………………… 56
  3.5.1 舰船装备保障能力评估的作用 ………………………………… 57

3.5.2　舰船装备保障能力评估的分类 ···································· 58
　　3.5.3　舰船装备保障能力评估的基本思路 ···························· 59
　　3.5.4　舰船装备保障能力评估实例 ···································· 60
参考文献 ·· 64

第4章　舰船装备保障信息化建设 ··· 65
4.1　装备保障信息化建设的重要意义 ·· 65
　　4.1.1　信息化战争的迫切要求 ·· 65
　　4.1.2　技术发展的必然结果 ··· 66
　　4.1.3　装备保障的内在需求 ··· 67
4.2　美军装备保障信息化建设现状 ·· 68
　　4.2.1　总体情况 ··· 68
　　4.2.2　典型项目分析 ··· 70
4.3　舰船装备保障信息化建设的内容和现状 ································ 77
　　4.3.1　舰船装备保障信息化建设的内容 ································ 77
　　4.3.2　舰船装备保障信息化建设的现状 ································ 79
4.4　舰船装备保障信息化建设的发展趋势 ··································· 80
　　4.4.1　提高保障资源管理和整合能力 ···································· 80
　　4.4.2　提高数据采集和装备状态监测能力 ······························ 81
　　4.4.3　提高信息处理和分发能力 ··· 81
　　4.4.4　提高远程维修保障支援能力 ······································ 81
　　4.4.5　提高装备保障决策支持能力 ······································ 82
4.5　舰船装备保障信息化建设的途径 ·· 83
　　4.5.1　加强顶层设计，优化体系结构 ···································· 83
　　4.5.2　科学组建网络，确保信息畅通 ···································· 84
　　4.5.3　完善运行机制，提高管理效益 ···································· 86
　　4.5.4　加强网络防护，保证信息安全 ···································· 87
　　4.5.5　注重队伍建设，夯实发展基础 ···································· 88
　　4.5.6　健全法规体系，促进持续发展 ···································· 90
参考文献 ·· 92

第5章　舰船等级修理模式研究 ·· 93
5.1　我国舰船等级修理模式现状 ·· 93
　　5.1.1　等级修理模式现状 ·· 93
　　5.1.2　存在的问题 ·· 94
5.2　美国海军舰船修理结构简介 ·· 95

5.2.1 美军舰船修理周期结构 ………………………………… 95
　　5.2.2 美国舰船修理类别 ………………………………………… 96
　　5.2.3 美军舰船修理类别和结构的特点 ……………………… 97
　　5.2.4 美军舰船修理类别和结构的启示 ……………………… 99
5.3 等级修理模式研究的目标与要点 ……………………………… 101
　　5.3.1 研究的总体目标 …………………………………………… 101
　　5.3.2 研究的要点 ………………………………………………… 101
5.4 舰船修理结构分析 ……………………………………………… 103
　　5.4.1 舰船等级修理时机要求 …………………………………… 103
　　5.4.2 舰船修理结构基本形式 …………………………………… 105
　　5.4.3 不同使用强度下的舰船修理结构 ………………………… 106
　　5.4.4 优化前后舰船修理结构对比 ……………………………… 107
5.5 配套机制的建立 ………………………………………………… 108
　　5.5.1 依据状态信息确定舰船修理需求机制 …………………… 108
　　5.5.2 舰船主要设备整机先换后修机制 ………………………… 109
　　5.5.3 舰船水下清洗机制 ………………………………………… 111
参考文献 ……………………………………………………………… 115

第6章 舰船等级修理目标提升 …………………………………… 116
6.1 舰船装备修理的目标层级 ……………………………………… 116
　　6.1.1 基本目标 …………………………………………………… 116
　　6.1.2 高级目标 …………………………………………………… 117
6.2 舰船总体性能恢复性修理的现状 ……………………………… 117
　　6.2.1 舰船主要总体性能因素 …………………………………… 117
　　6.2.2 舰船维修在总体性能恢复方面存在的问题 …………… 119
6.3 舰船总体性能相关技术体系的建立 …………………………… 120
　　6.3.1 修理声隐身技术体系的建立 ……………………………… 121
　　6.3.2 修理腐蚀防护技术体系的建立 …………………………… 125
　　6.3.3 修理电磁兼容控制技术体系的建立 ……………………… 129
　　6.3.4 修理系统协同联调技术体系的建立 ……………………… 130
　　6.3.5 结合等级修理改换装技术体系的建立 …………………… 131
参考文献 ……………………………………………………………… 132

第7章 舰船装备保障流程管理 …………………………………… 134
7.1 舰船装备保障流程管理内涵及特点 …………………………… 134
　　7.1.1 舰船装备保障流程管理内涵 ……………………………… 134

7.1.2　舰船装备保障流程管理特点 ································· 135
7.1.3　舰船装备保障流程管理的意义 ····························· 136
7.2　舰船装备保障流程的分类与层级 ································· 138
7.2.1　流程分类 ·· 138
7.2.2　流程的层级 ·· 139
7.3　舰船装备保障流程的建设与实施 ································· 140
7.3.1　流程建设要求 ·· 140
7.3.2　流程识别 ·· 141
7.3.3　流程建立 ·· 143
7.3.4　流程运行 ·· 145
7.3.5　流程优化 ·· 146
7.4　舰船装备保障流程再造 ··· 147
7.4.1　再造时机的确定 ·· 147
7.4.2　流程再造实例 ·· 148
7.5　流程管理与质量管理的协同应用 ································· 149
7.5.1　流程管理与质量管理的相容性分析 ························· 149
7.5.2　协同应用方法 ·· 151
参考文献 ··· 157

第8章　舰船装备技术状态评估 ······································ 159
8.1　舰船装备技术状态评估现状 ····································· 159
8.1.1　舰船装备评估相关规定 ·································· 159
8.1.2　现行的评估方式及存在的问题 ···························· 160
8.2　技术状态评估总体思路 ··· 162
8.3　技术状态评估方法 ··· 164
8.3.1　设备技术状态评估 ······································ 164
8.3.2　系统技术状态评估 ······································ 166
8.3.3　舰船技术状态分级 ······································ 170
8.4　技术状态评估实例 ··· 171
8.4.1　评估范围 ·· 171
8.4.2　组织实施 ·· 171
8.4.3　评估过程及数据分析 ···································· 172
8.5　技术状态评估机制 ··· 177
8.5.1　健全技术状态评估标准体系 ······························ 177
8.5.2　完善技术状态评估组织体系 ······························ 177

8.5.3 建立技术状态评估信息系统 · 178
8.5.4 加强技术状态监测手段建设 · 178
8.5.5 建立基于技术状态的维修机制 · 178
参考文献 · 180

第9章 舰船装备保障半结构化管理 · 181
9.1 半结构化决策问题概述 · 181
9.1.1 决策问题分类 · 181
9.1.2 半结构决策方法 · 182
9.2 保障资源需求的半结构化预测 · 183
9.2.1 备品备件需求半结构化预测模型 · 184
9.2.2 模型阶数确定 · 186
9.2.3 预测需求的方法步骤 · 186
9.2.4 实例分析 · 189
9.3 引进装备保障战略的半结构化决策 · 191
9.3.1 舰船装备保障工程战略 · 191
9.3.2 保障战略的定量决策 · 192
9.3.3 计算及决策过程 · 195
9.3.4 保障战略的实施 · 201
参考文献 · 202

索引 · 204
彩图

第1章 舰船装备保障概述

舰船装备是海军装备的重要组成部分,是海军战斗力建设的重要物质基础。随着现代科学技术的不断进步及在舰船装备中的广泛应用,舰船装备呈现出技术密集、结构复杂、功能强大的发展趋势。同时,舰船装备主要承担信息化条件下的海上作战任务,需面对远离岸基母港、战场环境恶劣、物资消耗巨大、装备战损率高等困难。舰船装备的自身特点及作战环境要求,决定了舰船装备只有通过有效的装备保障才能尽快形成战斗力,发挥其应有的作战性能。为了做好新时期军事斗争准备,更好履行新世纪新阶段海军的历史使命,必须拓展新思路,系统地研究舰船装备保障问题。

1.1 装备保障相关概念辨析

近年来,随着新型装备的大量入役,装备保障理论研究掀起了一轮热潮,相关理论著作大量涌现。总体而言,涉及装备综合保障、装备技术保障、装备维修保障、一体化保障、精确化保障和智能化保障等名词和概念[1-8],各位学者从各自角度对这些名词涵义进行了不同的阐述,由此引申出来的观点与论述也不尽相同。装备保障理论的形成和发展是一个不断深化和完善的过程,有必要将不同时期、不同历史条件下出现的装备保障相关概念和理论予以梳理与辨析,使之恰如其分地镶嵌于装备保障理论框架之中。

1.1.1 装备保障的历史发展

在人类社会的早期,人类在同自然界作斗争的过程中,逐渐产生了工具。在各氏族争夺自然资源的冲突中,劳动工具就成了武器。随着社会生产力的发展,劳动产品出现了剩余,专门从事战争的军队开始出现,专门用于战争的工具——武器也开始出现,最开始是石制的刀、斧或骨制的枪头、箭头等。这些武器的加工制作,不仅单人完全能够胜任,而且从选材到成形一次即可完成,既不需要组织合作,也无需系统理论指导。在这个阶段,由于武器数量有限、技术简单,对其保障方法和手段的要求也比较简单,仅当武器出现损坏后,进行简单的修复(repair),这就是原始的装备修理,是一种事后行为。

随着战争规模的扩大,青铜、铁质兵器的广泛应用和兵车、舟船等较复杂装备的出现,简单的事后修理已不能满足武器作战使用要求,这时需要在损坏之前,就对刀枪进行擦拭、磨砺、捆绑,对战车进行加固、调整、润滑,对战船进行涂油、上漆、晾晒等,即出现了武器在使用过程中的维护及损坏或故障后的修复,称为装备维修(maintenance),并已经开始需要一些能工巧匠来专门负责维护和修理工作。但总体上看,由于技术条件限制,武器装备的构造功能较为简单,维护保养和修复的手段、方式相对较为简单。

随着火器的出现,人类武器装备进入了热兵器时代,并在工业革命后迅速进入机械化时代,出现了机枪、坦克、铁甲舰、飞机等前所未有的武器装备,它们种类繁多、功能复杂,已经构成了庞大的武器装备体系,作战行动对装备技术的依赖性增强,装备的损伤和故障模式也发生了根本的改变。在这种条件下,仅仅依靠简单的维护和修理已然满足不了装备的作战使用要求,必须对装备采取一系列保证性措施,建立相应的体系和系统并加以控制与管理,因此出现了装备保障(equipment support),其中与恢复、保持和改善装备技术状态相关的保障活动,被称为装备技术保障。装备保障包括保障体系及保障系统的研究、建设、合理使用,对装备的有效维修和改换装等,因此保障包含维修。

第二次世界大战后,以美国为代表的军事发达国家从理论上较为深入地探讨了装备保障问题。经过研究发现,如果在装备的设计建造阶段就使装备高可靠、好保障,并有条件保障好,那么可以有效减少装备全寿命周期费用,提高装备保障效益。20 世纪 60 年代,美国国防部颁发了指令 DoDD4100.35《系统与装备的综合后勤保障的确立》,提出了综合后勤保障的概念,我国于 1988 年开始引入该概念,并且考虑到我军采用的是后勤保障与装备保障分开的体制,因此相应地改为装备综合保障。装备综合保障要求在装备研制过程中同步综合规划装备的保障问题,一方面通过考虑装备保障问题有效地影响装备设计,即开展装备的可靠性、维修性、保障性等"六性"设计,使得设计出来的装备便于保障;另一方面,在主装备设计的同时,开展装备保障资源的预测、保障手段的研究、保障设备的研制、保障方案的制订等,使得新装备一到部队就能得到及时有效的保障[9]。

进入 21 世纪,世界发达国家武器装备由机械化或半机械化加速向信息化过渡,战场环境和作战样式发生了质的变化,信息化战争崭露头角并逐步成为战争的主要形态。各国结合信息化战争装备保障的特点,提出了与之相适应的许多新的装备保障理论和方法,如精确化保障、智能化保障、聚焦保障和敏捷保障等,有力推动了装备保障研究和实践不断向深度和广度方向拓展[10]。

1.1.2 相关概念及相互关系

在不同的历史时期、不同的装备科技水平下,逐渐出现了装备修理、装备维修、装备保障、装备技术保障和装备综合保障等概念。这些概念之间的关系，有的较为明显，如装备维修包含装备的日常维护和装备修理，装备技术保障是装备保障的主要任务之一；有的则相互交织在一起，如装备保障、装备综合保障、装备技术保障、装备维修工程等，需要对这几者的关系进一步明晰[11]。

1. 装备保障与装备综合保障的关系

装备保障是为满足部队遂行各项任务需要，对装备采取的一系列保证性措施及进行的相应活动的统称。这些措施和活动并非一成不变，随着军事战略、作战样式、作战规模、装备发展以及部队体制编制调整，装备保障在不同的历史时期具有不同的任务。

以某类舰船装备保障为例，前期主管部门对装备研制提出了综合保障要求，却没有真正落到实处，往往主装备交付部队后才开始进行保障资源规划、保障系统设计与建设、保障方案制订与实施等工作，其结果是交付部队的部分装备可靠性不高，不易保障，保障系统建设滞后，难以尽快形成装备保障能力，直接影响装备战斗力的及时形成和持续保持。因此，在这种情况下，并不能认为装备保障包含以保障性设计为主要内容的装备综合保障。后期，主管部门打破了长期以来装备研制和装备保障分头管理的体制，真正从体制上实现了对装备的全系统、全寿命管理，从而加强了装备设计和建造阶段的可靠性、维修性和保障性等的设计工作，在新的编制体制下，可以认为装备综合保障包含于装备保障之中，并且通过综合保障工程的实施，装备保障与装备研制出现了相互融合、相互关联、反复迭代的趋势，主要体现在以下几个方面。

1) 装备保障通过综合保障设计向装备研制前伸

装备保障通过综合保障设计前伸至装备研制阶段，且贯穿于装备研制的全过程。综合保障设计的主要内容包括：①提出"六性"指标要求；②进行"六性"设计；③提出保障资源需求。重点解决装备高可靠、好保障、可保障好的问题。

在装备论证阶段，装备论证部门要按相关标准要求，提出"六性"指标要求。

在装备设计阶段，设计研制部门要将装备"六性"设计指标要求通过分解、分配、预计等系统分析工作，转换为较低的产品约定层次设计参数指标，经过评审后，形成不同层次、不同类型的"六性"技术规范，纳入合同有关文件中。特别重要的是，设计研制单位要将装备"六性"技术规范中确定的设计特性要求，在装备设计中予以实现，并进行过程控制，使装备设计得安全、可靠，易于和便于保障，且对保障资源需求最少。

在试验定型阶段，试验定型部门要进行装备"六性"的试验、评价，验证装备是否达到"六性"技术规范中规定的要求，判明偏离预定要求的原因，确定纠正缺陷的方法。同时,对按保障资源编配清单配置的全套保障资源进行试用,对为各级保障机构编配的保障资源的品种和数量进行验证,考核保障资源的适用性和适配性,为其进一步改进提供依据,修订各类清单,最终形成保障资源的编配方案。

2) 综合保障设计为开展装备保障奠定基础

在装备研制阶段开展装备综合保障设计,可为装备保障奠定坚实的基础。

装备"六性"设计是装备高可靠、好保障的基础。装备可靠性设计的关键是采取切实可行的措施,提高组成装备的各系统、分系统、设备乃至主要部件的可靠性,使装备高可靠;装备安全性、环境适应性设计的关键是采取切实可行的措施,提高装备在各种可能的使用环境条件和工作状态下的安全性和适应性;装备维修性、测试性设计的关键是切实执行维修可达性、标准化、模块化和设置测试接口等要求,使装备是可修的、可测的,且易于维修和测试;装备保障性设计的关键是基于对装备可靠性、安全性、环境适应性、维修性、测试性的深刻理解,研究提出保障资源需求清单。

保障系统规划和设计是保障系统建设的基础。保障系统的建设,一是要以保障模式和顶层设计为先决条件;二是要以装备研制阶段提出的保障资源需求为输入;三是要以对国内已有保障资源的掌握为前提;四是以装备的编配为基础。

保障方案的编制与实施是科学运用保障系统、开展保障工作的基础。保障方案是装备保障工作的总体性、概要性说明,它规定的维修类型、维修级别、各维修级别的主要任务以及维修保障所需的基本要求等都是经过反复权衡分析确定,可确保保障系统在实际中的有效运行,指导开展实际的装备保障工作。

3) 装备研制与装备保障相互迭代共同促进

在装备综合保障的架构下,装备研制和装备保障是一个反复迭代和优化的过程。一方面装备研制通过装备"六性"设计、提出保障资源需求等,为装备保障提供条件和奠定基础;另一方面,通过对装备保障实践(装备使用保障、维修保障)进行评价和总结,不断调整装备"六性"分析输入,从而实现装备综合保障设计的优化。这种相互迭代使得装备研制与装备保障构成螺旋式上升的闭环。

2. 装备综合保障与装备技术保障的关系

1) 装备综合保障主要侧重于装备研制阶段

装备综合保障是在装备的全寿命周期内,为满足装备系统战备完好性要求,降低寿命周期费用,综合考虑装备的保障问题,确定保障性要求,进行保障性设计,规划保障并研制保障资源,建立并维护稳定、可靠的保障系统,及时、持续、可靠地提供装备所需保障的一系列管理和技术活动的总称。

从定义来看,装备综合保障不仅包括装备研制阶段的保障性分析、"六性"设计、装备综合保障包研发等工作,还包括在装备使用与保障阶段,按照规划好的保障方案和保障工作计划,实施装备保障。但实际上,由于装备研制和装备保障的责任主体不同,也没有建立起完善的协作机制,因此装备综合保障工作难以后延至装备使用阶段,目前装备综合保障工作还主要体现在装备研制阶段。

2) 装备技术保障主要侧重于装备使用阶段

长期以来,装备技术保障主要包括装备的维护与修理、技术检查与技术准备、维修器材保障、保障力量建设以及技术保障研究与改革等工作,这些工作均处于装备使用阶段。装备技术保障的主体为装备使用单位、保障单位和军队研究机构,对大多数装备而言,它是装备保障的主体工作。

3) 装备综合保障和技术保障有相互融合的趋势

随着全系统、全寿命装备管理理念的深入和装备保障编制体制改革的深化,装备综合保障与技术保障有相互融合的趋势。例如,研制单位可以通过装备综合保障设计,提出装备保障资源清单、保障系统建设方案等,为装备保障部门开展装备保障系统建设和保障能力建设提供输入;部队的保障部门可以在装备论证阶段,提出装备"六性"指标,在装备研制阶段,进一步明确有关综合保障的详细要求,在装备生产阶段,可以评价军事装备保障资源能否满足平时和战时的使用要求。但必须特别强调的是,综合保障设计替代不了技术保障,因为保障的顶层规划设计,保障系统的研究和建设,保障策略、体系的确定不仅与所保障的装备的通用质量特性有关,而且与装备的编配、使用地域的人文、工业基础、环境条件等有关,特别是与已有相关保障资源有关。

3. 装备技术保障与装备维修工程的关系

1) 装备技术保障在工作内容上包含装备维修

装备技术保障是为保持、恢复和改善装备技术状态而采取的各项保证性措施与进行的相关组织管理活动的统称。所谓保证性措施是围绕装备的完好性和可用性而开展的包括装备的维护保养、修理、抢救和储存保管等技术性质的措施。所谓组织管理活动是指为保证性措施成功地实施而进行的包括制订保障计划和保障方案、筹措和补充保障资源、建立和运用保障系统、协调和控制保障行动等管理性质的措施。由此可见,装备维修是装备技术保障的重要内容之一,装备技术保障与装备维修存在包含关系。

2) 装备技术保障侧重于保障工作的规划与设计

装备技术保障侧重于对保障工作进行规划与设计,并通过规划维修、建设维修条件等服务于装备维修。主要体现在:一是通过为综合保障设计提供输入,使得装备高可靠、好保障,并有条件保障好;二是通过保障系统建设,有效发挥保障资源的效能,使得装备有能力保障好;三是通过保障方案制订与实施,不断完善保障系统、提升保障能力,确保装备保障好。

3) 装备维修工程侧重于维修技术的应用与实施

装备维修是一种具体的实施过程,侧重于以维修技术为支撑,通过维修能力建设,将相关技术应用与实施到需要维修的装备中,以保持和恢复装备良好的技术状态。事实上,在长期装备维修实践过程中,装备维修技术逐步成为了一门综合性工程技术学科,涉及专业领域多、专业知识密集复杂,体现出复杂性、综合性、实用性和时效性的本质特征。

综上所述,装备保障、装备综合保障、装备技术保障、装备维修工程之间的关系如图 1.1 所示。

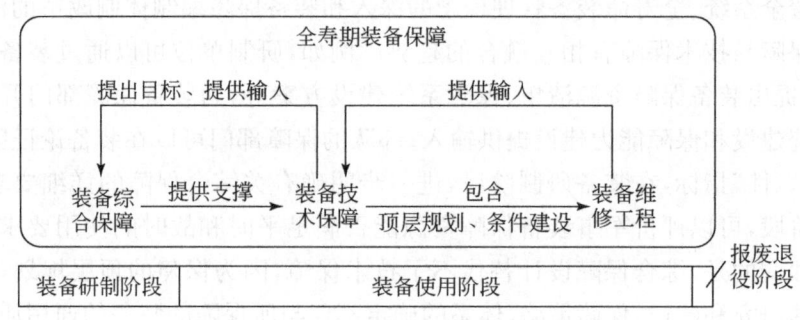

图 1.1　装备保障相关概念之间的关系

它们之间的关系可总结如下:

装备综合保障和装备技术保障是装备保障的重要组成部分,装备综合保障侧重于装备研制阶段,装备技术保障侧重于装备使用阶段。对于舰船装备而言,装备技术保障是装备保障的主体工作,处于装备保障的中心位置。

装备技术保障包括涉及保障工作顶层规划与设计方面的基础性管理工作,也包括以维修技术的应用与实施为主体的装备维修工程。

1.2　舰船装备保障关键技术体系

舰船装备保障关键技术是指对舰船装备保障工作有效、持续开展起到重要作用、不可或缺的技术。舰船装备保障工作千头万绪,既包括管理层面的装备保障设计关键技术,也包括工程方面的装备维修技术,其中装备保障设计技术又包括综合保障设计技术和技术保障设计技术,由此构成了多层级相互交叉融合的技术体系。

1.2.1 舰船装备综合保障设计关键技术

可将综合保障设计看做一个系统：由输入、算子和输出三部分组成。其中，输入为装备的可靠性、维修性、保障性（reliability，maintainability，supportability，RMS）等通用质量特性；输出为装备综合保障包，即单装所需的保障资源清单，包括人力、备品备件、检测设备、修理工装设施、技术资料的清单。这时输入、输出之间的关系就可以看做是算子，通过这些算子，可以通过输入得到想要的输出，因此，算子实际上就是解决装备综合保障问题的关键技术。

舰船装备综合保障的关键技术包括 RMS 指标一体化分配与权衡技术、多任务多阶段可靠性建模与分配技术、RMS 综合设计与分析技术、可靠性增长技术、维修性增长技术、保障资源需求预测与规划配置技术、保障资源设计技术、保障性试验需求分析与规划技术、装备"六性"分析评估及改进技术、综合保障建模与仿真技术、综合保障信息管理平台构建技术等。

1.2.2 舰船装备技术保障设计关键技术

舰船装备技术保障设计的输入是装备保障性设计中输出的诸如保障资源需求，保障性、维修性大纲等装备综合保障包，装备的编配情况以及国内已有的保障资源；输出为保障模式、保障系统、保障能力、维修周期结构、等级修理模式、配套的修理机制等。

关键技术包括责任主体确定技术、保障模式分析与决策技术、保障系统分析和创建技术、修理周期结构确定技术、等级修理模式确定技术、保障流程优化与再造技术、全寿命经济性分析技术、保障能力需求与保障资源需求转换技术、保障能力评估技术、修理训练部署优化匹配技术、修理方案制订技术、预防性维修大纲制订技术、装备完好性评估技术、修理机制创建技术、信息化管理技术等。

舰船装备保障设计技术体系如图 1.2 所示。

1.2.3 舰船装备维修工程关键技术

舰船装备维修工程服务对象种类多、涉及专业领域广、覆盖装备全寿命周期、专业知识密集，是在长期舰船装备维修保障实践过程中逐步形成的一门综合性工程技术学科，体现出复杂性、综合性、实用性和时效性的本质特征。

舰船装备维修工程关键技术是指对舰船装备维修起关键作用的方法、工艺、技能和手段，它是军事技术的重要组成部分，是保障舰船装备遂行多样化军事任务的重要支撑，是促进舰艇部队战斗力生成的重要因素，是实现舰船装备维修保障现代化的重要基础。

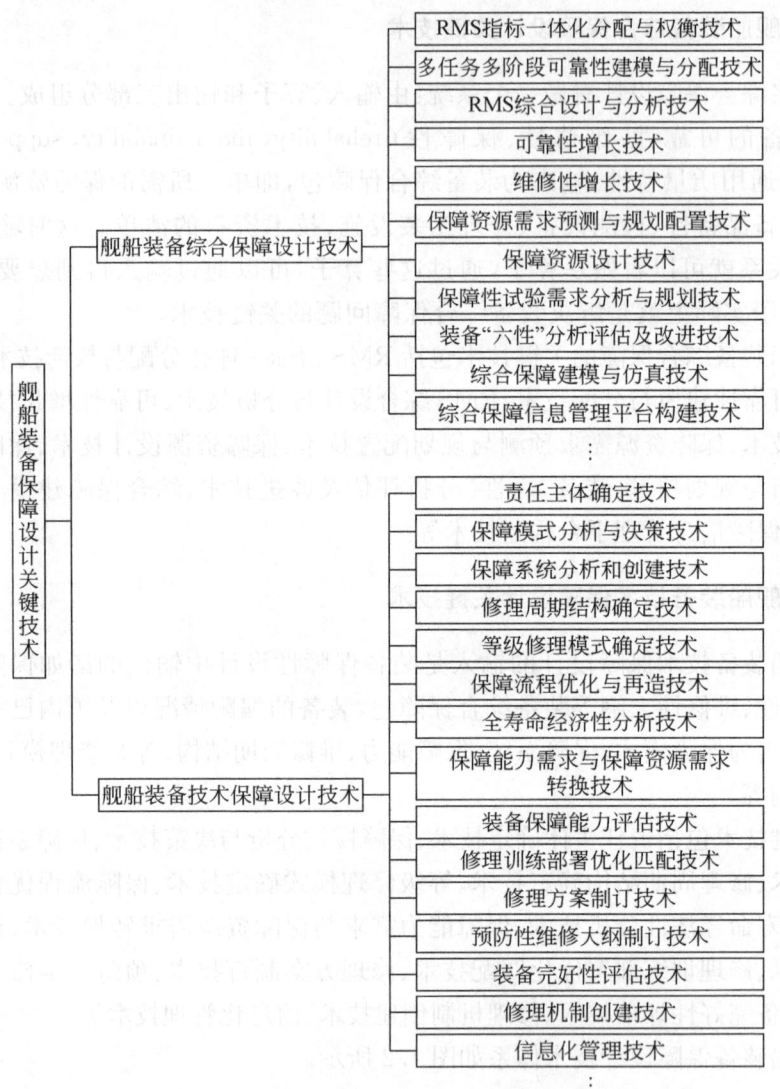

图1.2 舰船装备保障设计关键技术体系

根据舰船装备维修工程实际,参考军事技术的分类和层次结构,通过系统论证,形成了覆盖全面、结构合理、紧跟前沿,有利于持续发展的舰船装备维修工程关键技术体系,如图1.3所示。该关键技术体系包含装备的维护保养技术、装备修复技术等11类,基本涵盖了现有的主要维修技术,并体现了维修技术的发展趋势。

第 1 章　舰船装备保障概述

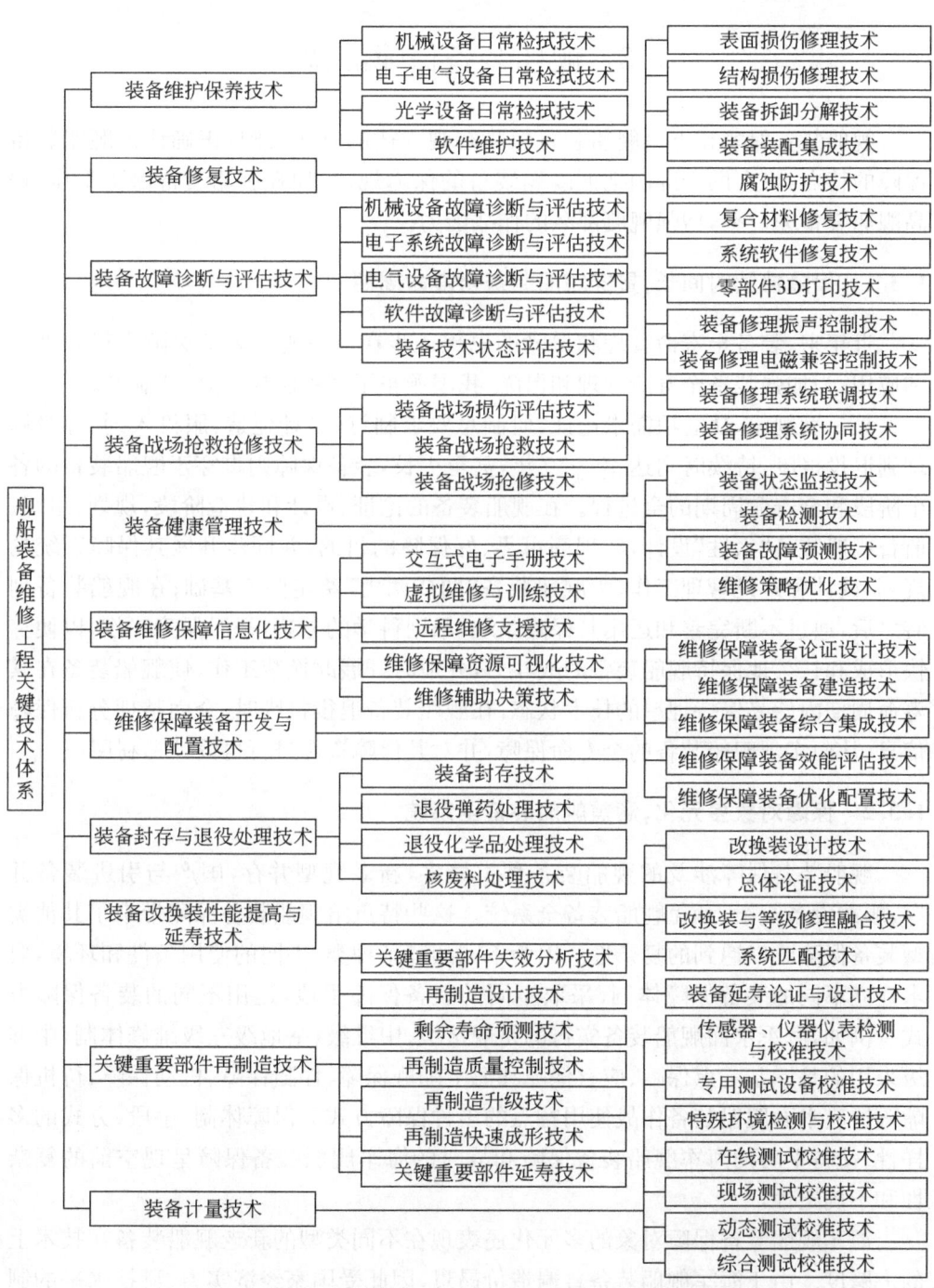

图 1.3　舰船装备维修工程关键技术体系

1.3 舰船装备保障的特点

舰船装备保障特点是舰船装备保障客观规律的真实反映,正确认识舰船装备保障的特点,将有助于准确把握舰船装备的保障规律,加强舰船装备保障工作,提高舰船装备完好率,增强舰艇部队的作战能力。

1.3.1 保障持续时间长,贯穿舰船装备全寿命周期

近年来,装备全寿命管理和保障的思想逐步在海军舰船装备保障中得到推广和应用,为加强装备全寿命管理和保障,我国颁布了多项法规、标准和制度。

某一型舰船,从立项需求论证、研制总要求制订、设计建造、服役入列、等级修理到退役报废,持续时间达 40~50 年,甚至更长,装备保障则贯穿于舰船装备的各个阶段和全寿命周期的全过程。在舰船装备的论证、设计和建造阶段,规划、组织、监督舰船装备"六性"设计,实现高可靠、好保障的目的,并同步开展其保障系统的规划、设计和建设管理工作,为舰船装备"两成两力"奠定坚实基础;在舰船装备列装之后,通过不断完善和运用其保障系统,采用科学的方法,开展保障工作,以便尽快形成和长久地保持舰船装备的战斗力,并适时开展改换装工作,使舰船装备在其寿命周期内始终保持理想的技术状态;在舰船装备退役报废时,全面整理分析保障信息,从而实现舰船装备的全寿命保障,并对其保障资源进行再设计和利用。

1.3.2 保障对象多元化,涵盖舰船装备全系统

舰船装备保障涉及的舰船装备种类繁多,新老舰型并存,国产与引进装备并存,舰载设备复杂,涵盖舰船装备全系统。这些特点给舰船装备保障带来了其他类型装备保障难以遇到的复杂性。因为不同的装备种类,不同的使用条件和环境,要求建立不同的装备保障体制,采取不同的装备保障手段,运用不同的装备保障方式。例如,海军水面舰船装备实行的是舰员级、中继级、基地级三级维修体制,中继级采用的是岸基定点保障、应召保障和海上随舰保障、伴随保障、机动保障、待机保障等适应水面舰船装备作战使用特点的多种保障方式。保障体制、手段、方式的多样性,使得平时的海军舰船装备保障和战时的海军舰船装备保障呈现空前的复杂性和不确定性。

海军舰船装备保障对象的多元化还表现在不同类型的新老舰船装备在技术上的大跨度。由于海军舰船装备普遍造价昂贵,因此受国家经济实力、科技水平的制约较大,装备更新难以齐头并进。某一类新式舰船装备部队后,老式舰船不可能立即退役,多代舰船装备并存的现象十分普遍,这是各国海军几乎共有的一大特点。

如果说，高新技术武器带给海军装备建设的变化是革命性的，那么它带给海军舰船装备保障的变化只能是渐变性的。因此，对于海军舰船装备系统来说，无论装备技术水平发展到什么阶段，都将面临着对多代武器装备的大跨度的舰船装备保障。为适应这一要求，海军舰船装备保障的重要任务之一，就是不仅要积极探索对新装备的保障，而且必须高度重视和加强对老装备的保障，保留那些看似落后但对老装备确实管用的保障模式和保障手段。

1.3.3 保障实施难度大，跨越作战空间全维度

海军作战空间的多维、宽广，决定了舰船装备保障实施难度大。未来海军作战将是近海战场和局部远海战场同时存在、互为依托的全方位作战。为了保障舰艇部队的作战行动，舰船装备保障必须具有能同时在多个方向展开、对多种类型装备遂行保障的能力，只有这样，才能保证海军舰艇部队实施大纵深、全方位作战的需要。一般来说，舰艇部队距离本土越远，装备保障的线就越长；参战的舰船装备种类越复杂，装备保障的点也就越多；作战的海区越宽广，装备保障的面也就越宽，涉及的专业也就越多。而且，在信息化条件下的海上局部战争中，海军舰船装备保障的区域不再局限于作战地区，它可能后伸至战略腹地，或旁出于战区两翼。这种空间上的多维，必然为海军舰船装备保障力量的部署带来不利影响，客观上容易形成点多、线长、面广的态势，并使舰船装备保障力量长期处于紧张状态，易于疲惫。所有这些都给海军舰船装备保障的组织与实施带来众多难以想象的困难，使其计划、控制、协调和协同中的复杂性增大，保障难度加大。

目前，一些发达国家的海军不仅能在近海、近岸和陆域保障部队作战，而且其保障区域已经扩展到远海及其上空。1982年的马岛海战，英国海军远涉重洋8000海里，就是综合运用了包括2艘修理船在内的各种保障力量，保证了海军潜艇、水面舰艇和海军航空兵、陆战队远洋作战的需要。在海湾战争中，美国海军远离本土达到1.2万海里，也是依靠其完善的舰员级维修和3艘修理舰承担的海上保障，使它的舰艇装备、航空装备、陆战装备始终保持良好的技术状态，取得了"沙漠盾牌"和"沙漠风暴"行动的最后胜利。远洋保障不同于近岸保障，平时的组织已十分不易，战时的实施将更加困难，其艰巨性、复杂性在其他军兵种武器装备保障中是不多见的。在亚丁湾护航行动中，舰艇装备使用强度大、时间长，第一批护航编队连续航行了近3000小时，后续护航任务中舰艇连续航行时间及里程、主机连续工作时间、直升机起降架次和空中巡逻时间等不断刷新，特别是某舰在执行完两个批次护航任务后，经过半年的修理，又参加了另外两批次护航任务，两年内75%以上时间在执行护航任务，装备维护保养和海上抢修组织实施难度极大。

1.3.4　保障综合程度高,涉及装备技术全领域

舰船装备是高技术集成体,其先进性是一个国家科学技术实力、工业水平和综合国力的象征。现代舰船装备保障,已不再局限于机械、化工、电子、核能等传统技术领域,其内涵和外延都已经大大扩展,它不仅包括对装备硬件的保障,还包括对装备软件的保障,其技术面已覆盖到微电子技术、电子计算机、网络技术、电子对抗技术、隐身技术、光电子技术、航天技术、人工智能技术、新型材料技术、制导技术和定向能技术等众多的新技术领域,并且这些技术互相作用,相互制约,深度融合。例如,美国海军的"尼米兹"级航空母舰,标准排水量8.16万吨,可载常规起降作战飞机85~90架,动力装置为2座压水式核反应堆,4台蒸汽轮机,最大航速30节以上,续航时间在13年以上;舰载武器和电子设备包括3座"海麻雀"对空导弹发射装置,4座"火神"密集阵反导火炮,三坐标空中搜索雷达、水面搜索雷达、制导火控雷达和导航管制雷达等。其装备来源于国内几乎所有的工业部门,有的甚至需要国际间的合作配套。我国海军首艘航母"辽宁舰"同样是舰机高度融合,舰载装备数量规模庞大、设备技术先进、系统关联紧密、多种技术状态并存,其保障的重要性、复杂性和艰巨性都是海军从未遇到的,极具挑战性。

对这样综合性强、技术复合度高的舰船装备实施保障,必须考虑不同领域技术的协调性和差异性,使得保障本身也具有高度综合性特征。具体要求如下:一是组织结构须满足综合性要求,减少层级,节约各专业之间的协调成本;二是数据接口须满足综合性要求,统一规范,满足各专业之间数据交流需要;三是决策方法需满足综合性要求,灵活多样,体现各专业不同的特点。

1.3.5　保障环境压力大,面向平时战时全因素

舰船装备保障必须面对平时、战时所有内外环境因素,所承受压力之大是难以想象的。

平时,海洋气候湿润、空气盐雾大、腐蚀性强,舰船装备的自然磨损和腐蚀严重。例如21世纪初,中国腐蚀与防护学会开展的历时3年的中国腐蚀调查表明,海军南海地区舰艇每次小修时更换腐蚀的钢板达到1/3,中修时的换板率超过50%,海军舰船腐蚀的直接损失占海军维修费用的50%左右[12];海洋气象多变、台风频繁、涌浪不断,舰船装备极易损坏或发生装备事故;舰船装备空间狭小、人员密集、高温、高湿、高盐雾、高噪音的工作环境等内部条件,使得平时的维护、保养和修理环境十分恶劣。

战时,大量高新技术武器的应用,使得舰船装备遭受硬、软两方面损伤,损伤机理更为复杂;作战强度的大幅度提高,使得舰船装备的战损率也大幅提高,维修保

障的频度和强度急剧增大,例如马岛海战,真正交战不到 40 天,英军就战损舰船 17 艘,战损率为 15%,阿军战损舰船 11 艘,战损率高达 65%;现代战争已经很难清晰地界定前方和后方、作战区域和非作战区域,给保障系统自身安全带来极大挑战。例如,战时舰艇部队的作战行动主要是在远离岸基的海上区域实施,海上保障则一般是派出修理船、浮船坞、供应舰等实施定点、应召或伴随保障。由于这些保障装备目标较大,机动性较差,自身防卫能力很弱,在海上又不可能像在岸上那样借助地形地物或隐蔽工事进行防护,加上敌方的侦察和机动能力的不断提高,因此,海上保障力量极易成为敌军海上攻击的首选目标,生存问题十分严峻。在自身安全受到严重威胁的条件下,还要遂行好对其他装备的保障任务,因此舰船装备保障力量在战时的处境是十分困难和危险的。

1.4 舰船装备保障的发展方向

结合新时期军事战略方针和海军使命任务要求,并借鉴西方发达国家的经验教训,来确定海军舰船装备保障与海军装备发展相适应的发展方向,将有助于提高舰船装备保障体系建设的科学性和有效性,促进舰船装备保障工作又好又快地发展。

1.4.1 加强装备保障的顶层设计

需要深入分析研究海军舰船装备保障的现状和需求,全面掌握海军舰船装备保障的规律、特点和发展趋势,以适应国家战略和海军转型要求为目标,构建海军舰船装备保障体系的框架和蓝图,为海军舰艇装备"两成两力"建设奠定坚实的基础。

1. 建立科学的装备保障法规体系

装备保障法规体系是开展保障工作的依据和指针,各国军队都非常重视装备保障管理立法。例如,美军的装备保障法规具有两个鲜明的特点:一是其装备保障法规立法层次高,作为国家最高立法机关的国会就曾通过多部涉及装备保障的联邦法律,并编纂进《美国法典》,这些国家法律是美军顶层的装备保障法规,指导并约束着国防部和各军种的法规制订工作;二是其装备保障法规和制度上下配套,覆盖了装备保障的各个领域,美国国防部有关装备维修保障的军用标准、指令、指示等,包括可靠性与维修性、生产后保障、基地级维修保障能力的建设和使用、成本核算报告、维修器材需求量的确定、技术手册管理、装备技术状况及使用与维修费的上报、专业技术人员的培训以及标准化规范等各个方面。

海军舰船装备保障法规体系建设要以国家新时期军事战略方针和海军使命任务为依据,以全寿命保障理论为基础,加强现代保障理论及应用研究,并按照现代装备保障理论和思想的要求,借鉴西方发达国家的成功经验,加强对装备保障法规体系建设的研究,制订科学、合理、完备、可行的装备保障法律法规、技术标准、工作制度、工作流程和质量保障要求等,建立起科学完善的装备保障法规体系,确保装备技术保障工作规范有序地开展。

2. 制订具有前瞻性的装备保障中长期规划

制订装备保障的中长期规划是装备保障顶层设计的重要内容之一。该类规划确定未来 5~10 年甚至更长时间内装备保障工作的总体目标和工作思路,对装备保障体系的建设、保障方案的编制和保障工作的开展都具有较强的指导和约束作用。为了确保装备保障工作的中长期目标能够科学合理、切实可行,必须要结合国家军事战略和海军转型发展的总体目标,深入研究海军舰船装备的发展战略及其对装备保障的需求和影响,从战略全局的高度去谋划舰船装备保障的发展方向、途径和目标,确保制订的装备保障中长期规划具有科学性、合理性和前瞻性。

3. 以全寿命保障为目标,编制积极稳妥的装备保障方案

作为舰船装备保障顶层设计的最终成果,是要编制出各型号装备的保障方案(包括保障网络图)。在保障方案中不但要明确装备保障的原则和指导思想,而且要紧密结合现有的保障条件、保障能力、装备的特点和保障需求,提出科学合理的保障体系框架,确定积极稳妥、切实可行的保障条件和保障能力建设计划,从保障设施、测试设备、修理工装、人员培训、器材筹措、图纸资料筹措、保障信息管理等各个方面,对装备保障的需求以及如何精确、高效地满足这些保障需求进行深入的研究和充分的论证。此外,保障方案中还要规定相关各方(舰队、编队、舰艇、技术责任单位、技术支撑单位和装备承修单位等)的职责分工、协作关系和工作界面,明确保障工作的相关流程和质量保障要求等。

1.4.2 推进保障领域信息系统的综合集成

1. 尽快制订统一的保障信息系统标准

随着现代战争形态由机械化战争向信息化战争转变,舰船装备的信息化程度不断提高,整个军队指挥管理的信息化进程也在不断向前推进,装备保障设施设备和整个保障体系也将逐步实现信息化。近年来,各单位组织开发了舰员级

维修管理系统、装备技术状态管理系统、保障管理信息系统、器材保障管理系统等各种信息系统数十种,对保障工作起到了一定的推动作用,但由于上述系统参与开发的单位和管理部门众多,又缺乏统一的标准,造成各个系统接口不能统一,数据不能共享,信息不能互通,大量的数据和信息资源不能整合利用,严重制约了装备保障信息化建设的快速发展。因此,需要尽快制订统一的保障信息系统开发标准和接口协议标准,将各单位开发的保障信息系统都整合到统一的装备保障大系统中来,以信息的互通和共享来带动装备保障能力和水平的共同进步与均衡发展。

2. 建立和完善海军装备保障信息管理系统

按照综合集成的思路,在统一的保障信息系统开发标准框架下,利用集中管理的、开放式的、基于网络的方式,整合已有的各种信息管理系统,并根据需要补充开发相关的分系统,构成一个由大量具有特定功能的系统构成的、涵盖整个海军装备保障信息管理工作的"系统族",以通用操作环境为基础,采用工程化思路加强保障领域信息系统的综合集成,实现各保障信息系统之间的互操作,全面提升海军装备保障的信息化水平。

美军于21世纪初按照上述思路开发了其军事作战保障系统,在2003年伊拉克战争中为保证美军中央司令部及其所属部队的作战保障、物资供应、备件调配、维修组织管理、远程维修技术支援等工作顺利开展发挥了重要作用,美军中央司令部的指挥官对装备保障工作的评价是:"那些长期以来埋头苦干而没有机会在宣传媒介上露脸的维修保障,在这次战争中得到了应有的评价,在这次战争方程式中,它是一个最关键的因素。"

1.4.3 建立高效的联合保障供应体系

1. 构建以网络为中心的保障供应系统

打破传统战场保障供应链中军方独家经营的单一线式结构,构建以网络为中心的保障供应体系,使部队、工业部门、民营企业保障机构等保障实体全部联网,保证战场态势、保障信息的高度共享和快速流动,实现保障供应系统实时感知保障网络各节点的需求。同时,以自动化的保障信息管理工具和智能化的保障决策工具对保障信息进行分析处理,对保障效率、成本和效果进行综合权衡,进行最佳保障决策;以先进的跟踪定位工具和库存管理工具实现对保障资源的精确管理控制;以快速的分发配送能力实现保障需求的快速响应。

2. 加快发展保障物资可视化等关键技术

充分应用现代物流工程和信息技术,大力推广应用以射频识别技术为代表的自动识别技术,全面实现保障物资的可视化管理,随时掌握各种各类物资的存储、运输、使用和消耗情况,使装备保障对备件和其他保障物资的需求能够在最短时间内以最小的运输成本得到满足。重点发展包括:宽带、高速、安全可靠的通信网络和分布式保障信息系统;先进传感器、智能化分析设备、仿真设备、射频识别设备和跟踪定位设备。制订以物资编码、信息系统接口标准为主要内容的保障信息标准,以及保障信息交换与处理的标准协议或规则。

1.4.4 实现装备的预测性维修

1. 为新一代装备开发预测式维修系统

定期拆检的预防性维修容易造成装备的过度维修,并会因为过早的更换而浪费部分零部件的剩余寿命,增加维修频度和维修费用、甚至破坏装备正常的技术状态。基于状态的预测性维修则是在融合传统的状态监控和故障诊断技术基础上,综合多种先进技术,如传感器技术、人工智能技术、计算机技术、通信技术、网络技术等,准确判定部件的实际状态,并据此决定对其进行更换或维修的工作过程。预测性维修可以实时监控装备的状态,并且仅仅在出现维修需求时才开展维修工作,从而避免不必要的维修,降低武器装备的寿命周期费用。

为了在新一代装备保障中实现预测式维修,必须与装备研制同步开发研制预测与状态管理系统,采用多传感器数据融合、基于模型的故障征兆检测与分析、剩余寿命预测、装备状态实时监测等多种先进技术,准确掌握装备的技术状态、预测其发展趋势、评估其保障需求,并适时提出维修保障的建议。美军已经为其新研制的F-35战斗机开发出类似系统,据美军估计,采用该系统后,装备的维修人力减少20%~40%,保障规模缩小50%,出动架次率提高25%,使用与保障费用减少50%以上。

2. 为现役装备开发一体化的自动测试系统

为准确掌握正在服役装备的技术状态、不断提高对正在服役装备的保障能力,要根据装备的技术特点和保障现状,为其开发一体化的自动测试系统,定期和实时采集装备的技术数据,早日建立起完善的装备技术档案数据库,为装备的维修保障和后期的改换装提供依据。美国海军较早意识到自动测试系统的重要性,从20世纪末开始,就依托洛克希德·马丁公司研制了综合自动化保障系统,该系统主要用于武器装备电子装置的中继级和基地级测试。随着武器装备的进一步发展,美国海军认为该系统已无法满足测试需求,因此计划开发新一代电子综合自动化保障系统,替代老化系统,并于2016年交付舰队使用。

3. 推广应用便携式维修辅助设备

一线部队的基层级维修是装备维修保障的重要组成部分,由于缺乏必要的技术手段,舰员们主要依靠经验和感觉来判断装备的技术状态和故障情况,并以手工作业的形式开展基层级维修工作,准确性和时效性都十分有限。如果能够在一线部队推广便携式维修辅助设备(包括测试设备、电动工具、气动工具、液压工具等),将极大地提高基层部队维修作业的精确性、时效性和维修信息化水平。近年来,英、美等国军队在这方面进行了有益的尝试,取得了较好的效果,值得我国借鉴。例如,利用智能手环、智能手表、智能眼镜等可穿戴设备的视频录制、结构扫描、实时展示信息等功能,提高排除故障能力,提升保障效率;再例如,美国普季特海军造船厂工人利用洛克希德·马丁公司研制的一套被动式外骨骼系统,进行连续的高架工作时间平均可达27分钟,而在不利用该系统的情况下,通常25分钟内会21次中断工作,因此显著提高了装备维修效率。

1.4.5 建立一体化保障体系

1. 发挥军兵种优势,开展军兵种一体化保障

各军种之间装备的武器系统有许多相似之处,所需保障资源和维修技术也比较接近,加上各军兵种之间在技术保障方面各有所长,若能够形成一种军兵种一体化保障的机制和体系,在保障力量建设上统筹规划,则能够集众家之长,共同攻关、资源共享、形成合力,不断提高装备保障的效率和效益。

2. 推行依托承制方的全寿命保障模式,开辟军地一体化保障新途径

实行军地一体化保障,是充分发挥国内保障资源优势、提高装备保障效益和效率的又一重要形式,海军在前期舰艇装备军地一体化保障方面已经开展了有益的探索,取得了较好的效果。在此基础上,海军近年来组织开展了由技术责任单位牵头对部分新装备实行全寿命保障的新模式,更进一步拓展了军地一体化保障的深度和广度。例如,我国自行研制的某型武器系统,目前已列装多型舰艇,系统的结构组成复杂、技术含量高,承研承制单位在海装机关的指导下、在舰艇部队的支持配合下,组织各相关配套厂家,以全寿命保障的模式制订了保障方案、完善了保障体系,开展了卓有成效的保障工作,使装备保持了良好的技术状态,为军地一体化

保障开辟新的途径,将成为舰船装备保障中富有生命力的新模式。

1.4.6 优化整合保障力量和保障资源

要根据装备部署的变更、装备发展规划、保障任务的变化和保障需求的发展,及时调整保障力量的编制体制结构,优化整合保障力量和保障资源,使保障体系的结构、组成和保障能力始终与国家的军事战略相适应,与海军的装备建设和发展相适应,与部队的战备训练工作相适应。

例如,某地区由于海军兵力布局调整,对该地区的船机电和特装的保障能力都提出了新的、更高的要求,而该地区内的保障力量短时间内无法满足这一要求,致使新型舰艇的临抢修外协工作量巨大,保障的组织管理十分复杂。为了适应对装备保障的新需求,就要及时调整保障力量的布局和编制体制结构,加强该地区的保障力量和保障能力建设。

1.4.7 提高装备保障训练水平

1. 增强保障训练的针对性

为了提高保障技术人员解决保障工作中各种技术问题的能力,提高保障训练工作的效益,应该根据舰船装备的特点、专业划分、保障体系的建设规划和维修保障岗位职责的需求,有针对性地加强维修保障训练。通过维修保障训练工作,除了要在各技术责任单位、技术支撑单位建立一支理论基础扎实、工程经验丰富、工作作风过硬的高水平保障专家队伍外,还应该在装备承修单位建立起一支熟悉装备基本原理、设计理念和思想,掌握装备结构特点和建造工艺,能独立进行维修保障的技术人员队伍,在舰艇部队建立起一支熟悉装备原理、结构、特点和运行管理要求,能够独立进行装备操作使用和日常维护保养的舰员队伍。

2. 整合装备保障训练资源,提高训练效益

除了利用部队的保障训练资源对保障技术人员和舰员进行装备保障训练外,还要充分利用装备建造厂家的培训资源。例如,根据装备建造的进程,组织维修保障人员和舰员在装备设计、建造期间提前介入,在驻厂军代表的帮助协调下,通过到装备建造厂家有目的地跟产跟试,充分掌握新装备的原理、性能、特点、生产制造工艺、使用操作与维护要求、故障规律、测试技术与维修技术等内容,确保新装备一到部队就能形成保障能力。提前介入的人数应当根据新装备设计、建造进度逐步增加,早期派出少数骨干即可,等到装备进入总装阶段,则应使多数技术人员、指挥人员和舰员都能够有机会参与,确保维修保障队伍技术水平的均衡一致。

3. 提高装备保障训练的信息化水平

由于装备保障训练具有较强的职业教育特点,因此主要以在职教育训练和技能培训为主。通过网络远程教育训练系统能够根据培训对象的工作安排,充分利用其可支配时间就地参加培训,减少对其正常工作的影响,还能够将高水平的师资、高质量的课件实现共享,降低培训成本。通过应用模拟维修训练设备,能够减少实装的损耗、避免装备故障风险,并可以通过设置各种故障现象和保障约束条件,创造高仿真度的训练环境,加大培训力度,提升培训效果。特别是装备嵌入式训练系统的研发及推广使用,使得舰员在自身舰艇上即可开展模拟训练与故障诊断,将极大地提高舰员使用与维护保养能力。

1.5 本书的结构及内容概要

全书共 9 章。

第 1 章对装备保障的发展历史、理论定义等进行概述,辨析装备保障、装备综合保障、装备技术保障等相关概念,构建舰船装备保障关键技术体系,分析阐述舰船装保障特点及发展方向。

第 2 章对舰船装备保障系统的构建进行论述,提出技术责任型舰船装备保障模式,分析传统的由十大要素组成的装备保障系统要素结构的不足,提出由组织机构、物质资源、技术资料和标准法规以及关键技术组成的"四位一体"的新型保障系统要素结构,探讨新型保障系统的构建。

第 3 章对舰船装备保障能力建设进行论述,分析舰船装备保障能力的内涵,提出保障能力建设的总体目标、能力构成和分阶段目标,研究军民融合背景下军方核心保障能力的建设问题,阐明保障能力评估的作用、基本思路等。

第 4 章围绕舰船装备保障信息化建设进行论述,阐述装备保障信息化建设的重要意义,简要介绍美军在装备保障信息化方面的总体情况和典型项目,由此提出舰船装备保障信息化建设的内容、发展趋势和建设途径等。

第 5 章对舰船等级修理模式及其优化进行论述,简要分析舰船等级修理模式的现状,介绍美国海军舰艇修理类别和修理周期结构,提出舰船修理类别和结构优化的总体目标和要点,阐述依据状态信息确定修理需求、主要设备整机"先换后修"、水下清洗等配套机制,分析修理类别和结构的优化对于舰船在航率和全寿命修理经费等方面产生的效益,为推动舰船等级修理由"定期修理"为主向"定期修理与视情修理相结合"转变提供理论依据。

第 6 章对舰船等级修理目标提升进行论述,提出舰船装备修理的基本目标和高级目标，分析舰船主要总体性能因素及存在的问题，讨论舰船总体性能相关技术体系的建立，推动舰船修理目标从装设备功能性恢复向舰船总体性能恢复和提高的转变。

第7章对舰船装备的流程管理进行论述，分析舰船装备流程管理的内涵、特点及意义，从流程识别、流程建立、流程运行及流程优化等环节对舰船装备流程管理进行研究，提出舰船装备流程再造的时机、目标、方法等，分析流程管理与质量管理在舰船维修保障中的协同应用问题。

第8章对舰船装备技术状态评估方法进行论述，分析现行的舰船装备评估相关规定及存在的问题，提出基于设备技术状态、逐级向上综合的舰船装备技术状态评估方法，通过对某型舰艇的模拟评估，验证该方法的可行性，并提出进一步完善装备技术状态评估方法和机制的对策建议。

第9章对舰船装备保障中的半结构化管理问题进行论述，分析半结构决策方法，从保障资源需求的半结构化预测和引进装备保障战略的半结构化决策两个方面阐述半结构化管理的方法及过程。

本书各章之间的关系如图1.4所示，第2～4章为舰船装备保障建设理论，第5、6章为舰船装备保障应用理论，第7～9章为舰船装备保障管理理论。

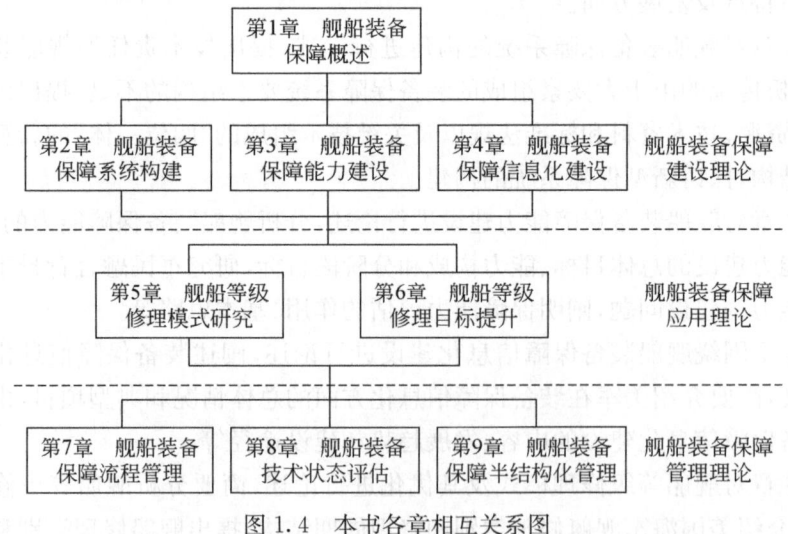

图1.4　本书各章相互关系图

参 考 文 献

[1] 朱石坚,辜健,等. 舰船装备综合保障工程[M]. 北京:国防工业出版社,2008.
[2] 宋太亮. 装备保障性工程[M]. 北京:国防工业出版社,2002.

[3] 单志伟. 装备综合保障工程[M]. 北京:国防工业出版社,2008.
[4] 徐航,陈春良. 装备精确保障概论[M]. 北京:国防工业出版社,2012.
[5] 李智舜,吴明曦. 军事装备保障学[M]. 北京:军事科学出版社,2009.
[6] 赵晨光. 军事装备技术保障学[M]. 北京:解放军出版社,2006.
[7] 伍继宏. 精确化装备保障[M]. 北京:解放军出版社,2009.
[8] 梁海滨. 一体化装备保障[M]. 北京:解放军出版社,2009.
[9] 朱石坚. 做好舰船装备综合保障工作的几点思考[J]. 论证与研究,2014,30(1):1—3.
[10] 栗琳. 美军装备维修保障[M]. 北京:解放军出版社,2006.
[11] 朱石坚. 装备保障的认识与实践[C]//中国兵工学会年会暨第三届全国武器装备研制与保障学术研讨会,重庆,2016.
[12] 柯伟. 中国腐蚀调查报告[M]. 北京:化学工业出版社,2003.

第 2 章　舰船装备保障系统构建

任何装备单靠其本身既不能尽快形成战斗力,也不能长久保持其战斗力,只有为装备配置快速、高效和低消耗的保障系统,形成包括主装备及其保障系统在内的装备系统,才能尽快形成和长久保持其战斗力。保障系统的构建与应用,是舰船装备保障的重要内容之一。保障系统是指经过综合和优化的保障要素所构成的总体,这些要素的有效组织和运用的基础是保障模式。舰船装备保障模式是对保障工作的方法、职责和流程加以归纳和提炼形成的,是建立舰船装备保障系统的前提。

2.1　技术责任型保障模式

所谓模式,就是解决某一类问题的方法论,是一种参照性指导方略,在相同或相似的内外条件下,可以按照既定的思路、方法及流程开展某一类工作,有利于高效完成任务,达到事半功倍的效果。舰船装备的保障模式是在长期保障实践中,通过一定的法规性文件规定或者约定俗成,与保障体制相适应,适用于大多数情况的舰船装备保障原则方法、职责分工、接口界面、工作流程等。

2.1.1　技术支援型保障模式

技术支援型保障模式是指,军内修船厂负责修理,遇到不能解决的重大疑难问题由主承修厂通过各级主管业务机关向相关单位(装设备制造厂、造船厂、相关大学和科研院所等)提出支援请求,该模式是以修理工厂为中心的。技术支援型保障模式的简化流程如图 2.1 所示。

这种模式的缺陷是责、权、利不一致,没有将整个保障工作看做是一个庞大而复杂的系统工程,没有使全国所有的保障单位成为责任主体,没有充分利用各保障单位的主观能动性,保障条件利用率低,保障资源重复建设现象严重,很难有效形成国家队的合力。

2.1.2　技术责任型保障模式的创立

在引进装备保障的初期,由于引进装备由国外设计建造,国内没有设计、建造及等级修理技术文件,没有各系统和装设备的备品备件供应商,加上引进装备与同

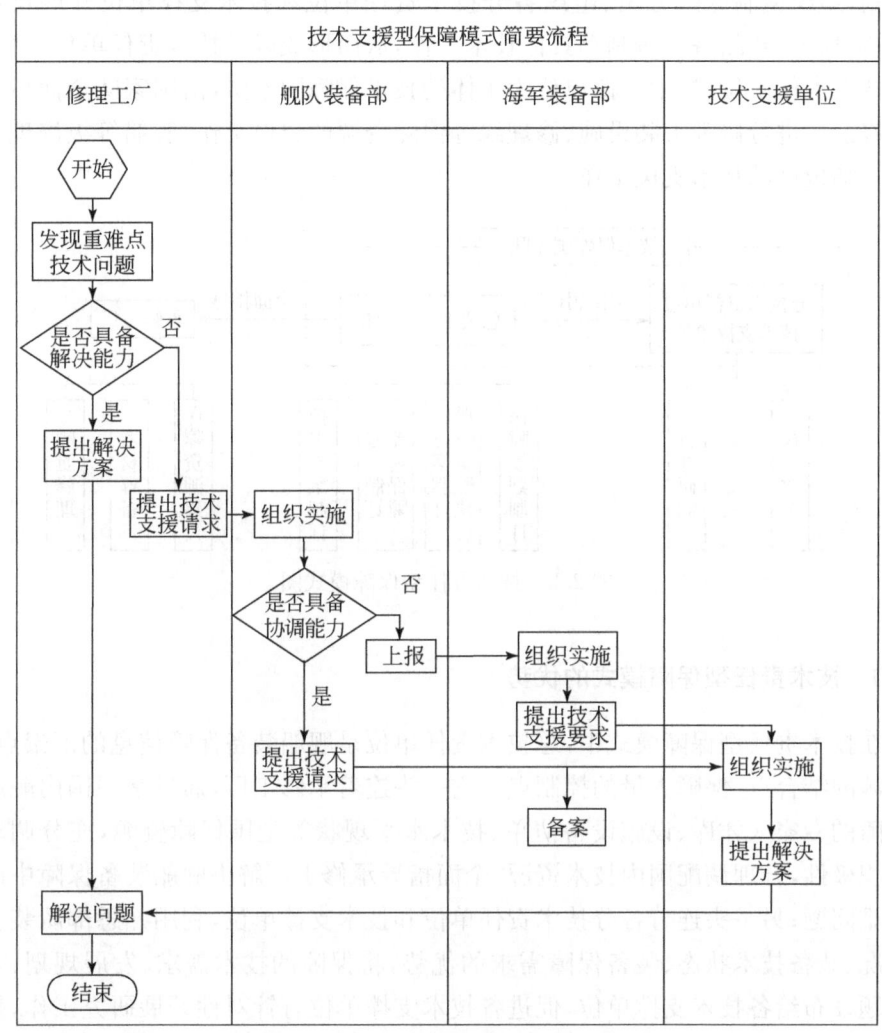

图 2.1 技术支援型保障模式的简要流程

类型国产装备在设计思想和工艺技术上存在较大的区别,使得引进舰艇装备的保障一开始就面临诸多困难。因此,如何做好引进舰艇装备和武器系统的技术保障工作,如何持续保持引进舰艇的战斗力就成为当时的一大难题[1]。

为此,必须建立一种新型保障模式替代传统的技术支援型保障模式,成立引进舰艇装备的总技术责任单位,通过确定需要设置的保障职能类型与层级、制订军地保障力量的基本使用原则、确定各保障力量的总体保障能力、构建技术保障力量体系、制订总体技术保障方案并确定原则分工,最终创建形成以总技术责任单位为核心的技术责任型保障模式(图 2.2):以总技术责任单位为核心开展保障的顶层设计规划，组织编制保障方案、组织各分技术责任单位和技术支撑单位开展技术消化、技术攻关、备品备件研制等具体技术工作，从而形成以总技术责任单位为核心，各分技术责任单位、技术支撑单位为主体的技术保障国家队，由国家队全面指导军队承修工厂进行修理工装设施、修理线等保障资源的建设工作、舰船等级修理工作及装备临抢修的技术支援工作。

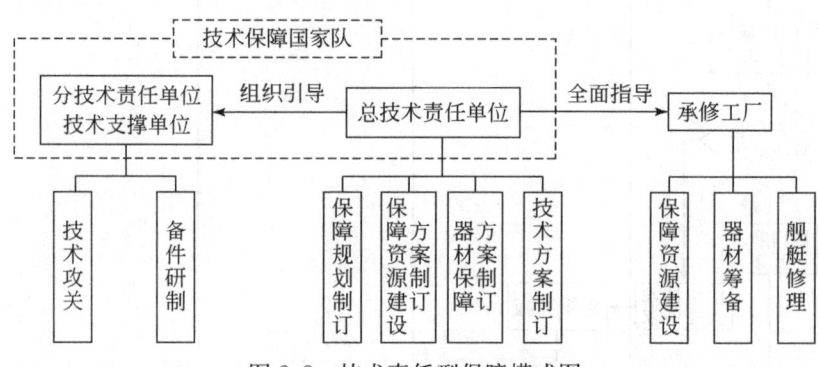

图 2.2 技术责任型保障模式图

2.1.3 技术责任型保障模式的优势

在技术责任型保障模式中，总技术责任单位是舰船装备保障信息的汇聚点、保障资源的结合点、保障力量的控制点。它一头连着承修工厂，通过掌握国内舰船装备保障的专家人才库、设施设备清单、技术水平现状等全国保障资源，充分调动各单位积极性，合理调配国内技术资源，全面指导承修工厂解决舰船装备保障中的重大疑难问题；另一头连着各分技术责任单位和技术支撑单位，利用熟悉部队装备使用情况、装备技术状态、装备保障需求的优势，将保障的技术需求、发展规划、重难点问题发布给各技术支撑单位，促进各技术支撑单位有针对性开展研究工作，提升自身技术实力。

以下实例就可有力说明技术责任型保障模式的优势：某舰中修过程中，修船厂通过磁粉探伤发现主机 8 件缸套内燃烧端面表面均出现密集性裂纹缺陷，修船厂将该情况传真给主机的承修单位寻求解决方案，主机承修单位仅给出了采用着色探伤再作检测的方案，并待着色探伤结果出来后，认为目前缸套的状况可以接受，可以装船观察使用。这一结论遭到了使用部队的强烈质疑，认为没有提供科学可信的依据，不同意缸套继续安装使用。

后来在主管业务机关的主持下，成立了总技术责任单位，并通过总技术责任单位协调国内权威的无损检测机构和 10 多位知名专家对疑似存在问题缸套和 1 件备用新缸套进行全面的无损探伤检测。检测中采用了磁记忆检测、相控阵检测、金相检测、硬度检测、超声检测、射线检测共 6 种检测方法,通过 2 天 2 晚的连续加班工作,完成了所有的检测工作,编制了检测报告,提交了科学的检测结果。

在对该次主机缸套检测结果进行的分析会上,无损检测技术人员详细介绍了本次主机缸套的检测方法、过程及检测结果,回答了参会代表提出的相关问题,重点解释了为什么修船厂在磁粉检测中出现密集性裂纹的假象,说明了无损探伤中每种检测方法都有其局限性和适用性,对于重要部件的检测应采用多种方法进行综合检测分析,才能得出可靠的检测结果。

与以往会议激烈的争论不同,在此次会议上,承修工厂、使用部队代表都没有提出任何异议,一致同意认可了由无损检测专家提交的检测结论和处理建议,同意该舰主机缸套可继续使用。至此,这个困扰了使用部队、承修单位、监修单位的重大疑难问题终于得以圆满解决,显著节约了修理经费,避免了更换缸套带来的其他风险,部队也可以放心使用。

这一典型案例生动地体现出了技术支援型保障模式的不足和技术责任型保障模式的优势。具体而言,技术责任型保障模式的优势体现在两个方面:一是能够互通信息,统筹规划,避免重复建设,节省保障经费,使保障资源综合利用率最大化,提高保障效益;二是能够充分利用国内所有技术资源,并使之成为责任主体,促进舰船装备的保障能力最大化。

2.1.4 总技术责任单位的主要工作

舰船装备保障总技术责任单位处于技术责任型保障模式的中心位置,在开展舰船装备全寿命保障顶层规划设计、构建保障系统基础体系、履行舰船等级修理和改换装的技术抓总职责、解决综合性和系统性重大疑难问题、完成多样化军事任务装备保障等方面发挥了重要作用,对于高效率、高质量、高效益完成舰船装备保障任务起到了至关重要的作用。主要工作有以下几方面:

1. 以顶层设计为统揽,制订保障长期规划

在全面准确掌握舰船装备的技术特点、保障需求和已有保障资源的基础上,提出保障能力建设需求清单,结合装备服役的时间节点,制订保障规划。科学、完善的装备全寿命保障规划是做好装备保障工作的重要基础和前提,是开展装备全寿命周期内各项保障工作的重要指导性文件。

2. 以形成保障能力为目标,开展保障系统建设

在技术责任型保障模式下,总技术责任单位是开展保障系统建设的责任主体,这样改变了以往保障系统建设多头管理、协调困难,使得保障系统建设严重滞后于

装备研制,在装备入役后较长时间形成不了保障能力的状况。

3. 以保障需求为牵引,现场解决重难点问题

装备保障力量前伸,是总技术责任单位作用得到充分发挥的重要因素。为及时准确掌握装备技术状态,了解掌握部队和工厂保障需求,有效解决重大和疑难技术问题,在舰船装备保障过程中,必须始终贴近保障实际,深入保障现场,提出解决措施和方案,协调解决重点和难点问题,发挥总技术责任单位的技术抓总、技术指导、技术把关和组织协调作用;及时掌握修理情况、及时发现问题,第一时间拿出处理建议,为上级决策做好技术支撑。

4. 以信息系统为手段,实现保障成果共享

信息系统的建设不单纯是系统的研制,更重要的是数据的及时更新与不断充实以及信息的共享,信息建设是实现保障成果共享的重要途径。通过长期的数据积累,将各种资料信息进行数字化分类存储,形成装备技术保障的综合性知识库,能够便捷地从其中获取相关的信息,为技术保障分析决策提供有效支撑。某总技术责任单位成立十余年来,建立了较为完善的某类舰船装备信息系统和良好的信息共享机制,共发送各类资料 10000 余份,提供查阅 6000 余人次,为上百个单位的保障工作提供了技术支持。

2.1.5 技术责任型保障模式的推广与应用

在引进舰船装备保障总技术责任单位成功经验的基础上,根据国产舰船装备保障实际,海军按照技术责任不转移原则,陆续明确了国产新型舰船和服役多年舰船的保障总技术责任单位,将技术责任型保障模式推广于全部海军舰船。具体责任划分方式如下:

对于新研舰船装备,以舰船总体设计单位为技术保障总技术责任单位,以海军舰船装备技术保障专家组为技术支援专家队伍,关键系统和装设备以承研承制单位为其全寿命技术保障分技术责任单位,一般系统和装设备以原技术责任单位为技术支撑单位,以驻泊地或其他区域的军内修理工厂为总承修单位,一般系统和装备以军内专业化修理厂所为承修单位,维修器材由技术责任单位供货或承修单位自主采购。

对于已服役多年的舰船装备,以承修工厂兼作技术责任单位,以海军舰船装备技术保障专家组为技术支援专家队伍,以系统和装设备的原设计与供货单位为技术支撑单位,临抢修由总承修单位和军内专业修理工厂负责,以军内专业化修理工厂为系统和装设备的承修单位,维修器材由技术责任单位供货或承修单位自主采购。

经过近十年的探索、实践和发展,技术责任型保障模式从无到有、从自发到自觉、从单一到系统、从生疏到顺畅,无论是工作机制还是管理流程,无论是在航保障还是等级修理都逐步走向成熟和稳定,取得了显著的军事经济效益,为海军"两成两力"建设和部队各项任务的遂行提供了强有力的保障。

2.2　新型保障系统要素结构

舰船装备保障的任务是建设并运用保障系统以满足舰船装备保障的需要。保障系统是指经过综合和优化的保障要素所构成的有机组合体,它包括为使装备满足执行任务能力,而在使用过程和各级别维修中所需要的全部配套资源(硬件、软件)、保障工作程序和人力编配等。它是完成装备保障工作的基础,保障系统本身没有作战功能,但它是装备执行任务能力不可缺少的组成部分。

保障系统建设首先要解决的问题是:采用技术责任型保障模式,研究构建保障力量体系并基本明确其职责与相互关系,完成保障系统的总体结构设计,明确系统组成(即纳入保障系统的单位)、系统运行原理(即各单位之间和各种保障要素之间的相互关系)、各组成单元的性能要求(即各参与保障单位的保障职责与能力要求),为各保障能力的建设提供输入。

2.2.1　保障系统组成要素

1. 传统的保障系统要素组成

在传统的综合保障工程学中,各项工作的作用对象最终都聚焦于十大要素,即保障规划、人力与人员、供应保障、保障设备、技术资料、训练与训练保障、保障设施、包装装卸储存和运输保障、计算机资源保障、设计接口[2-6]。

十大要素学说存在以下问题:

(1) 各要素的属性不在一个层面上。除了设计接口这个为主装备与保障系统相互作用提供渠道的要素之外,人力和人员、技术资料、保障设施、保障设备四种要素是可物化、可建设的资源,而保障规划、供应保障、计算机资源保障、包装装卸储存和运输、训练与训练保障五种要素是对保障各项工作的规划,既涉及物质资源、又涉及工作方法与程序,其工作的结果是为生成各种工作制度提供依据。由此可见,传统的综合保障十大要素并不在同一个层面上,不仅其分类原则难以掌握,而且不能直接过渡到装备保障的条件建设与组织实施中。

(2) 缺少关键技术支撑,致使保障系统针对性不强、有效性不高,不能很好地满足舰船装备保障需求。这主要体现在：一是因故障件修理技术、装备和系统调试技术、装备故障诊断与技术状态评定技术、体系防腐技术欠缺，隐身性控制能力不足等，舰船保障中时常遇到技术疑难问题；二是由于经验匮乏、可以使用的标准规范过于原则等，保障力量体系建设、保障系统规划、保障资源配置等活动缺少客观依据和科学方法；三是舰船装备服役时间很长，本身存在随技术进步而改进技术状态的客观需求，保障技术需要随之而改变，同时，保障技术自身也在飞速发展，存在通过保障技术攻关提高保障效能的客观要求。

传统的综合保障工程学十大要素的分类，源自国外综合保障实践，并不能很好地适用于我国海军保障体制和实际情况，有必要构建新的保障系统要素结构，以便有利于开展舰船装备保障能力建设。

2. "四位一体"的新型保障系统要素结构

舰船装备保障的组织实施离不开人员、物资、方法与技术，根据这一基本原则，按照舰船装备保障系统的实际要素组成，依据各类保障要素的物性与职能，应用物性分类原则，重新确立舰船装备保障的要素体系[1]：一是把所有执行各项舰船装备保障管理与技术活动的人员纳入组织机构要素；二是把所有完成保障活动所必需的设施设备和备品备件等纳入物质资源要素；三是把所有指导人们开展舰船装备保障管理与技术活动的方法与规则纳入技术资料和标准法规要素。各体系的物化属性与职责属性十分清晰。此外，在上述三个物化体系的基础上，针对体系构建与运用离不开关键技术支撑的特点，引入关键技术要素，这样构建起"四位一体"的舰船装备新型保障系统，其结构清晰、职能明确，便于建设与运用。组成保障系统的四个保障要素必须相互匹配与均衡发展，不能存在某个要素的能力不足而约束其他体系能力发挥的问题。

2.2.2 组成要素的分类及能力要求

1. 组织机构要素

舰船装备保障组织机构要素可从多个维度来进行分类。从所属角度，分为军内、国有军工企业、民营企业，军内又分为保障机关、舰艇部队、保障单位、科研院所等，国有军工企业分为总体设计单位、系统和装设备设计单位、总承制单位、设备生产单位等，民营企业主要指设备生产厂家和通用设备的专业化修理企业；从单位职能角度，分为总技术责任单位、各系统和装设备分技术责任单位、技术支撑单位、总体和系统与装设备的主承修单位四个层次；从保障角色角度，分为负责操作使用维护的舰员、负责解决重大疑难问题的技术保障咨询专家、负责具体修理的修理技术人员三个层次;从专业类型角度,分为总体、船机电、武器装备、电子装备4种;从可利用性角度,分为专职、兼职、无任务时可调用。

对组织机构要素的能力要求是:从舰船装备层级上看,需要覆盖舰船装设备、管线路、舰船分系统、舰船系统、舰船总体战技术性能的保持与恢复,以及舰船任务编队,甚至整个海军海上作战能力的保持与恢复;从装备专业角度,需要覆盖舰船总体、船机电、武器装备、电子装备等领域;从工作场所角度,需要覆盖现场修理、码头修理、工厂修理、后方修理;从工作类型角度,需要覆盖保障方案制订(状态测量与评定、技术方案编制)、现场操作(拆解、搬运、修理、装配、调试)、技术支援等工作;从数量角度,必须与保障任务的持续时间和频度相一致。

2. 物质资源要素

设施设备与备品备件等物质资源要素方面,从具体物性角度,可分为厂房设施、试验台架、监测检测设备、拆卸装配设备、修理加工设备、备品备件六种类型;从配置地点角度,分为舰上、码头、基地工厂、研究院所和设备生产厂家五种情况;从可利用性角度,可分为专用、与其他生产活动共用、在满足其他生产后才可使用等。

对物质资源要素的能力要求是:必须满足各种人员履行技术保障任务的需要。厂房和台架等保障设施的技术性能和面积数量必须满足多装备同时展开修理的需要;监测检测仪器设备必须能够准确测量装备的技术性能,为技术状态评定和修复质量评定提供依据;备品备件的种类和数量必须保证在一个补充周期内(舰船的任务周期和补给间隔期,舰艇编大队器材仓库的申领补充或计划订货间隔期,舰队和海军仓库的计划订货间隔期)以较大的概率(取决于器材重要度)满足故障件更换的需要。

3. 技术资料与标准法规要素

在技术资料与标准法规要素方面,从内容角度分为舰船总体与装备的修理制度、修理条件要求、器材配置标准、修理标准、修理工艺、装备结构图纸、装配与调试技术要求六种类型,从用途角度分为指导舰员、指导修理工厂技术人员、辅助能力建设与保持决策、辅助专家决策四种类型。

对技术资料与标准法规的要求是:从规章制度角度,必须明确规定各层级、各专业、各厂所、各种工作类型等所有技术保障活动的要求;从技术标准、技术方法与工艺规程要求角度,必须能够指导各种人员按照规范的程序与方法开展具体的技术保障活动。

4. 关键技术要素

在保障关键技术要素方面,可分为舰船装备保障设计所需的关键技术和舰船装备维修工程所需的关键技术,前者属于管理科学层面,后者属于工程技术层面。

对关键技术体系的能力要求是:必须支撑舰船装备保障模式创建、保障系统设计、保障规划制订、保障方案优选决策等保障工程管理的需要;必须支撑舰船装备的维护保养、故障修复、备件研制、装配调试、系统集成、总体性能恢复等维修工程技术的需要。

2.2.3 新型保障系统的优势

"四位一体"的新型保障系统要素结构的优势体现为以下三点:

一是各要素属性更加清晰。从组织机构与人员、技术资料与标准法规、设施设备与备品备件等物化要素上对保障系统的结构组成进行分解,明确每一种物化要素的功能、作用与性能要求。将不同属性的要素进行科学划分,使之便于管理。从类别上讲,它们分属于人、法、物,属性清晰;从作用上讲,设施设备与备品备件是发挥保障作用的终端,组织机构与人员是控制物质资源发挥作用的关键,而技术资料与标准法规则是指导和约束人们行为的必备知识,职能清晰。

二是确立了关键技术要素的地位。将关键技术体系作为保障系统的一部分,是针对海军舰船装备保障的现状而首次提出的,有效弥补了海军舰船装备保障规划不足的问题。目前,舰船装备入役时交付的保障资源远远不能满足舰船装备全寿命保障需要的现象非常突出,技术保障能力长期滞后于装备发展,新型舰船服役后往往遇到大量技术上的疑难问题并长期得不到解决,因此,将关键技术要素引入舰船装备保障系统规划论证与建设中至关重要。

三是完善了舰船装备保障理论体系。在引入舰船装备保障关键技术这个活力要素后,舰船装备保障系统既包括物化要素和行为准则,又包括驱动发展的动力要素。保障系统新要素结构的提出,进一步完善了舰船装备保障理论体系,并可将该体系分为四部分:一是舰船装备保障组织机构要素的物性与内外部作用机制理论体系,二是舰船装备保障技术资料和标准法规要素的物性与内外部作用机制理论体系,三是舰船装备技术保障物质资源要素的物性与内外部作用机制理论体系,四是用于建立、维持、优化并运用上述三个物化要素及其相互间作用关系的关键技术理论体系。

2.2.4 保障系统要素间的作用机制

在组织机构要素、技术资料与标准法规要素、物质资源要素、关键技术要素中,组织机构是唯一的能动性要素,所有的保障活动都是以组织机构体系中的部分人员,按照技术资料与标准法规的规定,利用设施设备和备品备件等物质资源,在关键技术的支撑下完成的。

技术资料与标准法规具有不同的侧重点,但都用于指导和约束保障人员行为;标准法规重点指导和约束管理人员的行为,行为的对象不一定是装备;技术资料重点约束和指导技术施工人员的行为,行为的对象主要是装备;标准法规所指导和约束的行为还需要通过技术资料所指导和约束的行为施加到装备上。

物质资源要素是保障活动的作用终端,用于支撑保障技术人员完成技术保障活动。

前三个要素是外在的、物化的,关键技术体系是内在的、抽象的,但却是上述三个要素的支撑,前面的每一个要素以及相互间关系的建立和运行都离不开关键技术体系,都是一项或多项关键技术的物化结果或是依照一项或多项关键技术实施物化的结果。例如,与军民融合保障分工相关的原则与方法和与维修保障能力评估相关的方法可以作为支撑组织要素的建立和运行的关键技术,与修理技术和制造技术及计算技术相关的模型、算法、工艺、材料、硬件、软件和信息系统等方面的创新直接提升了设施设备的功能、性能,器材筹措水平和备品备件的可靠性等;一项关键技术也可能支撑不止一个要素的建设。四个保障要素之间的关系框图如图2.3所示。

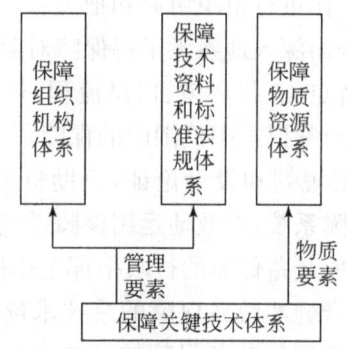

图 2.3　四个保障要素之间的关系框图

2.3　新型保障系统的构建

舰船装备保障工作是恢复和提高舰船装备战技术性能的重要手段。为达到舰船装备能打仗、打胜仗要求,需要建立和完善舰船装备保障系统,包括工作组织体系、保障技术资料和标准法规体系、保障物质资源体系、保障关键技术体系。

2.3.1　建立完善的保障工作组织体系

海军舰船装备保障工作组织体系是海军舰船装备保障的组织保证。只有建立科学完善的舰船装备保障工作组织体系,才能顺利组织实施舰船装备保障工作。舰船装备保障组织体系包括行政指挥线和技术指挥线。

海军舰船装备保障行政指挥线由各级装备机关构成,强调的是统一指挥、令行禁止。

海军舰船装备保障技术指挥线,目前主要由总技术责任单位、分技术责任单位、技术支撑单位和承修单位等组织构成。通过技术指挥线的技术抓总和技术协调,为舰艇等级修理、改换装工程、重大疑难保障问题的系统解决,提供强有力的理论指导和技术支撑。由于行政指挥线由海军装备指挥体制所决定,一经确定,将在相当长的时间内保持不变,因此舰船装备保障工作组织体系建设以建立统筹兼顾、协同高效、有能力、有担当的技术指挥线为主。

1. 总技术责任单位

舰船装备保障总技术责任单位,全面负责某一型(或多型)舰船装备保障的技术牵头和技术抓总工作,处于技术指挥线的顶端,并在技术上对分技术责任单位、装备承修单位和技术支撑单位进行指导和支持,在行政指挥线的统一领导下,从技术管理的角度对装备保障工作进行组织协调和把关。

总技术责任单位必须全面深入地熟悉了解保障对象,即舰船装备的使命任务、工作原理、结构组成、技术特点、工作环境、信息流程、技术状态及其走向和保障需求等信息,还必须全面深入地掌握全国范围内的保障资源情况,有能力高质量地完成舰船装备保障系统的顶层规划和设计论证,协助机关建立起基础扎实、覆盖面广、灵活高效的舰船装备保障系统,有效地运用保障系统对舰船装备保障工作进行技术协调和技术管理,为舰船装备保障的行政指挥工作提供有力的技术支持。

根据上述要求,目前国产舰船装备保障的总技术责任单位通常由该型舰船装备的总体设计单位承担,引进舰船装备保障的总技术责任单位则由专门成立的某舰船装备保障总师办公室承担。例如,某引进舰船装备保障总师办通过编制装备保障体系网络图、建立舰船装备保障专家库、合格承修单位名录、开展维修技术培训等多种方式,建立了由总技术责任单位、分技术责任单位、技术支撑单位和装备承修单位四个层面,舰员、修理技术人员、专家三支队伍构成的舰船装备保障组织体系为实现引进舰船装备的完全自主保障奠定了组织和人才基础。

2. 分技术责任单位

舰船装备保障分技术责任单位根据专业或系统的划分,在行政指挥线的统一领导下,在技术层面上积极配合总技术责任单位的协调和组织工作,负责舰船装备上某一系统(或装备)保障的技术牵头和技术抓总工作,并从技术上对装备承修单位和技术支撑单位给予技术指导和技术支持,在技术指挥线上处于承上启下的地位。分技术责任单位通常由该系统(或装备)的设计建造单位担任,也可以由具有相同专业并且对该系统(或装备)比较了解的军队院校、科研机构担任。目前,国产舰船装备保障的分技术责任单位通常由该系统(或装备)的总体设计单位承担。

3. 技术支撑单位

技术支撑单位是指对舰船装备或某个(或几个)相关分系统(或装备、专业领域)具有深入的研究和丰厚的技术积累,能够为舰船装备或某个(或几个)系统(装备)的维修保障提供有力的技术支持和帮助的单位。技术支撑单位在重大疑难故障的排查和修理、高等级修理的组织实施、重难点修理工程技术攻关、改换装论证、引进装备的技术消化和备件国产化等技术性较强的工作中往往能够发挥重要作用。

技术支撑单位主要包括舰船装备总体或某个(或几个)相关系统(或装备)的研究、设计、建造或配套单位,主要分为以下几类:一是船舶系统的相关研究所、高等院校、总体及系统配套工厂;二是相关国防工业部门的研究所、高等院校、总体及系统配套工厂;三是机械、钢铁、有色金属、石油和化工等工业部门的相关研究所、高等院校及相关工厂;四是军内相关高等院校、研究所。

舰船装备保障的技术支撑单位大多数都不在海军编制序列之内,因此要在国家、军队关于国防动员和军民融合保障体系下,动员多方面的力量,以支持和加强国防建设的责任感和使命感为动力,来加强技术支撑单位的建设工作,使各个技术支撑单位在相关专业领域内具备为舰船装备保障提供强有力技术支撑的水平和能力。

4. 装备承修单位

装备承修单位是舰船装备保障体系中的重要组成部分,是在装备保障一线直接从事装备保障工作的有生力量。舰船装备承修单位通常是军内的修理工厂、修理所和保障大队等单位;部分新型国产舰船装备实行全寿命保障,装备的承修单位通常为其建造厂家;引进舰船装备的承修单位则呈现多样化趋势,既有军内工厂、高等院校和科研单位,也有地方军工部门的生产厂家和科研单位,还有部分民营企业。

装备承修单位的建设工作是舰船装备保障系统建设的重要内容,在建设过程中,要注重全面提高承修单位的计划修理能力、精确保障能力,提升其保障效益和保障质量,确保舰船装备"两成两力"建设目标的圆满实现。

2.3.2 建立完善的技术资料和标准法规体系

技术资料和标准法规是有效实施舰船装备保障的依据。需要全面开展法规制度、保障资料、修理标准等建设，逐步形成配套齐全、信息完备、实用可操的技术资料与标准法规体系。技术资料和标准法规体系主要由舰船装备保障技术资料和舰船装备保障标准法规两部分组成。

1. 舰船装备保障技术资料

技术资料是正确使用与保障舰船装备的基本依据，必须充分反映舰船装备的技术状态、使用与维修的具体要求，舰船装备使用与维修所需的技术资料必须进行严格的审查，以确保技术资料的准确性、清晰性和易读性。舰船装备保障技术资料的建设要求有以下几个方面：

一是按要求验收舰船完工文件。明确技术资料建设相关的职责关系，依据相应的政策与措施，以及有关装备产品专利、知识产权方面的相关规定，理顺军内外工作关系，明晰主管部门、论证设计单位、研制生产厂家和使用与维修方承担的权利与义务，依据国家军用标准关于装备"六性"技术文件和维修作业所需文件清单和要求，提交和验收完工文件，真正把保障技术资料建设工作落到实处。

二是拓宽舰船技术资料获取渠道。舰船装备技术资料建设必须站在装备全系统全寿命管理要求的高度，按照相关规定或合同约定应提交的舰船技术资料必须提交；不属于规定或合同约定的，需要通过正当渠道与生产商协商，按完工图纸的供应办法补充编制，予以补充提交；部分研制部门确实无法提供的，组织修理工程技术人员编制；对属于引进装备而国外供货方又没有提供相应技术资料的，必须通过各种渠道引进相应保障技术资料，或者通过开展技术消化和技术攻关来编制解决。

三是明确舰船技术资料管理职能。加强技术资料建设必须明确保障技术资料管理机构，并赋予其关于保障技术资料筹供和管理的职能，负责与装备设计研制单位协调落实保障技术资料建设前期工作，及时掌握舰船全寿命过程中产生的信息，编制指导性技术文件，负责文本资料电子化管理；逐步改变目前由部队各自向工业部门索要资料的现象，要求工业部门集中向军方提供一套完整的保障技术资料，由管理机构具体对所配备的资料集中统管，再分别向有关部队和修理厂所配发提供。

四是加强舰船技术资料的信息化建设。要按照各类舰船装备技术标准和规范，开展数据采集工作；将各种维修相关技术文件和手册电子化，形成数字化资料库，用户可以通过各种渠道方便地进行查询和检索。要建立健全舰船装备维修信息管理系统，海军、舰队、编（大）队、维修厂所组成维修信息网，及时、准确、完整地收集、整理和传递各种维修信息,保证对各类技术资料的互通共享,同时也为维修决策提供科学的依据;要建立舰船装备资料库中心,实现舰船装备维修资料库的联网运行和全面共享。

2. 舰船装备保障标准法规

海军舰船装备保障标准法规,是军委、海军机关依据法定权限和形式颁布的,用于指导和管理海军舰船装备保障活动的规范性文件的总称,主要包括与海军舰船装备保障有关的条令、条例、规定、通用规范、大纲、概则、细则、标准等,具有权威性、层次性、操作性和相对稳定性等特征。随着舰船装备技术向高、精、尖方向发展和舰船装备保障向精确化、信息化方向发展,舰船装备保障标准法规建设也必须符合这一发展方向。其建设要求有如下几个方面:

一是要不断提高舰船装备保障标准法规的科学性。目前,海军舰船装备保障标准法规体系建设日臻完善,取得了很大成绩,但也存在装备保障标准法规不配套、不系统,操作性、针对性不强,规范不细等问题,给舰船装备保障标准法规的有效执行带来了"先天不足"的困难。还有一些舰船装备保障标准法规,其内容没有随着实践的发展变化、编制体制的调整进行相应修订,导致部分条文与新情况新实践不适应的问题。上述两类问题降低了舰船装备保障标准法规本身的科学性,致使这些标准法规难以有效贯彻落实。因此,在开展舰船装备保障标准法规建设时,要加强装备立法的"源头"管理,改进舰船装备保障标准法规存在的不足和不适应新情况新形势等现象,不断提高舰船装备保障标准法规的科学性。

二是要充分体现舰船装备保障理论的最新研究成果。舰船装备保障标准法规的制订和标准法规体系的建设,离不开舰船装备保障理论作基础。现代舰船装备技术含量高、系统结构复杂,其使用与管理等有其内在的客观规律。为提高舰船装备保障的科学性,需要在理论上不断探索和研究,攻克理论难题,为建立完整科学的舰船装备保障标准法规体系,提供坚实的理论基础。近几年来,随着舰船装备保障实践的深入发展,许多新兴的保障方法和保障手段被相继提出并采用,如全系统全寿命管理、系统分析与评估、视情维修、舰船总体性能恢复性修理等,舰船装备保障理论得到了充实和发展。保障理论的发展,客观上必然要求以其为理论基础建立新的或修订原有的舰船装备保障标准法规及其体系,全面反映装备保障活动的规律,规范装备保障工作实践。以舰船修理目标由装备功能恢复性修理向舰船总体性能恢复性修理转变这项研究为例(相关内容详见第 5 章),目前的舰船装备保障标准法规大多是针对具体装备修理的,缺少舰船修理总体性能控制工作方面的标准法规,为此,应着重开展与舰船隐身性能、腐蚀防护性能、电磁兼容性能、系统协同性能等总体性能相关的标准法规建设。

2.3.3 建立完善的保障物质资源体系

"工欲善其事,必先利其器。"数量充足、完好适用的保障物质资源是舰船装备技术状态和性能在维修保障中得以恢复和提高的物质保证。保障物质资源包括舰船装备保障器材和保障设施设备等。

1. 舰船装备保障器材

舰船装备保障器材是舰船装备维修作业所需要的各种整机、零件、部件、消耗性材料和原材料等的总称,是实施舰船装备维修保障的物质基础。通常按照军民结合、突出重点、综合配套、布局合理、规模适度的原则组织舰船装备保障器材建设。主要工作为器材保障研究,器材筹措、储备、管理、供应以及对器材使用的指导与监督等。

器材保障研究为舰船装备保障器材建设提供理论指导,是保障器材建设的重要基础性工作,其主要包括收集器材的使用和消耗信息,总结器材消耗规律,预测器材需求,掌握器材保障工作的形势(包括现有器材供应的渠道及供应能力、器材库存情况、目前的器材保障能力和水平、部队的器材保障需求及其发展趋势等),提出器材保障能力建设的中长期规划建议,并为保障器材年度建设工作提供依据。

器材筹措是器材保障工作的重要环节,主要是各级器材管理部门根据规定的器材筹措和管理权限以及器材保障工作需要,制订器材采购和储备计划,组织开展器材的研制工作,向各器材供货商(国产器材的生产厂家或代理商、进口器材的代理商)进行订货,并根据订货合同严格验收器材的数量和质量,确保器材采购和储备计划圆满实现。

器材储备和管理是器材保障工作中一项经常性、长期性的工作,对器材保障的能力和水平具有重要影响。在器材储备和管理工作中:一方面要不断应用现代科学技术,提高器材管理的现代化、正规化和信息化水平,改善器材存储环境和条件,降低管理成本、提高管理效率;另一方面要注重对特殊器材的管理,如需要定期通电保养的器材、需要定期老练的电真空器件等,要科学制订并严格落实相关规定和要求,确保器材的安全和完好,保证为舰船装备保障工作提供高质量的器材。

器材供应是指根据相关器材供应标准和保障工作需要,向舰艇部队和舰船装备承修单位提供装备保障工作所需要的物资器材,确保装备保障工作顺利开展。在器材供应工作中:一方面要严格执行器材供应的相关管理规定,杜绝器材供应的随意性;另一方面要服从装备保障工作的实际需要,本着为基层一线服务的思想,通过提高信息化水平来简化工作程序、减少延误时间、及时满足保障需求、提高保障效率。

对器材使用的指导与监督是指各级器材保障部门充分发挥自身的专业和技术优势,对舰艇和修理单位使用相关器材进行指导与监督,确保他们能够深入掌握相关器材的安装、调试和使用要领,正确地使用所领用的器材,保证器材在装备系统中具备规定的工作条件和环境,能够安全可靠地工作,提高器材的使用寿命,降低器材消耗和保障成本。

通过上述工作,结合技术发展、经济条件、市场供求变化趋势等客观条件,运用科学理论和方法,有效实现器材的及时、准确、经济、高效保障。

2. 舰船装备保障设施设备

舰船装备保障设施是指舰船装备保障所需的永久性或半永久性的构筑物及附属设备的统称;舰船装备保障设备则是指用于舰船装备计量、校准、检测、检查、监控、维护、修理、试验、化验、封存、保管、搬运、拆装、安全防护的机具、仪器、仪表等保障设备的统称。舰船装备保障设施设备的完备与先进程度,是衡量舰船装备保障能力强弱的重要标志之一,是舰船装备保障工作的物质基础。做好装备保障设施与设备的建设与管理工作,对提高舰船装备保障能力,保证及时、高效地完成舰船装备保障任务意义重大。

1) 舰船装备保障设施建设要求

舰船装备保障设施按预定用途可分为维护修理设施、装备器材储存设施、训练保障设施和专用设施等。这些设施建设投入费用大、建设周期长,尤其是基地级设施牵涉面广,建设工作更为复杂。因而,必须明确具体要求,按照科学的建设程序进行,以避免失误、减少浪费。舰船装备保障设施建议的具体要求如下:

一是要紧贴海军战略转型和舰船装备发展需要,加强保障设施建设的顶层规划和超前设计。近年来,我国海上安全形势日益复杂,海洋权益所受威胁更加严峻,并且随着"一带一路"战略的实施,维护海上丝绸之路安全已成为海军不可推卸的责任,这些都为海军履行使命任务提出了更高的要求,加强远海作战能力和保障能力建设成为海军建设的重中之重,因此,要紧贴远海保障需求开展舰船装备保障设施建设顶层规划,深入论证、合理规划具有远海保障能力的设施建设;同时,舰船装备的自动化程度越来越高、功能越来越强,武器装备也越来越先进,对舰船装备保障设施在信息化和智能化方面的要求也越来越高,智能化修理工厂、信息化装备保障等将成为海军舰船装备保障发展的必然趋势,这就要求保障设施在建设中必须充分考虑舰船装备及其保障要求的发展趋势,做到超前设计研制和建设。

二是要以新装备保障为重点,加强基地级、中继级维修保障设施建设。基地级维修保障设施建设以提高各区域的新装备维修保障能力为重点,如建设一批大型船坞,完善配套与新装备相应的修理线;中继级维修保障设施建设要重点加强机动修理能力的建设,如修理方舱、修理工程车、专用维修箱等相关设施,以及综合修理船、浮船坞以及水下修理设施建设,配备远程维修支援系统等。

三是要适应科学维修需要,加强舰船装备总体性能相关维修保障设施建设。装设备功能恢复是舰船装备修理的初级目标,而总体性能的恢复乃至提高是舰船装备修理的高层次目标。经过多年建设,海军建立了较为完善的舰船装备保障基础设施,配备了恢复装设备功能的众多保障设备,因此,还需要开展舰船总体性能控制设施建设,建立用于振动噪声、电磁兼容、腐蚀防护等总体性能控制的专用工装设备、检测试验平台、修理台架等,实现舰船修理中总体性能的过程控制。

2) 舰船装备保障设备建设要求

舰船装备保障设备按照功能用途可分为维修作业设备、装备物资供应设备、指挥管理设备、技术训练设备等。舰船装备保障设备的建设要求如下:

一是要加强保障设备与舰船装备的同步建设。按照舰船装备全系统、全寿命保障的要求,在舰船装备的论证、设计阶段,保障设备必须与舰船装备同时进行论证、规划与设计,以确保维修设备与舰船装备综合保障需求相匹配,在舰船入列后随即能够形成强大的保障能力。特别是有的保障设备的研制周期长、费用高,有的保障设备甚至成为权衡舰船装备综合保障方案的主要因素,因此,必须加强保障设备与舰船装备的同步论证、规划和建设,并尽量精简保障设备的种类和数量,加强检验与评价工作,确保所研发的保障设备能符合舰船装备综合保障的需求。

二是要加强保障设备自身的保障建设。舰船装备保障设备的种类繁多,复杂程度也不同,对于简单的保障设备,如通用工具,一般仅需采购一定的备件和消耗品,并在供应文件、保障设备的维修手册中加以反映即可。但对于某些复杂的保障设备,如维修工程车、复杂的测试设备等,其自身的保障工作也十分复杂,因此,必须加强保障设备自身的保障建设。

三是要分别加强三级维修保障设备建设。在基地级保障设备配置上,以舰船装备总承修厂为重点,采取集中投入、集中建设的方法,确保总承修厂保障设备的齐全和先进,进一步加强基地级保障能力,重点加强电子装备维修、动力装置集控、表面工程维修和精密机械加工等专业保障设备的配置;在中继级保障设备配置上,根据中继级保障力量担负的使命任务,加强机动保障设备、技术检测、综合保障信息管理等保障设备的建设,进一步加强中继级维修保障力量在舰船装备临抢修和小型舰船小修、坞修等方面的能力;在舰员级保障设备配置上,除配备必要的保障仪器、仪表和工具外,还需配备必要的检测设备和维修信息管理系统。

2.3.4 建立完善的保障关键技术体系

舰船装备保障关键技术是军事技术的重要组成部分,是保证舰船装备遂行多样化军事任务的重要支撑,是实现舰船装备维修保障现代化的重要基础,是提高舰船装备全寿命使用效能的重要保证。舰船装备保证关键技术分为舰船装备保障设计技术和舰船装备维修工程技术两大类。

1. 舰船装备保障设计技术

舰船装备保证设计技术按照装备研制和装备保障阶段又可以分为装备综合保障设计技术和装备技术保障设计技术。

装备综合保障设计的关键技术包括可靠性增长技术、维修性增长技术、保障资源需求预测与规划配置技术、保障资源设计技术、"六性"验证评估技术、综合保障建模与仿真技术、综合保障信息管理平台构建技术等。装备技术保障设计的关键技术包括责任主体确定技术、保障规划与方案设计的决策技术、保障模式设计技术、保障系统分析和创建技术、保障机制设计技术、保障流程规划与管理技术、保障能力分解与验证评估技术、全寿命经济性分析技术、将保障能力需求转换为保障资源各要素需求的技术、修理—训练—部署—优化匹配技术、装备完好性评估技术等。

2. 舰船装备维修工程技术

舰船装备维修工程作为一门综合性工程技术学科,涉及专业领域多、知识密集复杂,因此,舰船装备维修工程包含的具体维修技术也非常多,如图1.3所示。在这些技术中,对于舰船装备保障而言,最重要的是与总体性能恢复与保持的技术:潜艇修理振声控制技术、舰艇修理腐蚀防护技术、舰艇系统协同联调技术、舰艇电磁兼容技术、舰艇改换装技术以及维修能力评估技术等。

参 考 文 献

[1] 朱石坚. 舰船装备保障工程管理创新与实践[J]. 科技进步与对策,2016,33(16):21—26.
[2] GJB 3872—1999 装备综合保障通用要求[S]. 1999.
[3] GJB 1371—1992 装备保障性分析[S]. 1992.
[4] 徐宗昌. 装备保障性工程与管理[M]. 北京:国防工业出版社,2006.
[5] 宋太亮. 装备保障性系统工程[M]. 北京:国防工业出版社,2008.
[6] 祝泓,张平. 舰船综合保障系统设计[J]. 中国工程科学,2015,17(5):45—51.

第 3 章 舰船装备保障能力建设

现代海军舰船结构复杂、体系庞大、技术密集,采用军民融合的技术责任型保障模式,为其提供可靠的保障是舰船形成和保持战斗力的先决条件[1,2]。舰船装备保障具有对象多元化、模式多样化、工作综合性强、资源需求大等特点,由此带来了保障体制、手段和方式的多样性和复杂性。为此,必须统筹全国已有保障资源,有效突破制约保障瓶颈,以军为主、军民融合,运用工程管理理论和系统工程方法构建配置有序、运行高效的军民融合保障系统,有效形成舰船装备保障能力。

3.1 装备保障能力定义

3.1.1 装备保障能力内涵

在《辞海》中,"能力"一词是指能胜任某项任务的主观条件,其中的主观是说明能力必须有主体,所以能力应该包括三个方面:主体(谁的能力)、任务(要达到什么目标)和条件(主体完成任务需要的条件)[3]。理解装备保障能力的内涵,需要把握以下几点:

(1) 装备保障必须以多样化任务需求为依据,没有任务就谈不上保障,保障是在执行任务过程中产生的,是根据任务内容而实施的,因此,装备保障是为任务服务的,并且其最终目标是满足作战任务需求。

(2) 装备保障必须有条件,从形成能力的角度出发,保障条件就是部队使用的装备以及与装备配套的保障系统,它既包括所保障的对象,即一定规模、设计得易于保障、符合任务要求的装备,又包括训练合格的保障人员(人员配备方案)、配套充足的保障资源、适用的设施设备、必需的保障程序与方法、快速的保障指挥系统、必要的保障信息等,根据这些条件能力可以分解和量化。

(3) 保障是对装备而言,它的目的是使装备能执行任务,其实质内容应是充分发挥、保持和恢复装备作战性能。因此,保障能力必须与装备的作战能力相匹配,并为作战能力提供保证。

(4) 在军民融合保障体制下,军方应是保障能力及其建设的主体,具体而言,是各级装备保障机关、部队等。

3.1.2 舰船装备保障能力定义

由上述分析可以得出舰船装备保障能力定义:海军各级装备机关及部队,利用适合保障要求的舰船装备,以及建设好的舰船装备保障系统,能完成规定保障目标、达到预期效果的能力。其能力构成要素如图 3.1 所示。

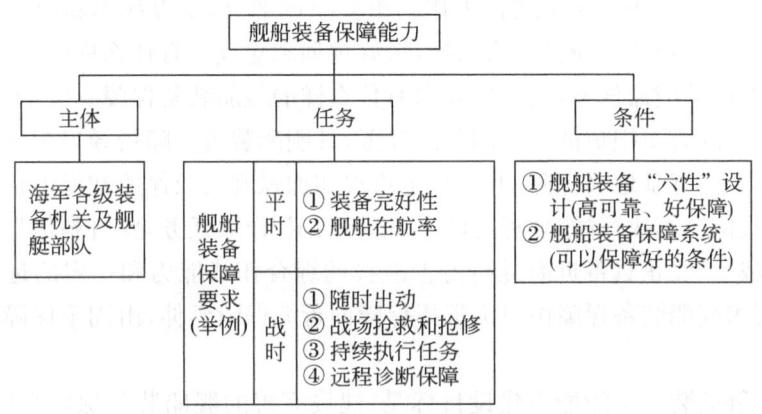

图 3.1 舰船装备保障能力构成要素

(1) 舰船装备保障能力及其建设的主体是海军各级装备机关及舰艇部队。

(2) 舰船装备保障的条件分为两方面:一是要有"高可靠、好保障"的舰船装备;二是要有充实、完备、适用的舰船装备保障系统。有关装备保障系统的要素及构建在第 2 章进行了详细阐述。

(3) 舰船装备保障的目标可分为平时和战时。在平时,其目标主要为满足装备完好率和舰船在航率要求;在战时,需要考虑作战前,舰船装备能够随时、快速出动的能力,即舰船装备的战备完好性;在作战任务期间,需要考虑舰船装备能持续执行任务的能力、受损舰船的战场抢救和抢修能力等。

(4) 舰船装备保障的主体、条件和目标三者中,目标是指引保障能力建设的航标,是牵引保障能力建设的动力,必须从新时期军事战略方针和海军担负的使命任务出发,明确舰船装备保障能力建设目标。

(5) 在舰船装备保障条件这个要素中,舰船装备本身一经生产、定型,其通用质量特性(即"六性")便已固定,无法进行较大的更改。因此,要提高舰船装备保障能力,开展装备保障能力建设,就必须以提高人员的能力水平、提高保障系统满足任务需要为主要内容。

3.2 舰船装备保障能力建设目标

3.2.1 总体目标

舰船装备保障作为海军装备工作的重要组成部分,要以我军新时期军事战略方针和海军所承担的使命任务为指导,做好规划和建设。有什么样的军事战略,海军担负什么样的使命任务,就必然要求有什么样的舰船装备保障。例如,美国奉行全球战略,它的海军担负的是远海作战任务,其舰船装备保障指导思想突出的是海上保障,即在做好基地级保障的同时,更重视和加强舰员级保障和海上机动修理力量建设。我国海军执行的是"近海防御、远海防卫"作战任务,要打赢信息化条件下海上局部战争,真正具备近海遂行海上战役的综合作战能力和一定的远海攻防能力,这就要求舰船装备保障由过去近岸保障向近海保障延伸,由固定保障向机动保障发展。

因此,舰船装备保障能力建设目标是:建设完善的舰船装备保障系统,构建高效、快速和低消耗的保障体系,明确科学的保障运行机制,形成满足需要的保障能力,能够保障舰船在各种情况下都能及时完成训练、战备和作战任务[4]。

3.2.2 能力构成

根据我国海军的使命任务,结合我国海军保障实际,应着力加强舰员级保障、岸海支援保障、海上机动保障和等级修理能力建设,逐步形成与舰船使命任务相适应的在航保障能力和等级修理能力,为舰船提供科学高效的保障服务[5]。

1. 舰员级保障能力

舰员是舰船装备操作使用、维护保养、技术状态监控、一般故障排除的主要力量,是实施海上保障的核心。为确保舰船长期执行任务期间能够始终保持装备的良好技术状态,必须加强舰员级保障条件建设,提高自主保障能力。美国海军非常重视舰员级维修保障,规定舰船在申请外部援助以前,舰上所有设备的故障检测、排除和修复由舰员完成。舰员每天都要依据舰艇上"计划维修保障系统"的规定和舰艇指挥官的安排进行训练,对船体的外部进行检修以及进行一些日常的设备更换,除非特殊情况,由舰员承担的计划性维修保障活动不能中断。

为了使舰员能够在长期远海执行任务环境下有效实施装备保障,舰员级保障应具备如下四种能力:

(1) 故障检修能力。能够利用舰上配置的检测、修理设备和工具独立完成舰船装备的预防性检修,以及排除和修复装备一般故障和部分较复杂故障。

(2) 器材保障能力。随舰维修器材充足,能够基本满足舰船装备故障件更换等修理需求。

(3) 零部件加工能力。能够利用舰上配置的机加工设备,在舰上完成部分配件和器材的加工。

(4) 信息化保障能力。能够利用舰上的保障信息化管理系统对舰上保障资源进行科学管理,高效组织舰上维修保障活动。当舰员无法排除舰船装备故障时,能够借助舰上的远程技术保障支援终端,获取远程技术支援。

2. 岸海支援保障能力

受舰上和其他专业保障力量条件限制,舰船在航期间,许多装备保障工作需要依托岸基力量才能进行。应大力加强岸海支援保障能力,在舰船基地附近建立配套完整、功能齐全、军民共用的军民融合式保障平台,以便开展临抢修、前出支援和远程技术支援。美国海军在冷战期间,曾在美国本土和海外基地共有 10 个岸基中继级维修保障机构,具有强大的岸海支援保障能力。冷战后,这些机构进行了合并、关闭和调整,数量虽大幅减少,但其岸海支援保障能力却得以保持。例如,位于大西洋沿岸的诺福克岸上中继级维修保障机构,拥有 2000 多名军人和文职人员,工业设施总面积超过 5.43 万平方米,1999 年,该机构共完成了 26000 多项维修保障工作,总工时超过 136 万小时。

岸海支援保障应具备如下五种能力:

(1) 坞内修理能力。能够对舰船实施进坞修理。

(2) 故障修理能力。具备完成复杂装备修理、更换能力,能够对主要装设备实施深度修理。

(3) 机加工能力。能够实施大型、复杂部件的加工和修理。

(4) 前出支援和远程技术支援能力。能够实施前出支援,开展各种常发故障排查与修理,开展远程技术保障支援。

(5) 器材保障能力,能够为舰船及时补给器材消耗。

3. 海上机动保障能力

舰船在执行作战任务时远离基地,任务时间长,受空间和编制限制,舰上自主保障能力有限,对海上保障能力要求高。应配备较强的海上机动保障力量,能够及时获得其他专业保障力量支援。美国海军由于其执行的全球战略,特别重视海上机动保障能力,在美国海军的发展史上,供应舰和修理舰曾发挥过重大作用,特别是在美国海军实施远洋作战任务中的紧急舰艇抢修中,发挥了突出作用。20 世纪

80年代中期,美国海军最多时拥有25艘修理舰,包括9艘驱逐舰供应舰、4艘专门的修理船和12艘潜艇供应舰,较大型的供应舰上有多达50个车间,人员从600到1300人不等,大部分是专业技术人员。近年来,美国海军的经费和规模不断缩减,保障舰艇的数量有所下降,但仍保持着相当的实力和数量。

海上机动保障应具备如下四种能力:

(1) 故障检修能力。能够在海上对编队舰船较复杂装备故障实施修理。

(2) 器材保障能力。能够为编队舰船提供器材补给。

(3) 零部件加工能力。能够在舰上完成较复杂配件和器材的加工和修理。

(4) 信息化保障能力。能够利用舰上的保障信息化系统对编队舰船实施技术支援。

4. 等级修理能力

舰船装备的等级修理不仅需要大型船坞、修理车间、器材仓库等保障设施条件,还需要大量修理设备和专用工具等保障配套条件,而且修理的组织实施难度大、技术状态控制复杂、安全性要求极高。当前,修船厂经过几十年的建设和发展,基本具备了现役舰船等级修理能力,但随着新型舰艇大量入役,装备信息化程度加大,应大力加强新型舰船装备等级修理条件建设,使舰船在航保障能力和等级修理能力相互促进,不断提高保障的及时性和有效性。

3.2.3 分阶段目标

时间阶段是舰船装备保障的基本要素,应合理确定各分阶段目标,及时反映技术和条件的动态变化。确定舰船装备保障能力建设分阶段目标,关键是要理清总体目标、分层目标以及各重大项目之间的先后顺序与逻辑关系。

舰船装备保障的核心是开展保障能力建设,及时形成保障能力。保障能力的核心是保障人员准确辨识保障需求、有效运用保障手段等方面的技术能力,既与保障系统组成要素的品种、数量及内部运行管理有关,也与装备保障需求的多少、难易程度有关。

舰船装备保障能力发展基本过程如图3.2所示。具体过程描述如下:舰船装备伴随使用而逐步暴露故障,伴随故障的消除而不断积累经验,伴随经验的总结而逐步掌握保障规律。在装备故障率相对较低服役初期(T1),保障人员以掌握装备、做好维修准备为主要工作;在服役一段时间内(T2),常发故障基本暴露,解决常发故障和保障典型任务的能力已经形成;此后一段时间内(T3),故障概率较小的故障偶然发生,通过解决问题和总结经验,维修保障能力不断提升;多年以后(T4),部分寿命较短的装备或部件逐步进入老化期,全舰故障率呈不断增大态势,通过集中解决故障和消除退化，进一步提升装备深度修理保障能力。

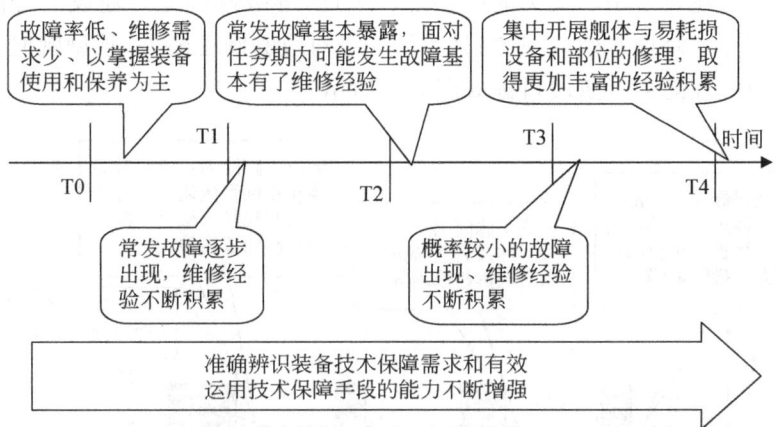

图 3.2　舰船装备保障能力发展基本过程

以舰员级保障能力为例，确定分阶段目标。根据舰员级保障能力发展规律，需要舰员自主或在研制部门的指导下，判定装备技术状态是否异常，及时准确提出维修支援请求，制订各类检修方案或为修理项目确定提供建议，并协助开展修理质量验收，提出整改意见；还应为岸基和研制部门技术人员在舰上开展维修工作提供必要的舱室、设备、材料保障和人力支持，在协助中学习、锻炼技能、增长能力。舰员级保障能力建设分阶段目标如图 3.3 所示。

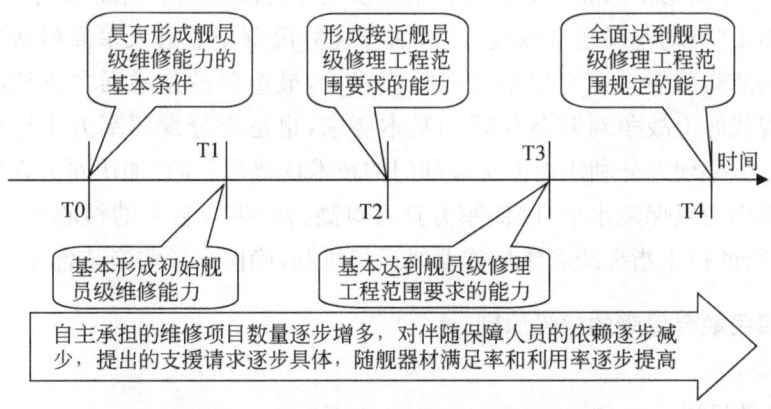

图 3.3　舰员级保障能力建设分阶段目标

岸海支援保障能力、海上机动保障能力的分阶段目标与舰员级保障能力类似，均与装备故障暴露的规律相关。而等级修理能力的分阶段目标则是以舰船装备全寿命周期修理结构为依据。舰船修理结构是指舰船在寿命周期内所进行的基地级计划修理类别、修理时间和修理间隔的组合,它决定了何时开展什么级别的维修,等级修理能力建设必须以此为时间节点。因此,等级修理能力建设的分阶段目标为在规定的等级修理开始前,必须具备该等级对应的修理能力,某型舰艇基本修理结构和等级修理能力分阶段目标如图3.4所示。

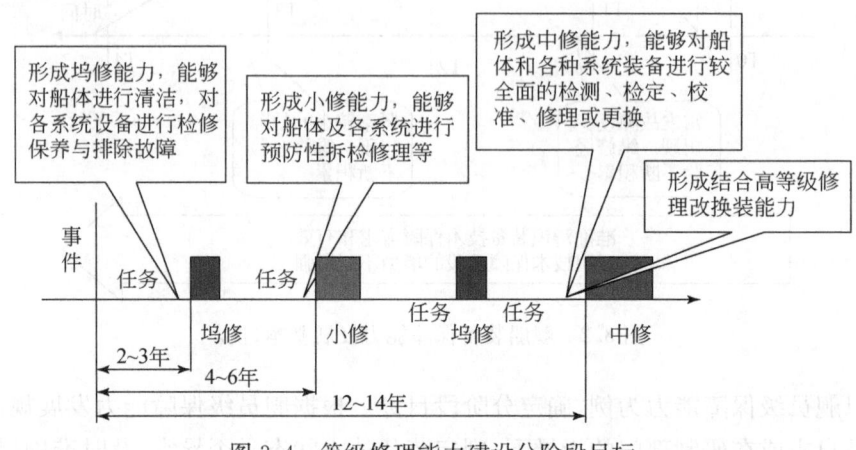

图 3.4　等级修理能力建设分阶段目标

3.3　军民融合背景下的核心保障能力

中国共产党第十八届中央委员会第三次全体会议吹响了全面深化改革的前进号角,做出了"推动军民融合深度发展,引导优势民营企业进入军品科研生产和维修领域"的战略部署。在军民融合保障模式下,最重要的是增强军方核心保障能力,这是现代海上战争对装备保障的基本要求,也是充分发挥军方主导作用的基础[6]。为此,必须充分利用地方工业部门的技术优势和资源,加快军方保障能力建设,提高军内力量保障水平,确保军方具有对高、精、尖等装备的核心保障能力,形成高效运行的技术指挥线和维修作业线运行机制,确保高效实施装备保障。

3.3.1　军民融合保障的建设原则

1. 统筹规划

舰船装备保障参与单位众多,保障资源分散,尤其是大型舰船装备技术责任单位、承修单位数百家,且各单位性质特点、运行管理机制各异。如何调整军民融合装备保障管理主体与实施单位之间的利益关系是一项复杂的工程。因此,必须从军队与地方、军队内部整体上对军民融合装备保障能力建设进行统筹规划,加强工作的计划性,制订明确的发展目标、具体的实施方法和详细的实施步骤,注重建设的配套性,明确责任主体与职责分工,形成军民融合装备保障的良好氛围和运行秩序。

2. 军方主导

军民融合装备保障的本质是整合一切可以利用的地方资源为军方装备保障服务,其服务对象是装备,实施主体仍然是军队。由于海军装备保障的特殊性,军方必须在军民融合装备保障的建设与发展中扮演导演的角色。在发展规划的制订和具体环节的实施中必须以海军需求为牵引,发挥主导作用,从制度上确保海军对军民融合装备保障实施有效的监督和控制,提高军方装备保障核心能力,引导地方保障力量规范有序参与装备保障工作,降低装备保障承包风险,确保所有工作都是围绕满足海军装备保障需求、增强海军装备保障能力和提高海军装备保障效益上展开。

3. 平战结合

在军民融合装备保障中,既要考虑平时发展,更要考虑战时需要,应将两者有机结合起来,建立平战一体的军民融合装备保障体系。要深入研究战时海军实施军民融合装备保障的特点,明确战时军民融合装备保障与平时的联系和区别,还要系统论证战时海军装备保障的需求。因此,要加强战时军民融合装备保障训练与演练的组织,增强地方装备保障力量在战时特别是远海作战时进行装备保障工作的适应能力,提高各类装备保障力量在战时进行综合装备保障的协调能力,使平时的军民融合装备保障在战时也能发挥应有的作用。

4. 注重效益

舰船装备保障是市场经济与装备保障的有机结合,其效益性诉求与市场经济的效益优先原则是完全一致的。避免重复建设、优化资源配置、降低保障成本、提高保障效益、增强保障能力是军民融合装备保障的宗旨所在,以最小的成本实现最大的装备保障效益是军民融合装备保障的最终目标。因此,军民融合装备保障应不拘泥于合作内容、形式和模式,着眼于提升军民融合保障的能力层次,实现装备保障效益的最大化。

3.3.2 军方核心保障能力建设的重要性

军民融合装备保障是当前装备保障建设的必然选择,其优势和作用明显:一是能够向军方提供配置数量少、技术含量高的装备的维修服务,弥补军内保障能力的不足；二是能够扩大军队对工装备件及维修服务的选择余地，充分利用地方资源、人才和技术，减少重复建设，最大限度地发挥军地双方装备保障资源优势；三是在投入战场的兵力总数受限制的情况下，能够尽可能地增加作战部队的规模；四是可以使得军队能够根据作战需要迅速、及时地扩大或压缩可用的保障资源，在持续地获得作战所必要保障的同时降低保障费用[7]。

但是，军民融合装备保障的实践和科学理性的分析显示，依靠地方力量实施装备保障也存在诸多潜在风险，如安全与保密问题、违约问题、兵力保护问题、地方单位对军事行动的反应能力和机动能力较差、战时使用和指挥起来不够灵活等。此外，过度依赖地方力量还会对军队自身建制内保障能力建设产生一定的消极影响，如容易产生依赖性强、维修保障实践机会缺乏、维修保障人才流失、维修保障协调组织能力减弱等问题。正是这些消极因素，对军队建制内维修保障机构在应急情况下或重大任务中顺利完成装备保障任务产生了负面影响，这就要求充分认识到军民融合背景下军方自身核心保障能力的重要性，切实把军方核心保障能力建设作为重中之重。

1. 保持军方核心保障能力是赢得战争的必备条件

信息化条件下局部战争具有突发性强、节奏快、参战人员少、战略与战术之间的界限模糊等特点，这在很大程度上决定了未来首战即是决战的趋势。在这种大背景下，一旦战争突然爆发，军方建制内的装备维修保障力量必须在尚未形成大规模国防动员的情况下，尽可能保持和恢复装备的战技性能，从而为后续的装备维修保障赢得宝贵时间。特别对于海军舰船装备，作战区域远离母港基地，支援保障力量也只能在作战海区外集结待命，在未取得绝对的制空和制海权优势下，战斗进行中难以及时施救，作战舰艇的生命力和战斗力保持主要依靠舰员积极有效的战场抢修。我国海军历来重视舰员自修能力的培养和提高，在"八六"海战中，战斗英雄麦贤得正是凭借着在平时训练中练就的装备操作和维修硬功夫，在头部重伤的情况下坚持战斗3个小时，在几十条管道、千百颗螺丝中摸出一颗被振松的油阀螺丝，并顽强地用扳手拧紧，保证了机器的正常运转。大量的战例表明，军方自身若缺乏强有力的核心保障能力，是难以取得战争胜利的。

2. 保持军方核心保障能力是军队现代化建设的现实需要

军队现代化建设要求军队必须适应未来战争需要，提高军队建设中的科学技术含量，提高现代化条件下的总体作战能力和水平，使之具有适应现代战争要求的实战能力和威慑能力。武器装备现代化是军队现代化建设的重要组成部分，而装备作战效能的发挥，一方面取决于装备本身良好的战技性能，另一方面受到装备保障能力的制约。近年来,海军新型舰船陆续入役,武器装备现代化水平不断提升。然而,随着大量高新技术武器装备加速配发部队,部队装备保障能力与装备保障需求不相适应的矛盾日益突出,还未真正形成核心保障能力。在军民融合保障背景下,军方必须掌握核心的保障能力,在重大的军事行动中才能把握先机,这是军队现代化建设的现实需要。

3. 保持军方核心保障能力是外军改革的一条成功经验

美军在推进军民融合的同时,始终不忘保持军方核心维修保障能力。《美国法典》第10卷第2644条中明确规定了为什么要保持核心后勤能力、怎样保持核心后勤能力;在该条款中提出了"50-50规则",规定"各军种部和国防部各部局确立合同,基地级维修限制在50%"。从任务上看,军方的维修保障任务量要求必须超过总任务量的一半以上,以确保军方保持一定的维修保障能力,而非军方维修保障任务主要集中在运输、通信等非主要、非关键作战装备的维护、修理、保养和加工方面。从装备保障人员的构成看,现役装备保障人员与部队文职人员仍是军队装备维修保障的核心力量。2015年,美国国防部维修白皮书显示,在美军目前从事装备维修保障的62万专业人员中,现役军人为33.4万,文职人员为12.4万,两者总人数为45.8万,占装备保障人员总数的73.9%;预备役装备维修保障人员为16.2万,占总人数的26.1%。从实际装备保障情况看,美军的靠前维修保障主要还是依靠建制内维修保障力量,尤其是在伊拉克战争和阿富汗战争中出于对合同商保障隐患的担忧,还在一定程度上减少了合同商保障的份额。从核心能力建设保证制度上看,《美国法典》第10卷第2464条要求,美国国防部每两年需向国会提交基地级维修的核心维修能力情况报告;而美国国防部指令DoDD4151.18则要求,各军种每两年需向国防部报告军种的基地级核心维修能力需求以及给大修基地分配的维修任务量。正是这样层层开展核心维修能力评估,并向上提交评估报告,有效保证了美军核心保障能力建设的有效性。由此可见,保持军方核心保障能力是包括美军在内的外军装备保障能力建设的重要内容。

3.3.3 军方核心保障能力发展规律

军方核心保障能力的主体是军队建制保障力量,这是军队建制维修保障机构在整个军民融合装备保障中的主导地位和所担负的任务使命所决定的。目前,从事舰船装备保障的军队建制单位主要包括军内修理厂、部队、科研院所三种力量。

按照舰船装备保障能力发展基本过程,可以分析出军方核心保障能力发展规律。

(1) 在舰船刚服役时,军队建制保障力量在研制部门指导下开展现场故障修理和简易故障件离位修理;研制部门现场掌握装备技术状态,制订异常状态装备使用方案,并为修理提供技术支持。

(2) 在舰船服役初期,军地双方逐步过渡。军队建制保障力量在研制部门指导下逐步扩大自主保障范围,减少对研制部门的技术依赖;研制部门逐步集中于解决新出现的技术疑难问题。

(3) 在舰船服役前期,军队建制保障力量承担除重大技术疑难问题和技术密集型部件修理之外的所有技术保障任务;研制部门针对复杂技术疑难问题提供必要的技术支援和技术密集型部件修复。

3.3.4 分类保障决策模型

根据军方核心保障能力发展规律,结合我国装备保障基本国情,一般对舰船装备采用全寿命合同保障、军地联合保障和军内自主保障三种形式[8]。

1. 全寿命保障

全寿命保障主要适用于:军内不具备高等级修理能力和基础条件的复杂装备及尖端装备,且列装数量少、通用性差、技术含量高的装备,采取依托装备承制单位实施全寿命保障。实施地方工业部门全寿命保障,军方则应当对全寿命保障工作进行总体规划,为地方工业部门提供保障平台,组织地方工业部门完成机构设置、人员调配等工作,并根据保障需求组织实施装备巡检、靠前保障、等级修理等任务,同时抓好保障过程监督和保障质量验收。

采取全寿命保障能够大大提高保障效率,利用地方工业部门强有力的维修能力及创新技术,对军方提供保障,满足军方维修需求。全寿命保障模式对地方、军内保障单位和部队三者都有实质性好处:地方单位通过合同保障进入军方保障流程,取得长期合作协议,获得经济效益,并取得第一手修理经验,反馈于新研装备的维修性、保障性等设计中;军内保障单位利用地方的新技术,获得技术支持,缩短修理周期,提高装备保障能力,增强人员素质;作战部队可以提高装备可靠性,提升装备反应能力,增强作战效能。

2. 军地联合保障

军地联合保障模式适用于:军内自身不完全具备高等级修理能力,但具备一定保障基础条件的装备;军内暂时不完全具备高等级修理能力和基础条件,但数量较大的装备,可以实行军地联合保障。该类舰船装备在航保障可以先以地方为主、军内为辅,舰船装备等级修理及后期在航保障要过渡到以军内为主、地方为辅。军地之间要根据装备维修保障任务需求、资源配置情况和技术能力水平,科学划分工作界面,准确定位职责权利,切实做好保障衔接,努力实现资源共享和优势互补。

采取军地联合保障,地方工业部门可以将军内的企业化工厂吸纳到装备保障领域中去,充分利用军内工厂的设施设备资源,承担装备保障任务,这样做具有两个好处:一是有利于包括军方和地方资源在内的国家资源得到充分利用,避免重复建设;二是有利于军内工厂熟悉了解新装备,更好地承担装备技术保障任务,为军方独立承担部分装备的维修保障创造条件。

3. 军内自主保障

军内保障模式适用于:军队自身已具备高等级修理能力和保障条件的装备,或不宜由地方承担保障的装备,可以立足军内,实行军内保障。立足军内,实行通装统保、专装自保、同装互保,并着力提高装备维修保障应急机动和快速反应能力。地方工业部门视情提供技术支持,实施支援保障。

按照交易成本理论和核心保障能力要求,选择装备专用性程度、技术更新速度、使用频率和保障风险对保障任务分工进行决策。基于核心保障能力的军民融合分类保障决策模型如图 3.5 所示。

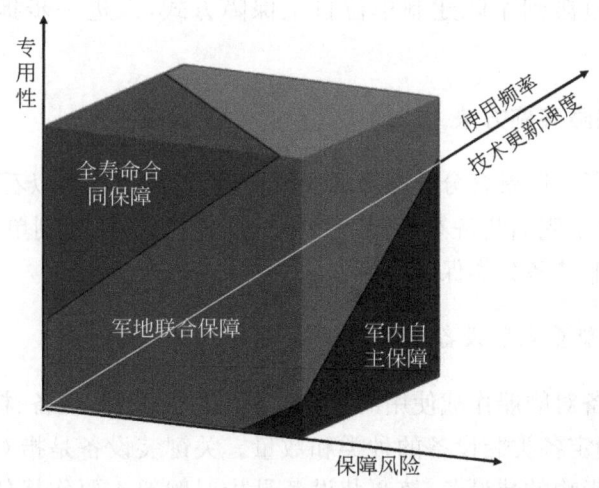

图 3.5 基于核心保障能力的军民融合分类保障决策模型

(1) 装备专用性是指本舰船专用还是可以在其他舰船或军兵种武器装备上通用。根据军队修理厂技术能力和保障条件,通用化程度越高、专用性越弱的装备,应尽量选择军内自主保障;通用化程度越低、专用性越强的装备,应选择军地联合保障或全寿命合同保障。

(2) 技术更新速度是指该装备所蕴含技术的发展速度及更新间隔。根据军内修理厂技术能力和保障条件,技术发展速度快、更新换代快的装备,应尽量选择军地联合保障或全寿命合同保障；对于技术成熟且较稳定的装备，应尽量选择军内自主保障。

（3）使用频率是指装备使用次数和时间、是否持续使用以及执行任务的频繁程度。根据舰船战备完好性要求，使用频率高的装备，应尽量选择军内自主保障；使用频率低的装备，可以选择军内自主保障、军地联合保障或全寿命合同保障。

（4）保障风险是指装备可靠性、维修性、保障性以及接口设计需求对保障带来的不同程度风险，每一种保障方式的风险取决于保障任务失败的概率及其带来的负面影响。根据军内修理厂目前的技术能力和保障条件，保障风险较大的装备，应选择军内自主保障或军地联合保障；保障风险较小的装备应尽量选择全寿命合同保障。

因此，在保证军事机密安全和核心军事能力前提下，应根据舰船装备实际，正确处理好当前与长远、需求与可能、平时与战时、在航保障与等级修理、军队保障与地方保障的关系，按照全寿命合同保障、军地联合保障和军内自主保障三种保障样式，对舰船装备实施分类保障，保持军内自主保障装备占50%以上，提高舰船装备保障的综合效益。同时，随着军内修理厂保障能力和保障条件的增强，应逐步将高、精、尖装备过渡到军队建制单位自主保障方式，以进一步提高军队核心保障能力。

3.3.5 分类保障实施方法

前面建立了军民融合分类保障的决策模型，由该模型可以看出，选择何种保障样式，一是取决于舰船装备本身的特性，二是取决于军队建制单位自身保障能力，由此构成了舰船装备分类保障实施方法。

1. 分析舰船重点装设备

根据装设备对舰船作战使用的影响，将其分为关键装设备、核心装设备和一般装设备三类，确定各类装设备的种类和数量。关键装设备是指对舰船使命任务完成将产生直接影响的装设备；核心装设备是指对舰船主要作战任务完成将产生重大影响的装设备，主要包括对舰船动力和安全有重大影响的船机电装设备、对作战任务有重大影响的作战系统装备或没有保障经验的装设备等。

2. 分析军队建制单位保障能力

从军内现有保障条件和技术能力入手，结合辖区内军内修理工厂已承担的维修保障任务以及对装备组成及工作原理的熟悉程度，逐台套分析军内工厂对核心装设备和关键装设备的保障能力，评价是否具有军内自主保障能力。

在评估核心装设备和关键装设备的保障能力时,主要从军内技术保障单位的技术能力和保障条件两个方面入手。在技术能力方面,根据军内修理工厂是否从事过这些核心或关键装设备的修理任务,以及形成这些核心或关键装设备修理能力的难度等方面,将军内修理工厂的技术能力分为具备、基本具备和不具备三种类型;在保障条件方面,根据军内修理工厂是否具有开展核心或关键装设备的修理设施和专用工装设备,以及开展这些保障设施设备建设的难度等方面,将军内修理工厂的保障条件分为具备、基本具备和不具备三种类型。

3. 选择合适保障单位

运用分类保障决策模型,采取上述三种样式,结合军内自主承修能力现状及今后一段时期发展趋势,科学选择装备分承修单位,并校核实施三类保障装备的数量和采购经费,确保军内自主保障装备比例在50%以上。对于军队不具备高等级修理能力和基础条件,且列装数量少、技术含量高、修理线投入大的装备,主要依托装备承制单位,实施全寿命合同保障。对于军队自身不完全具备高等级修理能力,但具备一定保障基础条件的装备,积极引入地方保障力量,实施军地联合保障。对于军队暂不完全具备高等级修理能力和基础条件,但数量较大、服役时间较长的装备,积极依托装备承制单位,在保障能力形成前,实施军地联合保障;保障能力形成后,实施军内自主保障。对于军队自身已具备高等级修理能力的装备,实施军内自主保障。

3.4 舰船装备保障能力建设规划

针对舰船保障能力建设任务点多面广,各建设项目之间高度交叉和相互影响,是一项庞大的系统工程等特点[9—11],舰船装备保障能力建设必须按照体系化建设的思路,在全面熟悉保障对象、掌握全国已有保障资源、深入分析保障需求基础上,围绕所确定的舰船装备保障目标及军民融合分类保障模式,运用系统工程理论和方法,构建以体系能力为核心的舰船装备保障能力建设框架,科学规划舰船装备保障能力建设路线,指导舰船装备全寿命周期间的保障能力建设活动,以充分利用各类保障资源及时形成并有效保持技术保障能力。

3.4.1 保障能力建设规划框架

舰船装备保障能力建设是通过标准法规、技术资料、设施设备、维修器材和维修培训等要素建设,构建并不断完善以保障工作组织要素、技术资料和标准法规要素、物质资源要素、关键技术要素为主体的军民融合式舰船装备保障系统,逐步形成并持续保持以舰员级保障、岸海支援保障、海上机动保障、等级修理能力等构成的舰船装备保障能力,为舰船装备提供有效的保障,满足战备完好性保持和遂行多样化军事任务需要。舰船装备保障能力建设框架如图 3.6 所示,建设主要内容如图 3.7 所示。

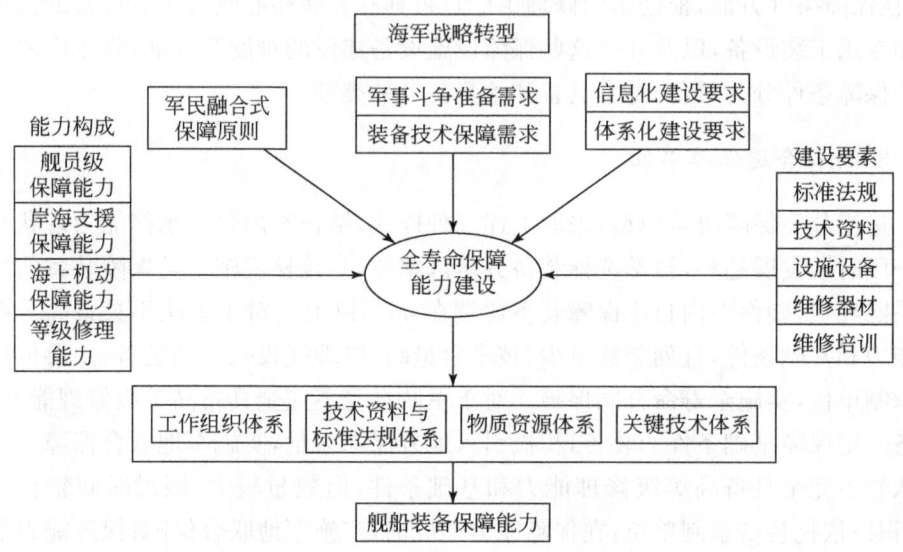

图 3.6　舰船装备保障能力建设体系框架

在舰船全寿命周期的保障能力建设管理过程中,保障工作组织体系是确保舰船装备保障工作有效实施的核心,包括健全的保障队伍、高效的运行机制、规范的工作程序等。技术资料与标准法规体系是有效实施保障工程的基本依据,包括保障相关法规、修理技术标准、技术保障资料等。物质资源体系是保障能力形成的先决条件,包括维修设施、维修设备、维修器材、专用工装等。关键技术体系是有效解决保障工程疑难瓶颈问题、不断提高保障能力的基本途径,包括装备技术状态管理、保障信息化建设和各种先进修理手段运用等技术基础研究,以及复杂巨系统修理技术攻关等。

3.4.2　保障能力建设路线

根据舰船装备保障能力建设规划框架,围绕舰船装备保障目标及保障模式,可以分别规划舰船装备技术保障工作组织体系、技术资料与标准法规体系、物质资源体系、核心技术体系建设路线,确定其在不同阶段的建设项目、实施主体、节点评估要求和过程控制方法等。

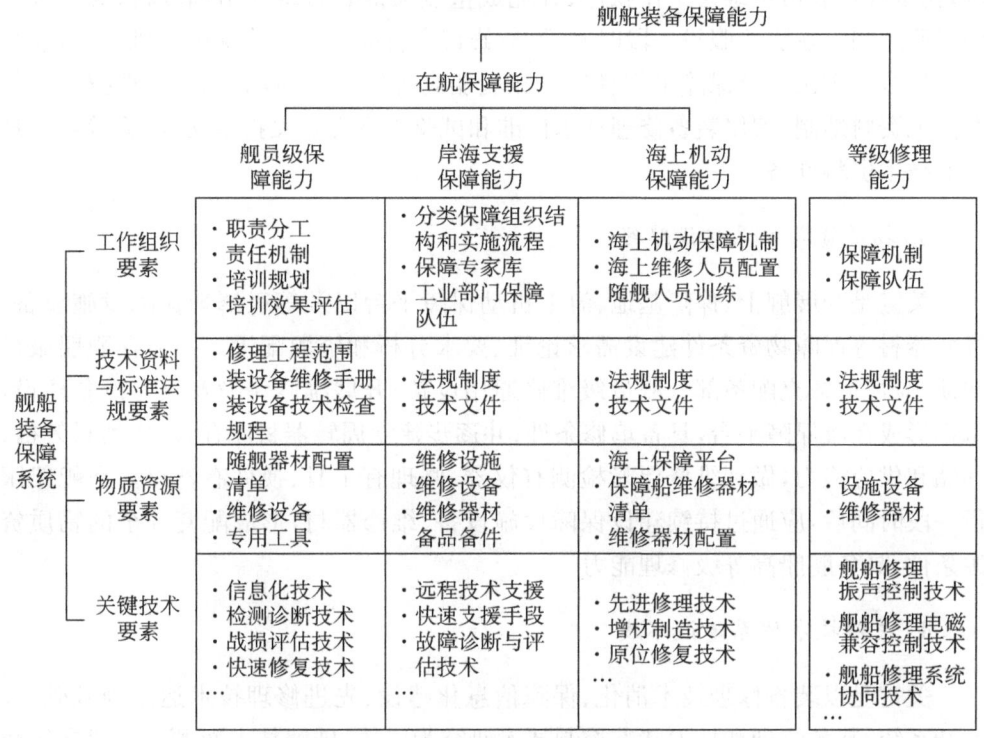

图 3.7 舰船装备保障能力建设主要内容

1. 保障工作组织体系建设路线

逐步建立并完善保障工作组织体系,形成行政指挥线、维修作业线和专业技术线。建立军方主导、军地协作的行政指挥线,关键是要明确军内保障单位的行政指挥关系,并依据运行情况适时调整完善。建立技术责任单位为主体、军方参与指导协助的专业技术线,关键是要按照装备技术责任不转移原则,建立"总体—系统—分系统/设备"的维修保障技术责任体系。构建军民融合式维修保障作业线,关键是建立职责明确、分工合理、互为补充的舰员级、中继级、基地级维修作业体系。

2. 技术资料与标准法规体系建设路线

围绕舰员级维修和等级修理需要,关键是建立由维修手册/指南、技术标准、基准工程单、原则工艺、试验大纲、修理技术状态控制规程等组成的修理技术文件及图纸资料体系,构建层次清晰、结构合理、内容完整的技术保障标准法规体系。一般在舰船服役初期,应完成舰员级维修组织管理办法、修理工程范围等基础法规编修，初步规范舰员级维修工作秩序；并完成重点关键装备维修培训教材、舰员级维修手册编制。在舰船服役一段时间后，应修订完善舰员级维修保障基础法规，初步建立规范的军民融合保障工作秩序。在舰船高等级修理前，应完成修理技术文件及图纸资料编制，编修装备修理技术标准和试验大纲等相关技术文件，为等级修理做好技术资料准备。

3. 物质资源体系建设路线

关键是开展舰上、保障基地、海上机动保障平台以及等级修理保障设施设备、维修器材等保障物资条件建设需求论证、要求分析和资源配置。一般在舰船服役初期，应视情补充配备部分舰员级维修通用设备；开展维修保障及仓储设备建设，基本形成在航保障平台，具备坞修条件；并逐步建立周转器材库存，形成器材筹措、存储和供应能力，做到维修保障检测有仪器、修理有工具、换件有器材。在舰船服役一段时间后，应通过持续建设保障设施设备、维修器材，形成配套齐全的物质资源条件，具备舰船高等级修理能力。

4. 关键技术体系建设路线

关键是以装备修理技术消化、保障信息化建设、先进修理技术运用为基础，以复杂系统、装备修理和技术状态控制技术研究为主体，破解技术瓶颈。一般在舰船服役初期，应以形成在航保障能力为牵引，以保障信息化建设为重点，针对试验试航及服役初期出现的疑难问题，重点开展关键技术消化、综合测试诊断等技术运用，以及装备腐蚀防护、水下修理、故障诊断和软件保障等先进技术应用等。在舰船服役一段时间后，应结合等级修理各项工作推进，组织开展复杂装备修理技术、复杂系统联调技术、全舰修理技术状态控制技术以及电磁兼容维护、修理安全控制等关键技术研究，解决舰船装备修理中出现的各种疑难问题。

3.5 舰船装备保障能力评估

舰船装备保障能力评估是对舰船装备保障系统完成保障任务的能力进行定量或定性分析，发现当前装备保障系统存在的问题及其原因，并持续改进和优化完善，以达到预期效果。舰船装备保障能力评估是海军舰船装备保障能力建设过程中不可缺少的重要环节[12,13]。通过评估可对舰船装备保障能力建设效果进行判断，找出能力建设"短板"和"瓶颈"，及时加以调控，从而保证舰船装备保障能力达到预期目标。

3.5.1 舰船装备保障能力评估的作用

1. 检验保障能力建设效果,引导保障能力建设方向

舰船装备保障能力评估是检验保障能力建设成效的有力工具,它通过设置各种任务背景下装备保障的约束条件,构建起近于实战的装备保障模拟场景;通过建立全面适用的指标体系,覆盖舰船装备保障能力的全部构成维度;通过开展深入细致的检验检查,准确查找和定位舰船装备保障能力存在的薄弱环节,从而来判断海军舰船装备保障能力建设是否科学有效,装备保障能力是否满足当前海军使命任务的要求。

海军舰船装备保障能力建设是一个大的系统工程,涉及海军建制保障单位、国有军工企业以及部分民营企业,需要投入大量的人力、物力和财力,因此,在其建设过程中难免出现标准不够统一、工作不够协调、发展不够均衡,甚至出现一些低水平重复建设,造成装备保障能力建设工作效率不高、质量不好。如何确保装备保障能力建设工作朝着正确的方向发展,不偏离目标?很重要的一点就是以科学的装备保障能力评估工作来牵引。装备保障能力评估指标体系覆盖了要求的各个方面,而指标则指明了重点发展方向。有了正确的方向,明确了需求和侧重点,从而避免了盲目建设,提高了效率,这对引导海军舰船装备保障能力建设方向具有重要的指导意义。

2. 支持装备保障指挥决策,筑牢海上战争胜利基础

舰船装备保障能力是决定海上战争时机、进程和胜负的重要影响因素之一。例如,在马岛海战中,英军的装备保障能力非常强,用 3 天时间将 45000 吨级的"堪培拉"号客轮改装成运兵船,用一周时间将 67000 吨级的"伊丽莎白二世女王"号大型客轮改装成运兵船,用 10 天时间将 18000 吨级的"大西洋运送者"号集装箱船改装为飞机运输船,运载 20 架鹞式飞机出航。英国海军有力的装备保障,使得短时间内海上战场的力量发生了变化,极大地缩短了马岛战争的进程;再例如,在 1942 年 5 月美日珊瑚海海战中,美国海军"约克城"号航母受到重创,日军估计其数月之后才能重新投入使用。但"约克城"号在驶抵珍珠港后,仅仅经过 3 天紧急抢修就迅速恢复了作战能力,又重新投入中途岛海战中,使中途岛海战美日航母数之比发生重大变化,这是美军取得中途岛海战胜利的重要原因之一。由此可见,强有力的舰船装备保障能力是舰船装备作战能力发挥和保持的重要保证,是赢得海上战争胜利的重要基石。

海军指挥员在形成作战决心、制订作战方案时,必须依赖于对各种信息及时、准确和全面的了解和掌握,而海军舰船装备保障能力的具体情况,又是海军指挥员及其指挥机构必须掌握的重要内容之一。对海军舰船装备保障能力以及影响和制约保障能力的各种因素进行正确判断和科学评估,是海军舰船装备保障指挥决策的可靠依据,是海军舰船装备保障组织实施顺畅、高效的前提条件。

3.5.2 舰船装备保障能力评估的分类

1. 按能力构成分类

3.2.2 节提出了目前我国海军舰船装备保障能力的构成为舰员级保障能力、岸海支援保障能力、海上机动保障能力和等级修理能力。对舰船装备保障能力进行评估,根据侧重点不同可以分为单项能力评估和综合能力评估。

单项能力评估是指对上述舰船装备保障能力构成的某一单项能力进行评估,如对舰员级保障能力的评估、等级修理能力的评估。相对而言,这类评估内容范围较窄、评估对象明确、易于组织和实施,因此这类评估占目前舰船装备保障能力评估的主体地位。

综合能力评估是指面向整个舰船装备保障系统的全面评价,涵盖了舰船装备保障能力的全部构成,相对而言,综合能力评估的内容较广、涉及面较大、影响因素众多、组织实施难度大。但就方法而言,单项能力评估和综合能力评估是相同的,可以相互借鉴。

2. 按评估对象分类

舰船装备保障能力评估按评估对象可以分为 3 个层次:针对整个海军的舰船装备保障能力评估,这是战略层面的评估,是对海军舰船装备保障能力建设的全面检验;针对海军舰队的舰船装备保障能力评估,这是战役层面的评估,检验各个舰队方向舰船装备保障能力建设成效,摸清装备保障能力底数;针对海军舰艇部队、军内修理工厂等海军建制保障单位的舰船装备保障能力评估,这是战术层面的评估,用以评估和考核建制保障单位的保障能力建设成效,促进其全面优化发展。

3. 按使用环境分类

舰船装备保障能力评估按海军舰船装备使用环境可以分为平时舰船装备保障能力评估、战时舰船装备保障能力评估和任务舰船装备保障能力评估(演习任务、护航任务等)。

4. 按评估时机分类

舰船装备保障能力评估按评估时机可以分为预测性评估、过程性评估和总结性评估三大类。预测性评估是在组织保障行动前,通过对海军舰船装备保障能力进行预测,及时发现各保障能力的薄弱环节,进行有效改进,提高舰船装备保障能力,以确保保障行动能够高效实施。过程性评估是对海军舰船装备保障行动过程中的装备保障能力进行评估。总结性评估是以海军某一阶段或某次重大军事行动的舰船装备保障情况进行的工作总结为依据,对海军舰船装备保障能力做出的鉴定和评估。总结性评估所关注的是保障行动的结果,以及对随后保障的影响,基本不涉及保障的详细过程,是事后的评估。

3.5.3 舰船装备保障能力评估的基本思路

舰船装备保障能力评估是一个复杂的多层次、多因素评估问题,需要进行统计、分析、对比、判断、综合等活动,其评估内容通常包括评估目的、评估需求、评估指标体系和权重、评估方法及评估结果,装备保障能力评估的基本思路如图3.8所示。

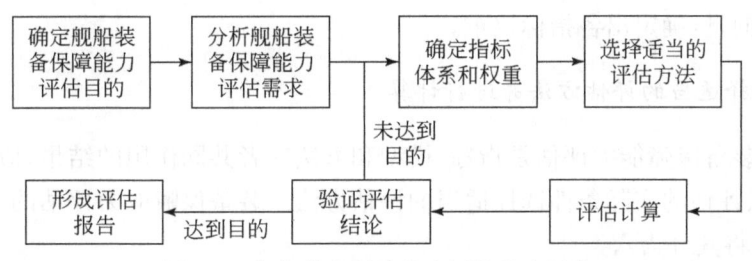

图 3.8　舰船装备保障能力评估基本思路

1. 确定评估目的

评估的目的一般由评估的主管单位确定。评估目的是所有评估工作的出发点和落脚点,必须紧紧围绕"为什么评估"这个中心开展舰船装备保障能力评估。偏离了这个中心,即使指标设计得再精巧、评分计算得再精确,也是徒劳的。

2. 分析评估需求

评估目的是评估工作的总原则,需要将这些大的原则分解为可以指导评估工作开展的具体要求,从而使得评估工作有序开展、评估结果实现目的,这就是分析评估需求。分析评估需求是对舰船装备保障能力评估工作的整体策划,其有效与否直接决定了评估的最终效果。例如,为使评估结果公正、可信度高、满足评估目的要求,应该构建怎样的评估组织结构,如何确定评估人员的组成,在评估过程中应进行怎样控制,需要建立怎样的指标体系,选定怎样的评估方法,评估结论如何科学地界定等。

3. 建立指标体系及权重

为了将多层次、多因素复杂的舰船装备保障能力评估用较科学的计量方法进行量化处理,必须首先构造科学的评估指标体系。评估指标体系是舰船装备保障能力评估工作的依据和核心,对整个评估活动起着统揽全局的作用。

指标体系及其权重的确定是较为复杂的系统工程,其确定方法有很多种,这里简要介绍最常用的专家会议法:首先,根据装备保障方面的文献资料,以及海军舰船装备保障实践经验,确定出舰船装备保障能力组成各要素的主要内容和要求,并进行综合分析处理,归纳、总结、提炼舰船装备保障能力评估基础指标以及各二级、三级指标,形成舰船装备保障能力评估指标体系初稿。然后,邀请相关专家开展讨论,对最初拟制的指标体系的科学性、完整性和可操作性进行考核,确定出最终的指标体系。最后,请各位专家对各级指标的重要程度进行两两比较,并进行一致性检验,若没有通过一致性检验,请各位专家再进行一轮讨论,待意见相对统一后,再次对指标重要程度进行两两比较。通过一致性校验后,计算两两比较矩阵的特征值和特征向量,确定出各指标权重。

4. 选择适当的评估方法并进行计算

舰船装备保障能力评估是指标、模型和方法三者共同作用的结果,应当根据评估的目的、评估的实际条件选择适当的评估方法。装备保障能力评估的方法很多,帅勇等[14]将其分为六类。

第一类是多元统计理论,如主成分分析法、聚类分析法等;第二类是不确定性理论,如模糊综合评判法、粗糙集理论、云理论、灰色系统等;第三类是多属性方法,最典型的是层次分析法;第四类是数据挖掘方法,如贝叶斯网络、关联分析、人工神经网络、支持向量机等;第五类是交叉学科评估方法,如马尔可夫模型、集对分析法、物元分析法、仿真评估法、数据包络分析法等;第六类是组合模型评估方法,即上述方法的有机组合。

5. 检验评估结论

对评估结论的检验要以评估目的为依据,经过检验,如果评估结论不能满足评估目的的要求,则需要对指标权重、评估方法等进行调整优化;若评估结论符合评估目的的要求,则完成评估报告,并对现有舰船装备保障能力的建设和提升提出相关建议。

3.5.4 舰船装备保障能力评估实例

1. 舰员级保障能力评估

1) 评估目的

舰员级维修保障能力评估的目的是切实掌握舰员级维修保障能力现状,发现舰员级维修保障的不足,指出发展方向,确保舰员维修技能培训、随舰维修资源配置以及舰船专业技术力量调配等工作的持续有效开展。

2) 指标体系

舰员级维修保障能力评估的指标体系如图 3.9 所示。组织管理、物资资源、维修技能、维修绩效为四类一级指标,其余二级、三级评估指标均围绕上述四类一级指标逐层分解确定。

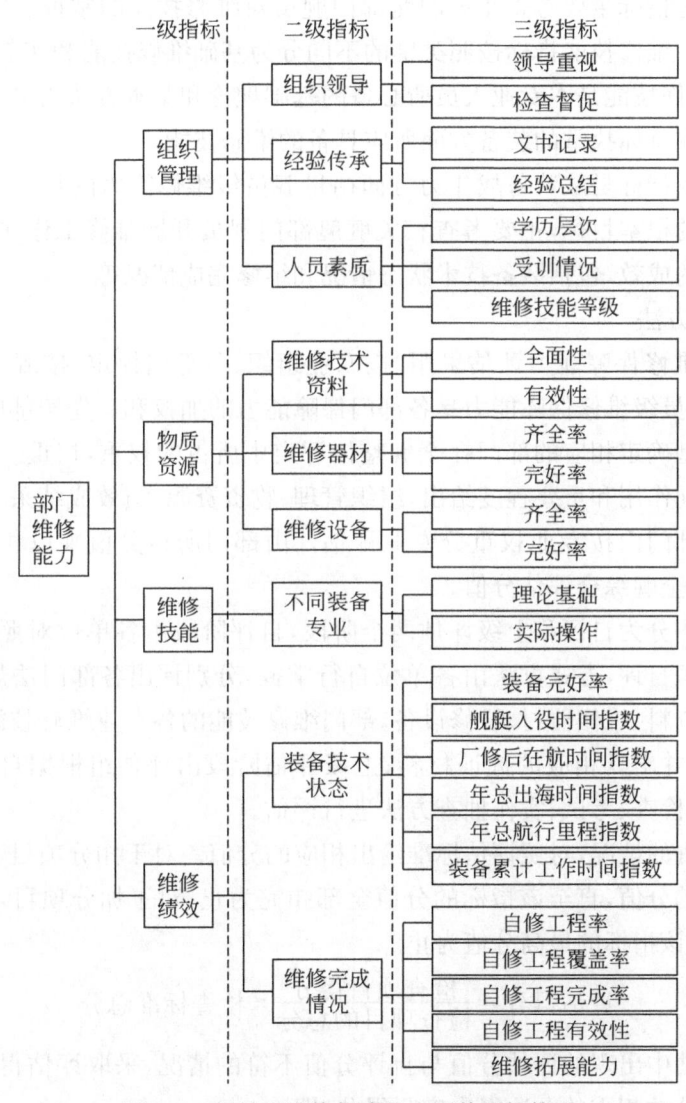

图 3.9 舰员级维修保障能力评估指标体系

组织管理是舰员级保障能力的制度保障,领导重视、文化建设、人员素质等都会对舰员级保障能力产生影响。组织管理指标主要考查相关舰艇部门在舰员级维修保障组织管理方面的基本情况，包括领导重视程度、维修经验总结、传承情况，以及人员配备、受训情况等。

物质资源包括技术资料、备品备件、仪器设备等，是开展装备维修保障的必备条件。物质资源指标主要考查相关舰艇部门舰上维修保障技术资料、维修器材、维修设备等物质资源配备充足与有效情况。

维修技能指标主要考查相关舰艇部门舰员对维修技能的掌握、熟练运行与拓展运用情况。维修技能指标按照类别的不同分为基础维修技能和实装维修技能两部分，基础维修技能是本专业人员所必备的基础理论和基本方法与基本技能，实装维修技能是在具体执掌的装备方面所应具备的维修技能。

维修绩效指标是从装备战斗力方面衡量舰员级维修能力的指标，是舰员级维修能力建设的根本目标，主要考查相关舰艇部门舰员开展维修工作在装备战斗力方面所取得的成效，包括装备技术状态情况和维修完成情况等。

3）评估方法

舰员级维修保障能力评估采用"按专业组织、分部门评定、按舰型评估"的方法，全舰的舰员级维修保障能力是各部门保障能力的加权和。先按部门进行评估，根据不同舰型确定相应的部门在全舰整体评定中所占的权重，权重按照不同舰型中部门的不同作用和重要程度给出，组织管理、物资资源、绩效成绩采取部门总评，维修技能在部门内按专业权重分专业评估。由部门所得分值乘以相应权重后求和，最后得出全舰综合评估分值。

评估工作分为自评和上级评估两个阶段，自评阶段由各单位对照评估标准的具体要求组织自评，方式方法由各单位自行掌握，分别评出各部门法规制度，物资资源的技术资料、维修器材、维修设备，部门维修技能的各专业维修技能，绩效成绩的具体分值，并出具相应的佐证材料；上级评估阶段由评估组根据自评的具体情况，组织现场检查、考试、实作抽查方法进行评估。

根据检查的情况，对照评估标准给出相应的分值。对于扣分项目，根据评估标准扣除相应的分值，直至该指标的分值全部扣完为止；对于加分项目，根据评估标准加分，加至该指标的最高分值为止。

$$评估得分 = \frac{检查项目得分}{检查项目的总分} \times 检查标准总分$$

针对评估中出现的评估分值与自评分值不符的情况，采取评估得分和相应自评分值的千分数相乘的办法得出实际得分，即

$$实际得分 = \frac{自评得分 \times 评估得分}{1000}$$

最后根据各级权重汇总各要素的实际得分,得出评估总分,评估分为优秀、合格和不合格。

2. 承修工厂等级修理能力评估

1) 评估目的

对舰船修理工厂核心保障能力进行量化,判断工厂能否在规定时间内完成某型舰船、某修别修理任务,工厂能否在规定时间内完成年度舰船装备等级修理任务,在全面综合评估的基础上形成舰船装备修理能力"图谱",并为工厂修理能力建设目标的提出、后续建设资源投向投量的科学规划提供依据。

2) 指标体系

舰船装备承修工厂等级修理能力评估指标体系如图 3.10 所示。

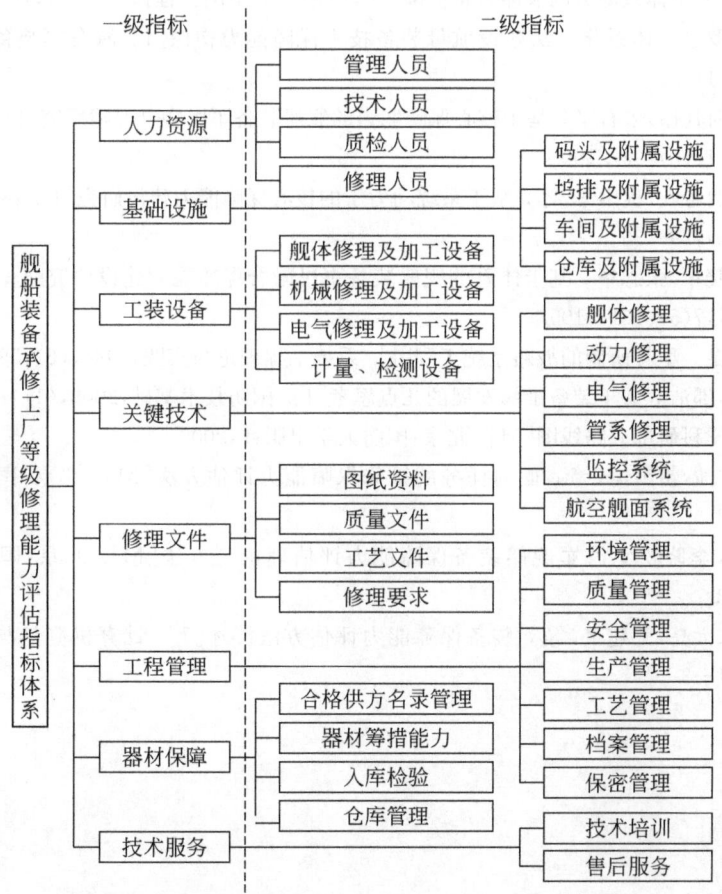

图 3.10 舰船装备承修工厂等级修理能力评估指标体系

3) 评估方法

从人力资源、基础设施、工装设备、关键技术、修理文件、工程管理、器材保障、技术服务八个方面,建立评估指标体系。以指标体系为基础,按照舰艇等级修理需求和工厂修理能力现状两个方向,分别建立数据库。采用数据比对模式,量化评估得出某工厂对某型舰艇的修理能力。

参 考 文 献

[1] 朱石坚. 舰船装备综合保障工程[M]. 北京:国防工业出版社,2010.

[2] 朱胜,姚巨坤. 面向装备全寿命周期的维修发展新特点及技术体系[J]. 装甲兵工程学院学报,2012,26(6):1—6.

[3] 宋太亮,王岩磊,方颖. 装备大保障观总论[M]. 北京:国防工业出版社,2014.

[4] 朱石坚. 基于体系能力的舰船装备保障工程规划[J]. 中国工程科学,2014,16(10):79—78.

[5] 朱石坚,罗忠. 体系化方法建设航母装备技术保障能力初探[J],海海军装备维修,2013,(2):10—11.

[6] 赵存生,何其伟,朱石坚. 基于核心保障能力的舰船装备军民融合保障研究[J]. 中国工程科学,2015,17(5):96—100.

[7] 蔡丽影,贾希胜,程中华,等. 基于系统动力学的核心保障能力建设研究[J]. 系统仿真技术,2011,7(1):29—35.

[8] 钱超,朱晓军,张志华. 基于体系的舰船装备军民融合保障能力建设研究[J]. 中国工程科学,2015,17(5):101—105.

[9] 郑宏,卜昆. 型号研制的战略系统工程[J]. 系统工程理论与实践,1998,(6):59—64.

[10] 曹文正,邵洁. 关于装备维修发展的几点思考[J]. 国防技术基础,2009,(11):24—26.

[11] 国防大学科研部. 路线图[M]. 北京:国防大学出版社,2009.

[12] 张涛,郭波,雷洪涛,等. 面向任务的维修保障能力评估方法[M]. 北京:国防工业出版社,2013.

[13] 蔡文军,李晓松. 海军舰船装备保障能力评估理论与方法[M]. 北京:国防工业出版社,2013.

[14] 帅勇,宋太亮,王建平,等. 装备保障能力评估方法综述[J]. 计算机测量与控制,2016,24(3):1—3.

第 4 章 舰船装备保障信息化建设

在以信息技术为核心的新军事变革迅猛发展和海军转型建设不断深入的大背景下,海军舰船装备保障能力的提升对保障体系信息化建设水平的依赖越来越大。从最近的几场局部战争可以看出,以现代信息技术为基础的装备精确保障能力已经成为现代战争中重要的制胜因素,并得到了世界各国的一致认同和高度重视。一轮加强军事装备保障信息化建设的变革正在世界范围全面展开,而舰船装备保障体系的信息化建设将成为这场信息化变革的重点。

4.1 装备保障信息化建设的重要意义

装备保障信息化是指在装备保障建设各个方面广泛运用现代信息技术,发展信息化保障手段,开发利用保障信息资源,系统改造传统装备保障运行模式,不断提高装备保障能力和效益,实现由机械化装备保障向信息化装备保障转型的目标、要求及其相应活动和过程的统称,是军队信息化的组成部分。信息化建设在舰船装备保障中发挥着重要作用,具有重要的意义,主要体现在以下几个方面。

4.1.1 信息化战争的迫切要求

信息化战争以信息化装备平台为载体,以陆、海、空、天、电一体化的信息链接和信息技术运用为支持,以夺取信息优势为主要对抗目的[1],从最近几次局部战争可管窥信息化战争的真容:

一是作战平台高度信息化。在伊拉克战争中,美国陆军装备的信息化程度已达到53%,海、空军装备的信息化程度高达70%以上,正是由于这个原因,伊拉克战争被公认为信息化战争的开始。

二是指挥控制系统高度自动化。美军在"沙漠风暴"行动中,各级指挥员只能了解到10万平方公里战区内约15%的重大事件,而到2000年已经达到了40%~60%;1993年美军的数据传输速率为1.2MB/s,2000年已经达到了6~16MB/s;海湾战争中,美军把空中任务指令传送给有关作战单位需要几小时,现在仅需要5s;大规模投送火力的能力,也已由过去的25~30min减少为2~4min。

三是无人驾驶装备大量应用。在最近几次局部战争中,无人机承担着侦察、干扰、欺骗、侦察评估、信息中继、对地支援以及对地攻击等多种任务,为美国及其盟国最终赢得每场战争发挥了无可替代的作用;战场机器人广泛用于排雷排爆、侦察监视等场合;无人水下航行器在侦察、跟踪、通信、布雷、反水雷、远程打击上展现出巨大的应用前景。

四是信息攻防发挥了重要作用。在伊拉克战争中,美军使用了大量电子战装备,并使用电磁脉冲炸弹袭击了伊拉克广播电视系统及伊军各类电子辐射源,伊军则运用 GPS 干扰仪对"战斧"巡航导弹进行了有效的干扰。

五是精确制导武器比重大幅增加。海湾战争中,多国部队投放的精确制导弹药只占发射弹药量的 8%;科索沃战争中,北约部队投放的精确制导弹药占总投弹的 35%;阿富汗战争中,美军投放的精确制导弹药占 56%;伊拉克战争中,美军共投放各种精确制导弹药 15000 多枚,占总投弹量的 68%。

应该说这几次局部战争由于敌对双方实力相差悬殊,战争的进程呈现一边倒的态势,并未展示出信息化战争的全部面貌,但仍然验证了以信息技术为核心的新军事变革,是人类有史以来影响最广泛、最深刻的一次军事革命。现代战争形态正加速由机械化向信息化转变,武器平台、作战手段信息化程度的不断提高,必然对装备保障信息化建设提出迫切要求,从而牵引和推动着装备保障信息化建设的快速发展。

4.1.2 技术发展的必然结果

进入 21 世纪以来,新一轮科技革命和产业变革正在兴起,全球科技创新呈现出新的发展态势和特征,学科交叉融合加速,新兴学科不断涌现,前沿领域不断延伸。21 世纪前十年,全球三方专利授权量达到 47.5 万件,比上一个十年多出近 10 万件。科学技术从微观到宏观各个尺度向纵深演进,物质科学不断向宏观、微观和极端条件拓展;生命科学走向精确化、可再造和可调控。新兴学科加快发展,学科交叉融合更加深入,颠覆性技术不断涌现。基础研究、应用研究、技术开发和产业化边界日趋模糊,带动众多学科和技术群跃进,变革突破的能量正在不断积蓄。

科学技术的迅猛发展也必然带动军事技术的多点突破,尤其是网络、人工智能、机器人、3D 打印、大数据、脑机交互等技术的蓬勃发展,将以信息化为中心的新一轮军事革命推向了新的高度,并在不久的将来实现智能化。例如,现在的各类无人化主战平台基本上都是遥控式的,能完全自主控制的高级智能化平台未来必将登上战争舞台;智能化的精确制导武器能自主规划作战任务、自动选择攻击路径、自动发现和识别目标,并自动选择目标实施打击;智能化的电子信息装备则主要包括云上认知无线电通信系统、基于云计算的全球信息格栅,以及可以提供决策支持的一体化指挥控制系统、具备智能特征的诸如网络飞行器的新型网络作战系统等。其中,云上认知无线电通信系统能自动对频谱进行感知与管理,动态地进行频谱接入,自动选择最佳路由和信道;一体化指挥控制系统则能够进行知识提取、知识挖掘,能够整合战场的各类作战信息并形成作战全景图,还能自适应地进行作战规划和提供指挥决策方案,实现联合作战的高效指挥等。

随着高精度卫星导航系统、新型传感器、微纳米芯片、云上认知无线电、云计算、大数据和物联网等新信息技术的发展,装备保障必然采用信息技术以提高装备保障能力,并直至融入信息化作战体系。

4.1.3 装备保障的内在需求

装备保障是一个复杂的系统工程,工作内容包括"研"、"用"、"管"、"供"、"修"、"训"等各个环节,工作范围覆盖装备的全寿命周期各个阶段,在装备保障过程中,将会产生大量的信息[2]。例如,在装备的研制阶段,会形成装备构型、技术要求、试验数据等信息;在装备的使用维修阶段,会产生装备技术状态变化、维修、器材消耗等数据[3]。这些信息具有如下特点:

一是数据体量巨大。现代武器装备系统复杂,特别是航母等大型装备的规模和复杂程度均前所未有,维修保障数据量呈几何级数剧增。例如,某型舰艇装备,仅日常填写的装备技术管理文书就近千本,装备操作使用过程中的实时状态数据更是无法估量;除装备现场采集的原始数据外,还包括数据分析处理后得到的衍生数据,装备使用和维修保障数据体量巨大。

二是数据类型繁多。这些数据,既有分布于各种管理信息系统的结构化数据,也有分散于装备技术资料及各类技术管理文书中的非结构化数据。以故障记录数据为例,尽管可以对故障发生部位等信息进行准确编码,但对故障现象及其处置过程却很难进行结构化,实际上,这些非结构化数据往往蕴含了装备至关重要的维修规律。

三是数据价值大,但价值密度低。装备保障活动的许多内在规律都隐藏在各式各样的保障数据中,收集、分析、利用这些数据,对提高装备保障的效率和效益具有重要价值,但是,这些数据的价值密度较低。以故障数据收集为例,日常工作中,可以通过持续监控舰船的运行状态或例行检查来发现装备故障,但同正常使用状态的数据相比,故障出现的持续时间和频率仍相对较低。

四是数据处理速度要求快。装备保障的决策时效性要求较高,因此,要利用保障数据进行保障规律分析、保障决策支持、保障资源优化等,则需要及时对保障数据进行收集整理、分析处理,否则将陷入海量数据的泥沼中。

正是由于装备保障数据具有上述特征,若想有效利用这些对装备保障极为重要的数据信息,则必须加强装备保障信息化建设,广泛采用网络、数据挖掘、信息融合、辅助决策等现代信息技术手段,对装备保障各环节进行信息化改造,优化和改进装备保障工作流程,深入开发各种信息系统,实现装备保障信息的自动搜集、有效存储、深度挖掘、高效利用,提高装备保障的精确化和科学化水平。

4.2 美军装备保障信息化建设现状

美军在装备保障信息化建设方面一直处于领先地位,研究其建设情况,对认识和把握装备保障信息化建设的发展方向、建设规律具有重要的借鉴意义[4-17]。

4.2.1 总体情况

美军装备保障信息化建设可追溯到 20 世纪 70 年代,可初步划分为三个发展阶段。其大致路线图如图 4.1 所示[4]。

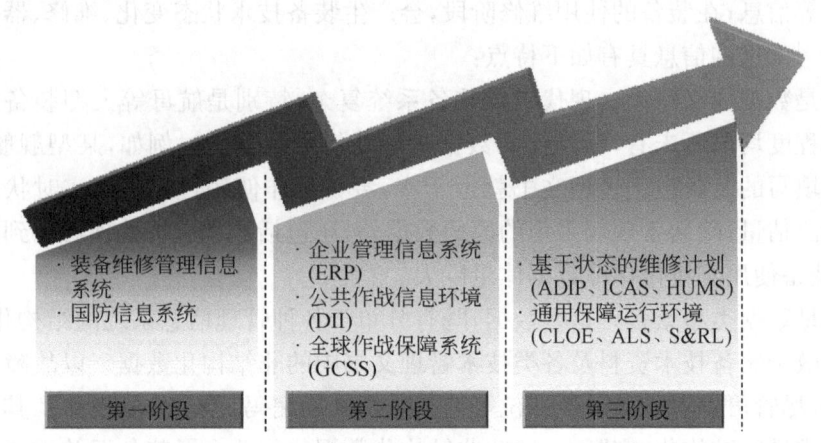

图 4.1 美军装备保障信息化发展路线图

ERP:企业资源规划(enterprise resource planning);DII:国防信息基础设施(defense information infrastructure);GCSS:全球作战保障系统(global combat support system);ADIP:陆军诊断改进计划(army diagnostic improvement program);ICAS:综合状态评估系统(integrated condition assessment system);HUMS:状态与使用监控系统(health and usage monitoring systems);CLOE:通用保障运行环境(common logistics operating environment);ALS:自主保障系统(autonomic logistics system);S&RL:感知与响应保障(sense & respond)

1. 第一阶段

这一阶段主要是从 20 世纪 70 年代到 90 年代海湾战争前,这是美军装备保障信息化建设的探索期。在装备使用运行、日常管理、存储供应、维修作业与管理、维修训练等诸多环节,美军大力开发、部署了数量可观的信息系统,如陆军的标准维修系统、海军的舰员级舰船维修与器材管理系统(3M)等[5]。

这些信息系统基本着眼于利用信息技术提高各类装备保障业务的处理能力和工作效率,信息系统原则上是日常办公、业务处理流程的电子化翻版。例如,海军舰员级 3M 系统,最早成型于 20 世纪 60 年代,以纸质文档流转和人工管理为依托,采用信息化技术以后,则以计算机管理系统为依托,虽经版本的不断调整和改进,但其核心业务流程并未发生颠覆性变化[6]。

在这一时期,随着美军装备保障实践的不断丰富和深入,一些新型保障理念和保障信息化技术开始出现并受到重视,如基于状态的维修(condition-based maintenance,CBM)、以可靠性为中心的维修(reliability centered maintenance,RCM)、交互式电子技术手册(interactive electrical technical manual,IETM)等[7,8]。

美军在这一阶段信息化建设的典型成果是大力推行计算机辅助后勤保障系统(computer aided logistics system,CALS)战略。1985 年,美国国防部提出 CALS 的倡议。1987 年,CALS 演变成计算机辅助采办和后勤保障(computer-aided acquisition & logistic support)。1993 年,CALS 又演变成持续采办和全寿命支持(continuous acquisition & life-cycle support)。CALS 战略的主要目的是实现装备研制、采购对装备使用保障的信息支持,交互式电子技术手册就是这一战略的直接产物[9]。

2. 第二阶段

第二个阶段主要是从 20 世纪 90 年代到 21 世纪初。这一时期可以看做是美军装备保障信息化建设的调整期。20 世纪 90 年代初,美军发动了海湾战争,在战争期间,美军指挥自动化系统 C4ISR 发挥了巨大作用,使美军进一步认识到了形成"信息优势"的威力。但美军装备保障还沿袭了传统预置型、规模化保障的思路,相对于指挥控制系统,装备保障信息化建设还很滞后。在战争期间,美军在海湾地区堆放了大量的保障物资,但很多物资直至战争结束还没有启封。这种情况,促使美军开始重新审视装备保障信息化建设。

美军早期建成的装备保障信息系统一般采取"谁需要谁来建"的方案,结果形成了很多信息化"烟囱",各模块相互独立,只有有限的互用性。据统计,美军原来建成与装备维修保障相关的信息系统 1700 个,共约 19000 个应用软件,不仅建设、维护和使用费用高昂,而且对联合作战的支持能力也很有限。总结这些经验教训,结合美军当时的战略规划,1996 年,美军提出了面向 21 世纪的作战理念,发布了《联合构想 2010》和《联合构想 2020》两个里程碑式文件,明确提出了"聚焦保障"概念,着重强调实现各种异构信息系统互联互通互操作对保持其信息优势、形成保障优势的重要性,并着手启动 GCSS 的建设,形成了约 10000 个应用软件、700 个系统的格局[10]。

美军这一时期装备保障信息化建设的显著特点是,美国国防部对信息化建设的干预程度增大,强调按照统一的体系结构和标准规范,将所有建设项目纳入统一的框架内,信息系统建设的着眼点在于联合作战装备保障指挥控制,尤其关注聚焦保障提出的"点到点"的供应保障。

3. 第三阶段

第三阶段是21世纪初至今。这一时期可以看做是美军装备保障信息化建设的深化期。美军这一时期的重点是在统一的标准规范下,发展各种"天生"能互联互通的系统。2001年,美国国防部向国会提交了《网络中心战报告》。2003年5月,美国国防部发布了《以网络为中心的环境下的数据战略》,2004年2月发布了《国防部体系结构框架》1.0版,美国参谋长联席会议于2004年3月发布了CJCSI 3170.01《联合能力集成与开发系统》指令。这些重要文件标志着美军武器装备综合集成在网络中心战理论指导下进入新的发展阶段。可以看出,这一时期美国国防部从原来依靠个别项目带动来实现军兵种的互通转向依靠统一标准规范,使新发展的各种系统向具有"天生"的互通能力方向转变。这种建设思路的转变将美军装备保障系统集成推向新的阶段。

在这一阶段,美军装备维修保障信息化的另一个重要特点是装备维修信息逐步向装备平台延伸。在"聚焦保障"理念的指引下,逐步推广增强型基于状态的维修(condition-based maintenance plus,CBM+),通过采集装备本身的实际运行状态和技术状态信息,预测装备剩余使用寿命及需要的各种维修资源,在准确的地点、准确的时间进行恰如其分的精确维修,并以此为基础,将聚焦保障发展成为感知与响应型保障[11-13]。

4.2.2 典型项目分析

1. 持续采办和全寿命支持系统

CALS项目是美国国防部主导的具有深远影响的装备保障信息化建设项目。1985年,美国国防部提出计算机辅助后勤保障系统(computer aided logistics system,CALS)的概念,强调利用计算机和信息技术,将武器装备研制生产过程中形成的大量书面数据进行数字化处理,通过关键信息的共享和使用,以缩短采办周期、降低费用和提高工作效率。1987年,CALS演变成计算机辅助采办和后勤保障(computer-aided acquisition & logistic support),将信息技术引入武器装备采办的全过程,进一步扩大了数字化范围,纳入了设计制造阶段的数据,并通过并行工程和企业集成等方法,为以后的维修和使用提供支持。1993 年,CALS 又演变成持续采办和全寿命支持(continuous acquisition & life-cycle support)。美国国防部发布的《CALS 战略计划》指出,持续采办和全寿命支持是政府和工业界通过采用国家和国际标准,改进工作流程,应用先进技术,达到更有效地生成、交换、管理、使用支持一个产品全寿命周期内的数字化信息的战略。

CALS 的主要特点有:

① 数字化——所有数据实现数字化;
② 标准化——各阶段数据采用统一的标准;
③ 集成化——全部信息在一个集成的系统中存储、交换与管理。

CALS 的体系结构如图 4.2 所示。

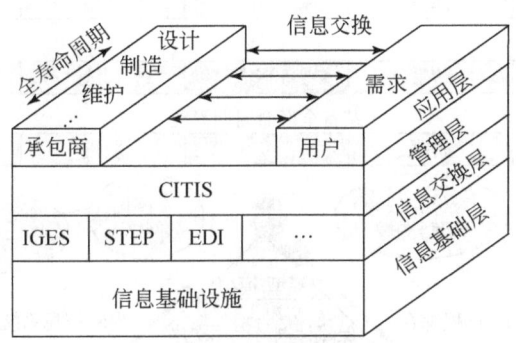

图 4.2　CALS 的体系结构

IGES:初始化图形交换规范(the initial graphics exchange specification);STEP:产品模型数据交换标准(standard for the exchange of product model data);EDI:电子数据交换(electronic data interchange);CITIS:承包商集成的技术信息服务(contractor integrated technical information service)

　　第 1 层是信息基础设施层,是整个 CALS 体系的基础,包括各种计算机软、硬件,如操作系统、数据库、网络设备等,还包括一些数据格式标准和软件标准。第 2 层是信息交换层,主要是信息建模与交换,其内容包括产品数据交换及经营信息交换。第 3 层是管理层,包括政策、法规和有关标准。CITIS 是典型的功能标准;第 4 层是应用层,包括用户与承包商的有关功能活动,如采办、设计、制造、维修、售后服务等。用户的信息需求和用户与承包商的信息交换通过第 2~4 层实现[9]。

　　这种信息上的高效集成与交换,其作用是巨大的。美军在 F-22 战斗机、B-2 轰炸机、SSN-21 攻击潜艇、M1A2 坦克、RAH-66 直升机等数十种新型武器的采办中应用了 CALS,取得了明显的效益。

2. 全球作战保障系统

全球作战保障系统(GCSS)是美军在海湾战争后开始酝酿建设的大型信息化建设项目,于1999年前后启动,建设一直持续到现在,还没有完全部署完毕。

GCSS的目标非常宏大,是美军各军兵种联合参研的覆盖装备作战、战备(动员训练)和装备全寿命周期几乎所有业务的综合信息环境。其总体目标是基于一体化的网络系统,通过数据采集、数据可视化、数据综合应用和一体化联合决策等技术手段的支持,为战略、战役、战术各层次的保障相关人员提供一个融合的、实时的、多维的装备保障态势视图,提高装备保障能力,如图4.3所示。

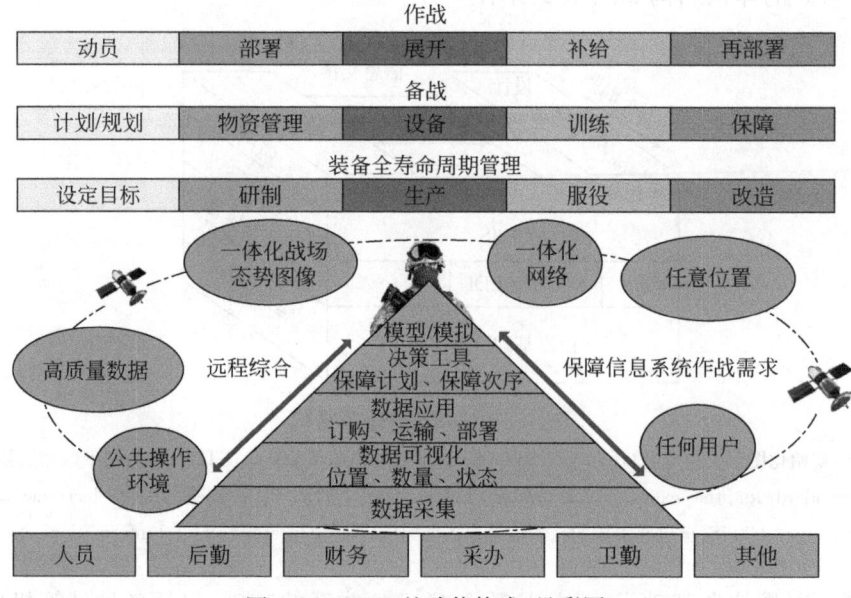

图4.3 GCSS的功能构成(见彩图)

GCSS涉及装备的运输、配送供应、维修、工程保障、人力资源管理、卫勤保障、装备采办和财务等不同的业务领域,集成海军、空军、陆军、国防后勤局、全球定位系统、全球运输网等复杂的现有保障系统,提供联合资产可视化和联合决策支持工具,从而保证装备保障相关人员得到一致的、恰当的信息。

在GCSS项目建设过程中,尤其强调在加强顶层设计、统一技术体制和技术标准的前提下,以GCSS为核心实行各军种联合,将各个孤岛融合到GCSS中。GCSS的总体设想如图4.4所示。

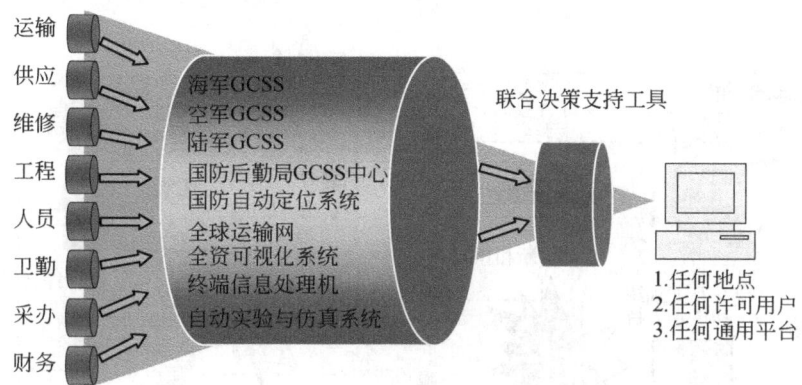

图 4.4 GCSS 的总体设想（见彩图）

在阿富汗战争和伊拉克战争中，GCSS 的建设效益初步得到了呈现，美国海军航空兵有超过 1000 架飞机和 2200 台通用电气公司发动机在 120 个独立机场和 12 艘航空母舰上得到了充分保障，通过对装备技术状态管理、工程更改管理、寿命利用跟踪、维修规划与计划安排、电子技术手册等维修保障信息系统与机身和发动机原始制造商进行信息集成。在战争期间，美军海军 VFA-115 飞行中队出动率达到了 97.5%；在伊拉克战争中，VFA-115 飞行中队平均每日总飞行时间为 55 小时；基地周转时间和备件筹措时间从 90 天减少到 45 天；F404 发动机的可用度从 55% 提高到 85%。

3. 增强型基于状态的维修

增强型基于状态的维修（CBM+）是美国国防部面向 21 世纪进行装备保障信息化转型提出的关键倡议，并作为当前美军保障改革的一项重要内容予以推广。CBM+系统模型的基本构想如图 4.5 所示。

CBM+最终应达到的理想状态是：当有证据表明装备需要维修时（即通过嵌入式传感器和/或外部便携式测试设备获得系统的状态），由掌握相关知识技能的维修人员利用合适的工具，在有利的时机进行必要的维修，使装备维修更有效率。同时，将装备维修作业活动与维修保障的其他功能环节（如器材供应和指挥控制）进行综合集成，最大限度地提高装备的战备完好性，提高维修保障的响应能力。

目前 CBM+广泛应用于美军各军兵种许多武器系统和项目之中，如陆军的 CLOE、海军的 ICAS、空军的 ALS 等[13]。

4. 感知与响应保障

近年来，在聚焦保障和 CBM+等保障理念的基础上，美军进一步将其信息化保

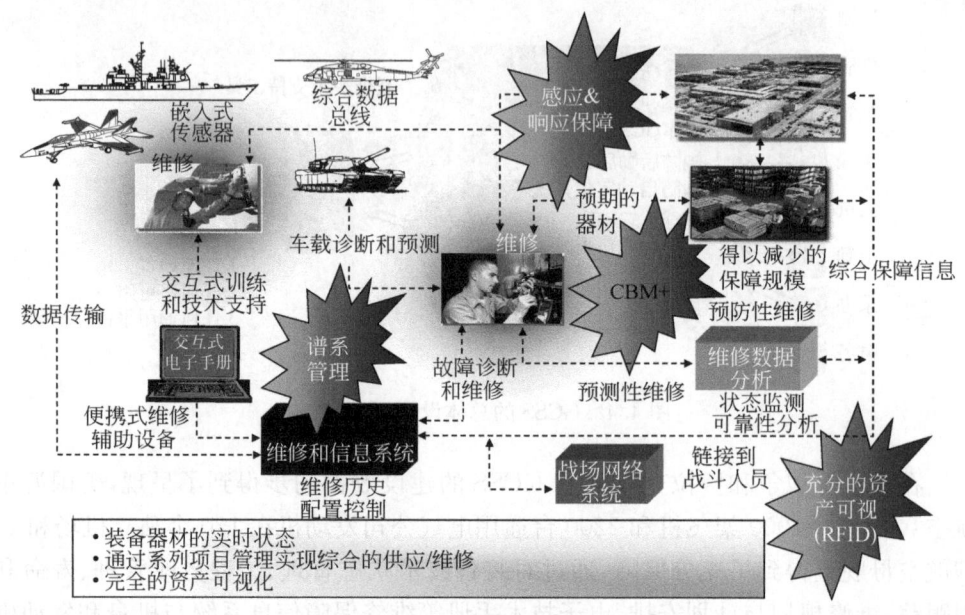

图 4.5 CBM+系统模型的基本构想(见彩图)

障思想凝练为感知与响应保障,核心是打破传统梯次配置的、指令性的、线性的、固定链路式的保障模式,形成以网络为中心,以需求信息牵引的主动(adaptability)、灵活(flexibility)、敏捷(responsiveness)的保障系统来应对战场复杂多变的保障需求。

美军感知与响应保障并不是停留在纸面上的设想,其建设工作也在有条不紊地进行,典型的建设项目包括联合攻击战斗机 F35 的自主式保障系统和陆军以轮式装甲车辆和直升机为试验对象的 COLE[14,15]。

自主式保障系统的总体方案如图 4.6 所示。按照美军的设想,飞机保障活动需求的产生由机载故障预测与健康管理(PHM)系统触发,PHM 提供了机载故障检测(FD)、故障隔离(FI)和故障适应(FA)能力,依托 FD/FI 并利用智能推理机,PHM 对系统元件进行故障预测、剩余寿命跟踪、故障过滤和告警,向飞行员建议下一步采取的必要行动等,确定需进一步进行的测试和修理活动,调配维修资源,订购维修备件,形成维修日志,并将维修拆卸下来的缺陷部件自动召回生产部门,由生产部门进行补给,充实到地面或舰载补给库中[16]。陆军 COLE 系统的总体设想与 F35 自主式保障系统有相似之处,但前者只是一个战术级的保障系统。

5. 海军装备远程保障

远程保障是一种通过程序与技术的结合,在远端为武器装备提供重要保障

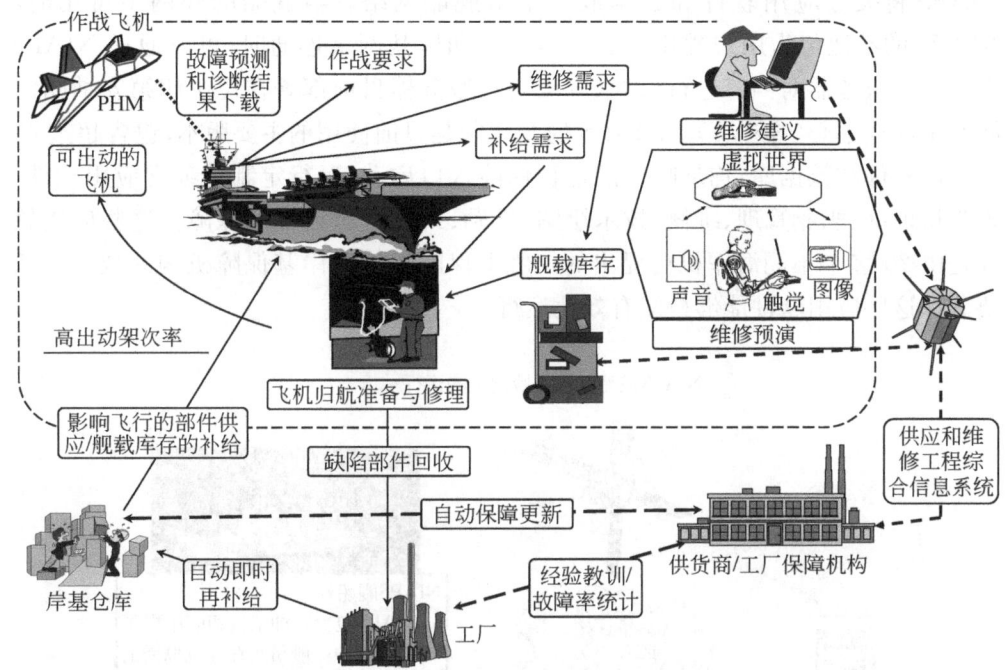

图 4.6 自主式保障系统的总体方案（见彩图）

的能力，目的是使每一条作战命令在执行时都获得最佳的保障。早在 1999 年，美国海军就引入了远程保障的概念，以减少舰员级装备维修的人力，降低总拥有费用，并提高岸基保障设施的利用效率。远程保障被海军视为一种运用信息技术和通信手段，为舰员提供双向沟通和维修支援、降低装备使用与保障成本的有效方法[17]。

美国海军的远程保障包括三大组成部分：

① 全球远程保障机构（GDSC）；

② 用户关系管理（CRM）；

③ 海军信息应用产品包（NIAPS）。

GDSC 处于海军远程保障能力的核心位置上，针对海军全球部署的水面舰队提供保障请求呼叫与响应服务，是海军为部队提供远程保障的唯一登录点，将协助部队解决保障问题。

CRM 在海军远程保障中是岸基机构与处于全球任何地点（如岸上或船上）的用户沟通交流的渠道。远程保障 CRM 既是一种过程也是一种工具，它通过技术途径和工作流程，提供保障机构与用户之间连通的渠道。

NIAPS 开发的目的之一是要考虑并解决带宽限制问题，如图 4.7 所示。

NIAPS将关键应用软件和数据嵌入本地舰船网络。当舰船的外网不可用时，NIAPS的本地包为用户提供信息。当舰船和岸基网络连通时，可以通过NIAPS全球修改服务器对内容进行修改（升级），该服务器目前部署在位于印第安纳州的海军水面战中心（NSWC）。NIAPS的2.3版是目前使用的主要版本，包含超过40个应用软件和数据库，均从唯一的远程保障入口启动，运行定制的独立应用软件，来支持训练、职业管理、维修、技术绘图、后勤、人力资源和福利保障。这些应用软件是由20多个不同海军机构提出的。舰上保障机构和岸基保障机构的技术团队要确保这些应用软件能够持续有效地运行。

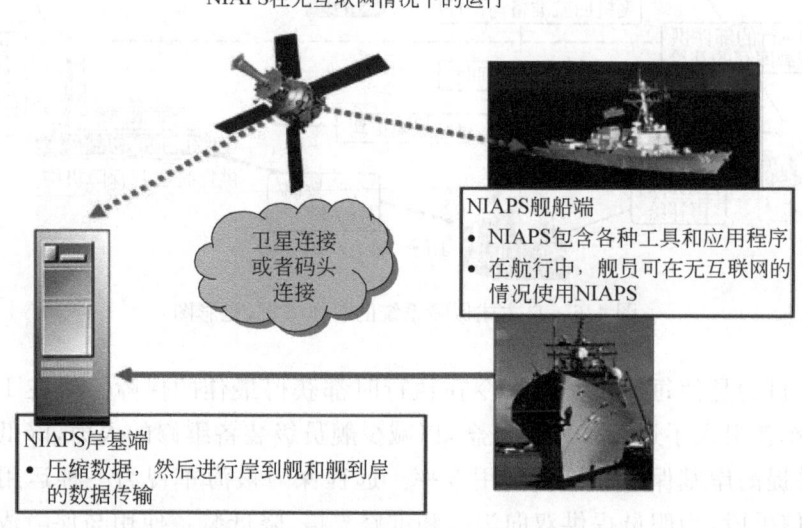

图 4.7　NIAPS 数据传输途径（见彩图）

2007年，经美国海军水面部队司令部批准，在DDG-1000驱逐舰、近海战斗舰等舰艇上正式开展远程保障，以便尽可能降低舰上保障需求。据美国海军综合作战系统项目办公室主任透露，与传统的保障方式相比，远程保障确实节省成本。尤其是，通过远程保障能实现舰员级维修机构和各领域专家以及支援级机构（中继级）之间的对接，架起舰和岸之间的桥梁，使得解决问题的响应时间更快，无论是人力成本，还是交通成本，都能得到有效压缩。对美国海军潜艇部队总计120次技术援助案例的研究表明，远程保障的费用与传统保障的费用比率约为1∶13。这一数据对水面舰艇同样适用。

4.3 舰船装备保障信息化建设的内容和现状

4.3.1 舰船装备保障信息化建设的内容

舰船装备保障信息化建设的目的是要建立起功能强大、运行灵活、防护坚固、安全高效的舰船装备保障信息系统，使相关保障单位全面掌握保障资源的配置和状态，及时了解保障需求，准确记录并迅速上报保障工作进展情况，为装备保障指挥机关高效科学决策提供支撑，为实现装备精确保障奠定基础。因此，舰船装备保障信息化建设主要包括以下几方面的内容。

1. 建立装备保障信息网络

建立装备保障信息网络是装备保障信息化建设的基础性工作。在建立装备保障信息网络的工作过程中，首先要通过与装备的论证研制、保障体系的规划论证同步开展保障信息网络的顶层设计和规划论证，根据装备的使命任务和保障需求，科学合理地确立其建设需求和总体结构框架；其次是在科学合理的总体结构框架下，进一步细化各分系统的职责、接口和体系结构，开展网络信息通道和各分系统的详细设计；再次是要以提高系统总体性能和效益为目标，科学地进行设备选型，严密组织软件的开发和测试，精心组织信息系统建设施工，严格按照质量管理体系的要求进行建设过程监督和质量验收；最后是要建立起严格的保障信息系统管理和维护规章制度，加强信息安全防护，为保证保障信息系统高效稳定运行、确保信息安全、提高装备保障能力和水平奠定基础。

2. 开发装备技术状态管理系统

装备的技术状态决定着装备的保障需求，及时、全面和准确地掌握装备的技术状态及其走向，是做好装备保障工作的重要基础，也是装备保障信息系统建设的重要目标之一，而实现这一目标的主要途径就是开发装备的技术状态管理系统。舰船装备技术状态管理系统通常分为两类：一类是机内测试与诊断系统(BIT)，通常与装备同步进行论证、设计、制造和安装调试，成为装备的一个组成部分，能够与装备同步工作，对装备的工作情况和技术状态进行在线实时监测，有的还能够进行技术状态走向和故障的预测，对准确及时掌握装备的技术状态发挥着重要作用，目前已经成为加强装备保障信息化建设的重点领域之一；另一类是机外测试与诊断系统，主要是为没有或不便开发和安装机内测试与诊断系统的装备(系统)而开发设计的，通常包括传感器、数据处理与分析、信息管理和人机界面等组成部分，和机内测试与诊断系统相比，机外测试与诊断系统具有功能更强大和全面、开发和组成更灵活、人机界面更友好、便于扩展和与装备保障信息系统连接等优点。

3. 推广保障资源可视化技术

保障资源可视化是指通过保障信息系统对保障资源进行实时、全面的跟踪和监督管理，使各级装备保障指挥机关随时能够全面准确地掌握所有保障资源的分布、运动和使用情况及保障能力，为保障决策提供科学依据。大力推广保障资源可视化技术，全面实现保障资源可视化已经成为装备保障信息化建设的重要目标之一，也是现代战争条件下实现装备精确保障，提高装备保障能力、水平、效益的重要手段和必然选择。

在舰船装备保障资源可视化能力建设中，要充分应用现代物流工程和信息技术，大力推广应用以射频识别技术为代表的自动识别技术，全面实现保障资源的可视化管理，随时掌握各种各类物资的存储、运输、使用和消耗情况，使装备保障对备件和其他保障物资的需求能够在最短的时间内以最小的运输成本得到满足。其发展的重点包括：宽带、高速、安全可靠的通信网络和分布式保障信息系统；先进传感器、智能化分析设备、仿真设备、射频识别设备和跟踪定位设备；制订以物资编码、信息系统接口标准为主要内容的保障信息化标准体系，以及保障信息交换与处理的标准协议或规则等。

4. 开发装备保障辅助决策系统

装备保障辅助决策系统是现代战争条件下提高装备保障指挥能力和水平的重要手段。由于现代战争具有突然性、快速性、高强度和全方位展开的特点，对保障工作的预见性、时效性、科学性和技术先进性都提出了很高的要求。由于指挥过程中大量的保障信息需要及时处理、大量的保障需求需要迅速响应、有限的保障资源需要科学调配，传统的、以手工作业为主的装备保障指挥模式和手段已经不能适应现代战争的需要，必须通过不断加强装备保障指挥自动化手段的建设，依靠开发装备保障辅助决策系统来提高信息处理和科学决策能力，推进装备保障指挥工作的科学发展。

装备保障辅助决策系统是装备保障信息系统的重要组成部分，其主要功能是对保障信息（包括保障需求信息、保障资源信息、装备任务与技术状态信息、作战或任务态势信息等）进行融合和处理，按照上级总体的作战意图、决心和由此确定的保障力量使用原则，综合权衡，提出保障工作的决策建议方案，为装备保障指挥机关科学决策提供支持和参考。

装备保障辅助决策系统通常由保障信息数据库、保障需求分析子系统、保障资源分析子系统、装备任务分析子系统、作战(任务)态势分析子系统和综合决策子系统组成,其关键技术在于相关算法的确定和作战指挥软件的开发。

4.3.2 舰船装备保障信息化建设的现状

1. 信息网络初具规模

从世界范围来看,以美国为代表的西方发达国家在海军舰船装备保障信息化建设方面走在前列,其保障信息网络已经具备一定的规模,实现了全球联网,并与作战指挥系统进行了深度交联,能够保证保障信息的迅速高效传递,使装备保障态势趋于实时和透明,为装备保障科学决策奠定了基础。俄罗斯由于苏联时代的封闭和苏联解体后的经济困难,装备保障信息化建设进程一直比较滞后,但近年来有加速发展、迎头赶上的趋势。我军舰船装备保障信息网络的建设工作在充分吸收国外先进经验的基础上,按照军队信息化建设和全军装备保障信息化建设的总体规划,正积极、稳步地向前推进,目前已经具备初步的规模,下一步将根据装备保障工作的需要,不断完善,为早日实现舰船装备保障信息化建设目标奠定坚实的基础。

2. 数据采集功能较强

从目前各国海军投入应用的舰船装备保障信息系统来看,这些系统均具有较强的数据采集功能。它们所采集的数据主要包括以下几类:

一是装备的技术状态和工作参数数据,有的系统直接通过机内测试与诊断系统实时从装备上采集,有的则通过在装备外围加设的传感器采集或通过操作人员手工录入,通过上述数据,信息系统基本能够掌握装备的技术状态及其走向。

二是装备保障需求数据,即通过装备保障工作管理子系统,可以实时或接近实时地详细统计出装备的故障情况、故障修理情况、保障延误情况,掌握器材和其他保障资源的需求及其满足程度。

三是器材保障的相关数据,即通过器材管理子系统实时掌握器材的库存情况、消耗情况和需求情况,为开展器材保障相关数据统计分析、进行器材保障规划和决策奠定基础。

四是其他保障资源相关数据,如各种修理设施、设备、工装、图纸资料的种类、规格、数量、质量、分布和使用情况,各保障单位的任务饱满程度,各单位人员队伍建设情况等。

上述数据经过整理和分类后,按照一定的格式进入装备保障信息系统的数据库,既可为保障决策辅助系统提供输入,也可直接提供给装备保障指挥管理人员和保障技术人员,作为其工作和决策的参考。

3. 保障资源可视化技术广泛应用

由于现代装备保障对保障体系的快速反应能力要求越来越高,而保障资源的调度和调配又是决定保障体系反应速度的重要因素,因此各国军队都已开始重视对保障资源的管理和调度工作,从而推动了保障资源可视化技术的广泛应用,并取得了明显的成效。目前,美军已经在后勤供应和装备保障领域实现了全资产可视化,并在2003年的伊拉克战争中得到了实战的检验并显示出强大的生命力。此后,保障资源可视化技术在世界范围内得到了广泛的发展和应用,成为实现装备精确保障的重要手段。我军近年来充分吸收国外装备保障方面的成功经验,在保障资源可视化方面开展了大量卓有成效的工作,资产可视化技术在装备保障工作中得到广泛应用,保障资源管理和调配的能力明显增强,有力地推进了装备精确保障能力的建设。

4. 决策支持能力逐步形成

在西方国家军队的装备保障信息系统中,一般都开发了保障决策辅助子系统(或称保障决策支持子系统)。该子系统能够综合应用和分析整个保障信息系统内的所有数据和信息,对保障工作态势进行逻辑判断,并根据装备保障需求和约束条件参数的输入,自动生成多个保障行动决策建议方案,供装备保障指挥人员决策时参考。在近年来的几次局部战争中,这类子系统的决策辅助作用得到了检验和证明,并取得了良好的成效,为提高装备保障指挥效益和效率发挥了重要作用。我军自20世纪90年代开始开展装备保障计算机辅助决策技术方面的研究工作,已经有多个系统投入应用并取得了较好的效果,为推进装备保障信息化建设做出了贡献,下一步要在掌握国外先进技术和吸取先进经验的基础上进一步加强装备保障决策辅助子系统的研发工作,力争以先进的理念、先进的技术和先进的算法来推进装备保障决策辅助能力的提高。

4.4 舰船装备保障信息化建设的发展趋势

4.4.1 提高保障资源管理和整合能力

实现保障资源的高效管理和整合,是舰船装备保障信息化建设的重要目标之一,也是提高舰船装备保障能力和水平的必然要求。因此,各国在进行舰船装备保障信息化建设的过程中,都在利用各种途径和技术,通过开发库存管理系统、推广保障资源可视化技术、建立统一的数据和信息交换网络等形式,力争全面、实时掌握保障资源的分布情况、技术状态和保障能力,根据保障任务的需要,对保障资源进行有效管理和全面整合,并通过对整个保障体系内保障资源的优化分配和调度,来实现舰船装备的精确保障,提高保障的效率和效益,这已经成为舰船装备保障信息化建设的重要方向之一。

4.4.2 提高数据采集和装备状态监测能力

实时、全面掌握舰船装备的技术状态和详细的故障情况,是做好装备保障工作的基础和前提。而要做到这一点,就必须广泛应用先进的传感器技术、信号处理和识别技术、人工智能技术和网络技术等,对装备进行实时或接近实时的工作状态监测和数据采集,并根据采集的数据和工作状态监测的结果,迅速准确地评估装备的技术状态及其走向,对已经发生的故障要判明原因和危害程度,为维修保障决策提供依据。因此,提高数据采集和装备状态监测能力已经成为舰船装备保障信息化建设的又一重要发展趋势。

4.4.3 提高信息处理和分发能力

信息处理和分发能力是保障信息系统的核心能力之一。在舰船装备保障工作中,随时都会有大量的信息产生,这些信息来源分布广、描述形式多样、内容可信度差异大、使用的时效性要求高。因此,必须努力提高信息处理和分发能力,按照充分利用的原则对这些信息进行及时、高效地辨识、分析、整理、归类、记录处理和分发,才能使各相关单位全面及时掌握保障工作的进展情况,准确预测保障工作需求,科学进行保障工作决策和组织实施,实现装备的精确保障。由此可见,努力提高信息处理和分发能力是舰船装备保障信息化建设的重要发展方向之一。

要提高保障信息的处理和分发能力,一是要建立起科学严格的信息采集规则,使有用的信息能够及时被采集,并确保被采集的信息可信度高、利用价值大、格式符合相关标准和要求;二是做好相关数据库系统的顶层设计,使数据库系统具有较强的兼容性和可扩展性,便于整个保障信息系统范围内的信息共享与交换;三是要开发高效的信息识别和处理软件,提高系统对保障信息处理的自动化、智能化水平,尽量实现在无人工干预或少量人工干预下的保障信息处理流程;四是大力发展和应用信息融合技术,积极挖掘各信息流之间和信息流内部的有机联系,将全系统内的保障信息组织成为一个有机的整体,形成保障工作中的信息优势,促进保障能力和水平的提升。

4.4.4 提高远程维修保障支援能力

由于舰船装备经常远离后方基地执行任务,并且多是小编队甚至是一两艘舰艇单独执行任务,加上舰艇上空间有限,不可能配备大量的专职维修保障人员,而舰员由于技术基础和保障经验都比较欠缺,维修保障能力十分有限,只能进行日常维护保养和简单故障的修理。因此,努力提高舰船装备保障体系的远程维修保障支援能力已成为保障体系信息化建设的重大课题,目前几乎各主要国家海军都在为实现这一目标而努力。

要提高远程维修保障支援能力,首先是要建立起一支理论基础扎实、工程经验丰富、装备专业熟悉、工作作风踏实的保障专家队伍,做到"招之即来、来之能战",能够根据舰艇通过通信网络传回的数据和故障现象描述,准确地进行故障判断、对舰员的维修工作给予有力的支持;其次是要有一个完善的远程维修保障支援系统,能够实时或接近实时地与后方基地保持通信联络,迅速地传回后方保障专家所需的技术数据、故障现象描述、相应的图片和视频资料等,并能完整接收后方基地提供的数据和修理方案或指导性文件;最后是要在舰艇上配备一套随舰保障资源管理系统,对舰艇上所有的保障资源进行科学管理,并按照后方保障专家的意见和建议,迅速组织和充分利用随舰器材、工具,尽快完成修理工作,恢复舰船装备的战斗力和可靠性水平。

4.4.5 提高装备保障决策支持能力

由于现代海战的快速、高效和大强度特征,对舰船装备保障的要求越来越高、压力越来越大,装备保障指挥员必须在十分有限的时间内对作战态势和保障形势做出准确的判断,迅速决策、树立保障决心。而装备保障的形势和保障需求又随着战争的进程不断地发展变化,对保障指挥决策形成压力和干扰。因此,装备保障指挥员和指挥机关单纯依靠手工作业来进行装备保障指挥工作已经远远不能适应现代海战的要求,必须努力建设保障指挥自动化系统、提高装备保障决策支持能力,从而提高保障指挥活动的效率和决策的科学性。

要提高装备保障决策支持能力,首先要有一支理念先进、作风踏实、业务精通的高素质指挥管理人员队伍。因为只有高素质的指挥管理人员,才能够熟练正确地应用保障信息系统、深刻理解保障信息的内涵、充分发挥现代信息技术的作用和效益,提高保障指挥控制能力和水平;其次是要开发功能强大的装备保障指挥自动化系统。该系统不但要能够全面、及时地收集和整理装备保障的有关信息,还必须具备对相关信息进行逻辑分析并根据分析结果提出保障预案建议、对保障工作进行辅助决策的功能;再次是要保证信息畅通,为保障决策支持系统提供正确可信的输入,为此要健全指挥通信网络,保证各单位、各部门所产生的有关装备保障的信息能够及时、顺畅地传递到相应的信息管理和指挥节点,使各级指挥员能够全面、及时了解保障工作需求和形势;最后是要加强信息安全防护,确保信息的安全,不但要从物理上保证舰船装备保障信息系统与无关系统的彻底隔离,而且要强化所有保障人员、特别是接触保障信息系统的工作人员的保密意识和纪律观念,自觉封堵一切可能影响保障信息安全的漏洞,同时要根据信息战的手段、特点和发展动态,不断强化信息防护手段,加强安全管理,积极主动地开展反窃密斗争。

4.5 舰船装备保障信息化建设的途径

4.5.1 加强顶层设计,优化体系结构

舰船装备保障信息系统是一个复杂的大系统,具有信息网络复杂、分布范围广、结构层次多、时效要求高、信息总量大、协同难度大、经费投入大、建设周期长等特点。因此,在进行舰船装备保障信息化建设时首先要做好顶层设计,对整个保障信息系统的总体结构框架进行优化,保证系统建设规划的先进性、合理性、可行性和可持续发展,避免建设过程中出现重大反复或者失误。

1. 紧跟信息技术前沿,保证系统建设的先进性

由于现代舰船装备保障工作任务繁重、组织复杂,对信息化建设的要求很高,因此舰船装备保障信息系统的建设一定要紧密跟踪信息技术的发展前沿,尽可能将先进实用的现代信息技术应用到保障信息系统中来,从而保证保障信息系统建设工作和系统本身技术的先进性。具体要从以下几方面入手:一是要应用先进的信息系统体系结构技术,如先进的网络结构模型、先进的数据库技术、先进的数据交换和路由技术等,构建信息系统先进的总体框架体系;二是要应用先进的数据和信息采集技术,如在线视频监控、在线振动与噪声监测、在线铁谱监测、在线光谱监测、机内测试与诊断系统、射频识别技术等,构成先进的装备状态监测和保障态势感知体系;三是要应用先进的数据分析和逻辑决断技术(包括软件和硬件技术),对采集到的保障数据和信息进行科学的整理、分析和研究,总结保障规律,掌握保障需求,预测保障工作发展方向;四是要应用先进的通信和指挥技术,确保装备保障指挥机关和指挥员的保障决策和指令能够及时、完整地传达到相应的部门和单位,对保障工作形成有力的指导。

2. 适应装备保障需求,保证系统建设的合理性

在舰船装备保障信息化的建设中,必须要以装备的保障需求为牵引,通过提高装备保障的信息化水平来推动装备保障能力的提高,使装备的保障需求得到满足,从而保证保障信息系统建设的科学合理。具体从以下几方面入手:一是要密切跟

踪和切实掌握装备的保障需求,并通过装备的保障需求引申出对保障能力和保障信息化水平的需求;二是根据装备保障工作对保障能力和保障信息化水平的需求,确定装备保障信息化建设的目标和建设规划,并制订具体的建设计划;三是在装备保障信息化建设过程中,要始终坚持战斗力标准,以提高保障能力、满足保障需求为验收和考核的重要标准。

3. 结合装备保障实际,保证系统建设的可行性

保障信息系统的建设规划,既要坚持高水平、高起点,又要密切结合我军舰船装备保障工作的实际情况,确保装备保障信息系统建设规划的切实可行。具体从以下几方面入手:一是要保证技术上可行,即规划的信息系统没有超越现有的信息技术发展水平,所采用技术体系结构、网络协议、传输介质和终端设备具有技术成熟性,在技术上是可实现的;二是要保证经济上可行,即规划的信息系统的经费需求在投入的预算范围内,没有资金上的缺口,不会因为经费问题而影响工程的进度和质量,甚至造成工程下马或路途修改方案、降低标准;三是规划的信息系统具有较高的投资效益,能够以有限的经费投入对保障信息化水平和保障能力的提高产生重大的促进和推动作用,符合技术经济分析的最优化原则。

4. 着眼装备保障发展,保证信息系统的可持续发展

由于舰船装备的不断发展,对装备保障体系的要求也在不断发展变化,相应的对装备保障信息化水平的要求也在不断发展变化。因此,保障信息化建设的规划一定要着眼舰船装备本身和舰船装备保障工作的长远发展,为保障信息系统的可持续发展奠定好的基础。具体从以下几方面入手:一是系统规模和容量的规划上应预留足够的空间,保证新部队组建、新装备入列后能够及时得到保障信息系统的支持;二是技术方案上要为信息系统中所采用的设备、技术的升级换代提供便利条件,一旦出现成熟的、适合保障信息系统应用并能够较好地提升保障信息化水平、促进保障能力进步的新的信息技术,要能够快捷、方便地应用到保障信息系统中来,迅速完成系统的升级;三是要深入研究现代信息战的作战样式和发展趋势,科学预测信息防护的发展方向,为不断加强信息安全建设创造有利的条件,确保信息安全与信息支持能力协调发展。

4.5.2 科学组建网络,确保信息畅通

信息通信和交换网络是舰船装备保障信息系统的基础,是实现装备保障信息化的重要保证。信息通信和交换的效率在很大程度上决定着整个保障信息系统的效率,也决定着装备保障指挥系统管理的效率。因此,要充分利用现代信息技术,

与军队其他通信网络统筹考虑,科学组建信息网络,确保信息传输与交换的畅通。

1. 充分利用先进技术,提高信息交换质量

由于现代舰船装备保障信息系统随时都面临着大量的信息交换,而在信息交换过程中如何保证信息的完整性十分重要。过去由于网络和通信技术的落后,在信息交换过程中经常发生数据包丢失的故障,造成信息结构完整性受到损坏,影响信息交换质量,甚至发生收到的信息因结构破坏而失效,对保障工作造成重大损失。因此,在舰船装备保障信息化建设中,要充分利用先进的信息技术,努力提高信息交换质量、保证信息在传输交换过程中的结构完整性。具体需要做到以下几点:一是应用先进成熟的信息采集技术,保证信息在生成过程中的完整性,为信息系统提供优质的"原材料";二是要应用先进的信息交换和传输协议,以及经过严格测试的、高效的通信软件,为信息的传输和交换提供良好的软环境;三是要应用先进的通信和信息储存设备,保证系统能够经受高温、高湿、高盐的恶劣环境,以及战时严重的振动、冲击,始终保持稳定的工作状态。

2. 加强网络运行管理,提高信息传输效率

由于舰船装备保障信息的大量产生,各单位之间的信息交换将会十分频繁,如果不进行有效的管理,就有可能造成信息的无序流动,或者网络传输工作量在时间、路径上的不均衡分布,影响信息的传输效率,因此加强信息网络的运行管理将对装备保障的信息化水平生产重要影响。在加强信息网络的运行管理方面:一是建立科学、严格、正规的管理制度,明确管理的分工、职责、程序和权限,实现规范化管理;二是加强网络运行的监督检查,随时掌握网络信息的流量变化情况,以及网络设备的技术状态,提前掌握可能造成的网络堵塞征兆,必要时进行流量调配;三是对网络信息发布权限实行分组管理,避免网络信息的无序流动,保证有效的信息能够及时采集、上报、整理、审核和发布,提高信息的利用率。

3. 多方开拓信息通道,保证信息可靠传输

在现代战争条件下,通信和指挥网络往往成为敌方打击的重点,极易遭受破坏,即使在平时,线路和设备故障也会造成信息传输的中断,影响对部队的指挥和管理,舰船装备保障信息系统同样面临着这一问题。为了保证信息网络的畅通和保障信息的可靠传输,需要多方开拓和建立信息通道。一是建立起有线为主,有线、无线和卫星通信网络相结合的全方位立体化的装备保障信息网络,平时以有线为主,其他手段作为补充,战时则根据实际情况,多种通信手段并用,力争保障信息可靠传输;二是在做好保密工作的前提下,特别是在战时,可适当借用民用通信网

络资源,作为特殊情况下的应急通信手段,有时可以发挥重大作用。

4.5.3 完善运行机制,提高管理效益

先进的信息系统要充分发挥优势和效益,还依赖于完善的运行和管理机制,只有先进的技术和科学的管理相结合,才能有效地整合信息系统中的各种资源,协调好各分系统间的接口关系,及时处理好分系统之间和系统内部的各种问题和矛盾,保证整个系统灵活、高效、顺畅地运行。

1. 加强运行监控,全面掌握系统状态

现代信息系统是一个高技术集成的快速网络系统,各部分、各分系统之间联系紧密,一旦局部发生故障,很快会影响到整个系统的正常运行。因此,在舰船装备保障信息系统的运行管理中,要加强对系统运行状态的监控,全面、及时地掌握系统的工作状态,及早发现故障的征兆,为故障处置争取时间,防止故障影响的扩展。具体需要做到以下几点:一是要建立科学、严格的网络运行监控制度,明确各个部门、岗位的监控职责和故障处置权限,建立网络异常情况记录、统计和汇报制度;二是要为信息系统配备相应的监控设备和软件,并根据信息技术的进步和发展及时进行更新升级,对系统进行实时在线监测,发现故障或故障征兆后要及时报警;三是要加强对信息系统工作人员的培训,使他们明确自己的职责和权限,掌握必要的网络监控和故障处置技术;四是要加强对网络运行监控的指导和监管,保证各项措施的落实。

2. 完善处置预案,及时处置各种故障

现代信息网络的故障往往发生突然、发展迅速、后果严重。为了及时有效地处置舰船装备保障信息系统的故障、迅速控制和消除故障影响,除了加强运行监控和人员培训之外,还必须制订完善的网络故障和突发情况处置预案,加强对故障处置的准备,这样才能及时有效地处置各种网络故障和突发情况,保持系统持续、稳定地运行。一是要深入研究网络的特点、可能发生故障的原因和故障的扩展路径,有针对性地制订故障处置预案;二是要深入研究网络运行的内外部环境,掌握环境对网络的影响因素和影响程度,并根据环境的变化对故障处置预案不断地进行修正,提高预案的有效性;三是要根据网络维护计划和工作安排,对处置预案的内容进行实际演练,并在演练过程中认真查找问题和漏洞,根据演练情况对预案进行修改和完善,使相关人员都熟悉和掌握处置预案的内容和各自的职责,能够在工作中积极主动地相互配合、高效地开展故障预防和处置工作。

3. 不断总结经验,促进系统持续改进

在舰船装备保障信息系统运行管理的过程中,要通过对各种故障的处置,全面收集相关信息和资料,加强统计分析工作,不断地总结故障规律和处置的经验教训,进一步深入掌握系统的特点及故障原因,查找薄弱环节,提出改进措施,促进系统的持续改进和健壮。一是要全面、系统、及时地收集系统运行和故障的有关数据、信息,掌握第一手资料,并通过统计分析掌握有关规律;二是要根据统计分析的结果掌握故障原因、发展趋势和影响程度与范围,针对不同的故障原因提出相应的改进和预防措施,力争从改进系统本身着手提高系统的可靠性;三是要抓好改进措施的落实,并在实践中检验改进措施的有效性。

4.5.4 加强网络防护,保证信息安全

随着信息技术的不断进步,信息战的手段也呈现出日益多样化和全面化的趋势,争夺制信息权和获取敌方军事信息已经成为克敌制胜的重要手段。而加强军事信息网络防护,保证己方信息安全也已成为交战各方实施信息作战的重要内容。

1. 注重保密教育,提高防范意识

随着信息和网络技术的不断进步,敌对双方窃取军事信息的手段越来越丰富和先进,而信息安全的形势则变得越来越严峻,各国军方失泄密事件时有发生,给相应的国家和军队建设造成重大损失,有的甚至造成作战行动的失败或被迫取消。而要杜绝失泄密现象、保证信息安全,关键是要加强对全体人员、特别是关键岗位人员的保密教育,提高其保密和信息安全意识。一是要加强对保密和信息安全的研究,准确把握保密工作形势,掌握敌对势力的关注方向、重点和可能应用的窃密手段与技术,并及时向有关部门和人员通报;二是要加强教育,将国内外因失泄密给国家、军队造成重大损失的案例进行广泛宣传,使全体人员充分认识到信息安全对国防和军队建设的重大意义,认识到失泄密可能给国家和军队造成的重大损失,增强防间保密的自觉性和主动性;三是要加强对现代窃密技术手段的宣传教育,使接触保障信息系统的工作人员对可能造成失泄密的技术和管理漏洞有全面的了解,能够及时发现影响信息安全的隐患,及时按照程序进行上报和处置,筑牢保证信息安全的思想防线。

2. 实施物理加固,打牢安全基础

随着军队信息化水平的不断提高,信息技术在战争中的作用越来越重要,信息系统也逐渐成为敌方打击和破坏的重要目标,或者成为敌方窃取军事秘密的重要

目标。因此,在建立舰船装备保障信息系统时,要根据战时的防护要求,对信息系统进行物理加固,提高其抗打击和防破坏能力,为保证信息安全和通畅奠定坚实的物质基础。一是要对通信线路网络进行加固,采用先进的材料和工艺,提高其抗恶劣气候和电磁干扰的能力,并保证其在战时能够承受一定的振动、冲击和高热应力;二是要对网络交换设备、信息处理和储存设备进行加固,重点提高电磁防护能力和在不稳定电源状态下可靠工作的能力,同时也要提高其抗振动、冲击的能力,保持工作稳定和信息安全;三是要对信息和数据采集设备进行加固,保持传感器系统的工作稳定,从源头上保证装备保障信息的安全可靠。

3. 提高技防水平,确保长效防护

对于舰船装备保障信息系统来说,要保守军事秘密和保证信息安全,除了提高人员的防护意识和进行系统设备的物理加固之外,技术防范措施也是必不可少的。通过加强技术防范,可以大大提高信息系统的防护能力和安全性,有效地防止非法入侵和越权访问,降低失泄密的风险。具体需要做到以下几点:一是要严格设置和管理信息系统的访问权限,控制秘密信息的传播范围,确保各部门和各岗位的人员都只接触与本部门和本人工作相关的信息与密级材料,消除因信息过度分散造成的信息安全隐患;二是要采用硬件和软件加密技术,对各种终端操作系统、服务器操作系统和数据库进行加密,对接入系统的终端和信息存储介质进行认证和检查,防止未经认证和批准的介质接入系统;三是要对传输和交换中的数据和信息进行加密,并定期更新换密钥,严格控制密钥的接触范围,使敌方即使获取部分信息或信号,也无法知道其具体内容,从而保证军事信息的安全。

4. 加强网络监测,掌握安全态势

在舰船装备保障信息系统的运行过程中,发生非法访问和敌方入侵的时机往往是不确定的,并且是无法提前预知的。因此,加强实时的网络安全监测就成为准确掌握信息安全形势、有效防范信息安全风险的重要手段和途径。在网络安全监测中,一是要加强访问用户的监测,准确掌握在线用户的情况并做好详细的记录,不但要分辨在线用户是否都是合法用户,而且还要掌握用户的访问情况,及时发现用户越权访问的企图,并有效制止用户越权访问;二是要加强信息流量的监测,掌握信息的流量及流向情况,及时发现信息的异常流动并查明原因;三是要加强非法入侵和访问监测,掌握非法入侵者的技术特征和攻击能力,为加强信息防护、保证信息安全提供参考。

4.5.5 注重队伍建设,夯实发展基础

人才队伍建设是舰船装备保障信息化建设的基础,对舰船装备保障信息化建

设的水平和成效起着至关重要的作用。因此,在舰船装备保障信息化建设中,应该将人才队伍建设作为重要的和首要的任务来抓,努力夯实装备保障信息化建设的发展基础。

1. 科学制订人才规划,优化队伍结构

对于舰船装备保障信息化的人才队伍建设来说,首要任务是做好人才队伍建设的顶层设计,通过制订和落实科学的人才队伍建设规划,不断优化人才队伍结构,努力建立起一支规模适当、专业齐全、结构合理、作风过硬、技术精湛、能力很强的人才队伍,为加强舰船装备信息化建设提供根本保证。具体需要做到以下几点:一是要根据舰船装备保障信息化建设的中长期规划和海军转型建设的要求,准确掌握其对人才队伍的需求,以需求为牵引,科学确定人才队伍的规模、结构和素质要求;二是根据舰船装备保障信息化对人才队伍的需求,科学制订人才队伍建设规划和实施计划,特别是关键岗位人才的选拔和培养计划要作为重点,由于人才成长过程的长期性和渐进性,因此制订的规划和计划一定要保证其可持续发展;三是要根据舰船装备保障信息化人才队伍建设的规划和计划,制订相应的人才队伍培养的保障条件建设规划,为人才队伍建设提供坚实的物质基础。

2. 加强青年人才培养,保持队伍活力

在舰船装备保障信息化的人才队伍中,青年人才是主力和骨干,应该成为建设和培养的重点。通过加强青年人才的培养,可以建立起合理的人才梯队,保持人才队伍的活力和可持续发展。具体需要做到以下几点:一是要建立起严格的选拔标准,确保将德才兼备的优秀青年人才选拔成为培养对象,为人才队伍建设打牢基础;二是要加大对青年人才成长的支持力度,创造良好的学习和深造条件,激发广大青年人才的学习热情,鼓励他们努力钻研现代信息技术,提高工作能力,成为舰船装备保障信息化建设的生力军和主力军;三是要信任青年人才,为他们提供在工作实践中大显身手的机会,鼓励他们积极参与舰船装备保障信息化建设工作,充分发挥其思维活跃、前沿熟悉、敢于创新的优势,努力推动信息化建设工作的不断进步。

3. 多方开拓培训渠道,推动全面建设

由于舰船装备保障信息化建设是一项长期的、复杂的和实践性很强的工作,其相关人才队伍的结构组成和培训需求呈现明显的多样化特征,因此人才培养不能只局限于某一个单一渠道,必须是多种渠道并举、多种模式并用、多种水平共存。具体需要做到以下几点:一是理论培训以院校为主,人才的基础培训(如学历教育、任职教育的理论培训等)以院校为主,充分利用院校在师资、理论研究、实验条件和技术前沿方面的优势,努力打牢人才队伍、特别是高级人才的理论基础,为人才的长远成长创造条件;二是实际操作以岗位在职培训为主,通过在职学习和传、帮、代活动,使新的工作人员迅速熟悉装备和系统,掌握和提高工作技能,并通过对实际工作的总结和研讨,使全体工作人员能够高效率地进行协同和配合;三是技能培训以职业培训机构为主,由于信息技术是一种技能性很强的工作,加上技术和设备更新十分迅速,单靠院校的理论教育和岗位的实际操作训练往往不能适应技术快速进步的形势发展,因此在现代信息技术领域大量的职业培训机构应运而生,并取得了快速发展,信息技术的职业技术培训是介于理论教育和操作训练之间的一个培训层次,具有承上启下的作用,主要是帮助相关专业人员迅速了解技术的最新进展,掌握新问世的软件、设备和技术的使用和维护知识等,培训周期通常较短,一般在数天至数周,已经成为信息技术人员培训的主要方式和渠道。

4.5.6 健全法规体系,促进持续发展

舰船装备保障信息化建设是一项全局性工作,是关系到舰船装备"两成两力"建设的关键工程,对海军转型建设具有重大影响,而要做好舰船装备保障信息化建设,则必须充分发动整个舰船装备保障体系内的所有力量,做到人人关心、全员参与。要协调和组织好如此庞大复杂的信息化建设工程,必须要依靠健全的法规体系来保证,提高建设的规范性、杜绝工作的随意性、确保系统的科学性,促进舰船装备保障信息化建设和保障工作本身的可持续发展。

1. 注重顶层规划、科学构建法规体系

由于法规体系对舰船装备保障及其信息化建设的成效影响巨大、制约明显,因此注重法规体系顶层规划、保证法规体系建设的科学性十分重要。在开展舰船装备保障信息化法规体系的顶层规划设计过程中,一是要深入全面分析舰船装备保障工作及其信息化建设的总体情况,准确掌握保障信息化的立法需求,确定立法工作的任务和内容;二是要以立法需求为牵引,科学界定立法的范围,列出需要立法的法规清单,构建起法规体系的总体框架,并确定其重点;三是在法规体系的总体框架确立后,根据各项法规在法规体系中的地位和作用,制订详细的立法计划,并明确立法的优先顺序,为立法工作提供指导。

2. 加强立法研究、掌握法规建设规律

舰船装备保障信息化建设的立法工作,既有军事立法工作的一般性,又有其作为舰船装备保障和信息化建设工作立法的特殊性。因此,在开展舰船装备保障信息化建设立法工作之前和立法工作的过程中,始终要加强立法研究,深入掌握舰船

装备保障信息化建设立法工作的特点和规律,确保立法工作合法、科学、高效、有序。具体需要做到以下几点:一是要广泛调研和深入分析研究国内外在军队信息化建设立法工作方面的经验和教训,为舰船装备保障信息化建设立法工作提供参考和借鉴;二是深入分析舰船装备保障及其信息化建设工作的特点,以及舰船装备保障信息化建设的立法需求,结合我军法制建设的相关制度和实际情况,制订舰船装备保障信息化建设立法工作的路线图;三是要不断总结立法工作经验,掌握装备保障信息化建设方面的立法工作规律,为立法工作提供指导,建立科学的法规体系,依法推进舰船装备保障信息化建设工作全面、协调和可持续发展。

3. 严格立法程序、保证法规建设质量

鉴于法规体系对舰船装备保障信息化建设的重要影响和作用,在法规体系建设过程中一定要严格遵守立法工作程序、执行立法工作权限,从制度上保证立法工作的合法性和法规体系建设的质量。一是要严格按照国家和军队关于法制建设的权限和制度,确立舰船装备保障信息化工作的立法程序和相关要求,经过严格审查后颁布实施,在立法过程中严格执行和落实;二是严格执行国家和军队关于法制建设的起草和审批权限,按照法定的职责分工开展立法工作;三是建立正规有效的征求意见和专家评审制度,对经过起草机构初步审查的法规草案,在适用范围内广泛地征求意见,并组织相关专家从专业角度进行严格评审,把好内容和质量关。

4. 加强宣传教育、提高全员法规意识

为保证依法开展舰船装备保障信息化建设工作、全面落实相关法规,必须加强法制宣传教育、努力提高全体人员的法规意识,在全体人员中牢固树立起依法建军、依法保障的思想,为做好舰船装备保障信息化建设工作奠定一个良好的思想基础。一是要加强立法宣传教育,使全体人员充分认识到在舰船装备保障信息化建设工作中有法可依的重要性,使支持保障信息化立法工作成为全体人员的自觉行动;二是要加强执法宣传教育,强化法制意识,营造依法开展装备保障体系建设和装备保障工作的良好氛围,真正做到有法必依、执法必严、违法必究,保证相关法规的严肃性和权威性,促进舰船装备保障信息化建设工作可持续发展。

5. 严格监督检查、确保法规贯彻落实

建立严格的执法监督检查制度,加强执法检查,确保相关法规得到贯彻落实,是舰船装备保障信息化法制建设的重要内容,是高质量开展舰船装备保障信息化建设工作的重要保证,也是落实依法建军思想的重要方面。在加强执法监督检查时,一是要建立科学、严格、规范、公正的执法监督检查制度,明确监督检查的对象、职责、时机、权限和评估标准并进行公布,使监督检查工作公开透明;二是要采取多种切实可行、效果明显的手段和方法开展执法监督检查工作,保证能够全面、及时、准确地掌握相关法规的执行和落实情况,及时发现存在的问题和隐患;三是要对各单位落实相关法规加强指导,针对存在的问题和隐患及时提出整改措施,并监督和指导其落实,提高法规体系建设的水平,从而促进舰船装备保障信息化建设。

参 考 文 献

[1] 李智舜,吴明曦. 军事装备保障学[M]. 北京:军事科学出版社,2009.

[2] 黄益嘉. 信息化战争装备维修保障[M]. 北京:国防工业出版社,2007.

[3] 编写组. 装备业务信息化建设与实践[M]. 北京:解放军出版社,2012.

[4] 钱彦岭. 美军装备保障信息化建设现状研究与分析[C]//军事高科技培训教材,2015,143—161.

[5] 任永胜,胡山林. 外军装备保障信息化建设管窥[J]. 国防技术基础. 2008,(8):55—61.

[6] 王永德. 装备保障信息化建设浅析[J]. 舰船电子工程,2010,30(8):148—151.

[7] 张兴全. 装备保障信息化[M]. 北京:解放军出版社,2003.

[8] 阎晋屯,钱明亮,夏旻,等. 装备维修保障信息化建设顶层设计研究[J]. 国防科技,2008,29(6):1—6.

[9] 李雄伟,杜茜,王伟. CALS 及其在武器装备全寿命管理中的应用[J]. 装备指挥技术学院学报,2003,14(5):1—4.

[10] 姚红霞. 美军后勤信息系统发展概况[J]. 现代军事,2016,(5):87—91.

[11] 丁利平,杨春生. 从美军的 CBM+计划看装备维修的发展愿景[C]//航空装备维修技术及应用研讨会论文集,2015,51—54.

[12] 王瑞朝,王远达,郭俊强. CBM+:航空维修保障新趋势[J]. 国防科技,2009,30(1):11—15.

[13] Condition Based Maintenance Plus(CBM+)for Materiel Maintenance[R]. DOD Instruction,2007.

[14] 徐玉国,刘冠军,邱静,等. 装备自主维修保障技术体系研究[J]. 中国机械工程,2010,21(14):1704—1708.

[15] 徐玉国. 装备自主维修保障关键技术研究[D]. 长沙:国防科学技术大学,2012.

[16] 郭晓,金星. PHM 与保障信息系统信息集成使用方法研究[J]. 计算机应用与软件,2013,30(9):234—237.

[17] Smith W J,Leonard K D,Jones C E. Implementation of distance support(DS) to reduce total ownership cost(R-TOC)[J]. Naval Engineers Journal,2012,124(2):147—165.

第 5 章 舰船等级修理模式研究

科学的舰船修理类别和修理时机是合理使用和适时修理舰船装备的基础,是有效实施舰船装备全寿命保障的基本依据,关系到实施修理的有效性和装备的战备完好性,关系到舰船作战效能的有效发挥。随着舰船装备技术水平的不断提高、海军使命任务的不断拓展、装备使用强度的不断增大,现行的舰船等级修理类别以及根据船体防护日历时间来确定修理间隔的定期修理模式与等级修理组织实施之间的不适应逐渐凸显[1,2]。因此,针对新形势下舰船使命任务拓展和装备技术水平提高对舰船等级修理提出的新要求,开展舰船等级修理模式研究,推动等级修理模式由定期修理为主向定期修理与视情修理相结合转变,可更加科学、合理地安排舰船等级修理,进一步缩短在修时间,更好地发挥装备维修经费使用效益,对提高舰船全寿命周期在航率,促进舰船战斗力长期持续保持具有重要意义。

5.1 我国舰船等级修理模式现状

5.1.1 等级修理模式现状

海军舰船维修指导思想强调积极预防和预防为主,主张在装备耗损到一定程度将要发生故障前,对装备进行定期的预防性维修。在这一预防性维修思想指导下,海军舰船修理目前采用的是一种基于日历时间确定修理需求的定期修理模式。这种定期修理模式的核心体现在:一是按预先确定的以日历时间表述的修理间隔期实施舰船各类别修理;二是船体修理是各类别修理工程的重要组成部分,基本修理间隔期主要依据船体修理需求确定。

舰船等级修理一般分为四个类别,即坞修、小修、中修和大修。其中,坞修主要指舰船定期进坞(上排)进行检修保养,目的是清除舰体污锈,进行设备检修保养与排除故障;小修主要指舰船使用一定年限后,对舰体及各种装备进行局部拆检修理,目的是在下次中修或小修前使舰船基本保持其正常的技术状态;中修主要指对舰船若干次坞修与小修后,进行较全面的拆检修理,目的是使舰船保持或基本恢复战技术性能;大修主要对舰体及各种装备进行全面的检查与修理,目的是恢复或基本恢复舰船的战技术性能。

从多年修理实践情况看,海军舰船等级修理通常采用坞修、小修、中修三个修别就可以满足全寿命周期内使用和保障需要,大修近年来没有实际安排,主要是因为船机电设备通过中修可基本保持和恢复技术性能,舰载系统设备更新换代较快,通常结合中修安排改装,以提升舰载系统装备整体性能,因此大修仅作为一个修别予以了保留。

5.1.2 存在的问题

近年来,随着海军使命任务、现实需求、市场环境、技术基础的发展变化,舰船装备保障面临许多新问题。

一是随着海军舰船执行多样化任务不断走向远海,装备使用强度、频率日益增加,尤其是执行亚丁湾护航任务以来,许多单装的需修间隔与舰船现行等级修理间隔不匹配问题日益显现。例如,2009年以后,某型舰船柴油机每年平均工作时间较2009前增加了3倍多,该型柴油机间隔不到两年就要进行一次部分解体性维修,入役8年左右就达到了整机解体性维修时限(通常结合中修进行),与现行修理条例规定的等级修理间隔存在较大差异,这给舰船等级修理计划安排带来了较大的冲击。

二是随着舰船装备腐蚀防护技术的发展进步,传统以船体防护日历时间为主要因素来确定舰船等级修理间隔的定期修理模式,已逐渐不适应装备发展需求。例如,某新型舰船通过进坞检查发现,在4年多间隔期内,水线以下船体结构防腐涂层效果良好。并且,国内船体水下清洗技术已比较成熟,海军也已在部分舰艇上开展了应用,可有效地解决船体表面污损问题。

三是舰船装备维修作业方式和修理技术工艺的进步,以及装备状态监测和故障诊断技术的发展,为舰船装备视情修理和缩短在修时间提供了可靠、有效的技术基础。例如,对某型舰船的燃气轮机、巡航柴油机高级别修理采取整机先换后修方式,可以大大缩短舰船停航时间;通过对舰船在航和修前状态监测,以及历史使用和维修信息收集分析,准确掌握主要装备技术状态,可以更加科学地确定等级修理时机和修理工程范围。

目前海军第三代舰船装备已逐步成为主体,已经不能用保障第一代、第二代舰船的老办法来保障新装备,需要不断创新保障方法和手段,探索与新形势下装备发展相适应的等级修理模式。近年来,在舰船修理模式优化上进行了一些有益探索,例如,在某些舰船上开展了基于状态监测和故障诊断的视情维修试点探索。前期的这些研究和探索对于提高舰船全寿命周期在航率,提高维修经费使用效益发挥了积极作用,但从大的范围来看,还缺乏普遍性规律探索,缺乏顶层上的指导性意见。

5.2 美国海军舰船修理结构简介

美军舰船一直采用定期维修制度,但随着国家军事战略的演变、舰船使命任务变化和装备发展,其维修政策也在不断完善,修理类别及其时机进行了多次调整。分析美军舰船修理周期结构及其采用的修理类别,可为我国舰船等级修理模式改革提供借鉴。

5.2.1 美军舰船修理周期结构

美军针对不同类型舰船采用不同的修理周期结构。目前,美军舰船采用的修理周期结构主要有定期修理结构(EOC)、改进式修理结构(PROG)、阶段修理结构(PM)和渐进式修理结构(IMP)四种类型。

1. 定期修理结构

定期修理结构是为保持或提高舰船战备完好性,使舰船装备保持在可接受技术状态的一种修理结构,其目的是通过采用结构性的工程方法,缩短基地级修理时间。该修理结构主要特点是:

(1) 对选定的系统和装备进行周期性检查,以确定和记录所需的修理工作和装备技术状态的变化趋势。

(2) 周期性地定期开展修理工作。

(3) 全寿命周期内通过中继级修理、选择性有限修理、进坞选择性有限修理和定期大修,保持或提高舰船装备技术状态。

(4) 进行现代化改装,以保持和提高作战能力。

2. 改进式修理结构

改进式修理结构是为人员编配少、只有有限舰员级修理能力,且装备使用频率较高、要求修理期(以下简称修期)较短的舰船制订的一种修理结构,也在战备完好性水平要求较高的舰船上实施。通过合理设计,主要部件实行换件修理,换下来的故障件修理主要依靠中继级和基地级来完成,其所要求的修理和后勤保障系统与传统的水面舰艇有较大区别。该修理结构主要特点是:

(1) 提前制订修理工程计划。

(2) 对大修进行改进。

(3) 对从舰艇部队发送到中继级维修站的装备进行修理。

(4) 更换模块。

(5) 采购专用保障器材并保持较高的库存水平。

3. 阶段修理结构

阶段修理结构是指通过一系列频繁的、短时间的基地级计划修理代替定期大修的一种修理结构,其目的是达到最高的舰船可用性,提高战备完好性。该修理结构的主要特点是:

(1) 修理在舰船母港实施。每隔15～18个月进行一次为期2～4个月的计划修理,其内容包括修理和现代化改装。

(2) 根据装备技术状态确定修理内容,只进行保持装备功能所必需的修理和更换工作。

(3) 港口工程师参与维修规划、预算、管理和实施等所有维修工作,在舰船寿命期内始终与同艘舰船保持联系。

(4) 修理批准机构是舰长、港口工程师、造船改装与修理监督员。

(5) 由于在采用视情维修时,精确确定全部维修工作非常困难,因此采用多舰/多年承包方式,使修理承包商在修理计划制订前就参与有关工作。

4. 渐进式修理结构

渐进式修理结构通常应用于尼米兹级航母,是指通过一系列工作量递增的基地级修理使舰船装备保持在可接受状态。其主要特点是:

(1) 通过一系列持续的、短周期的基地级修理,来保持舰船装备良好的战备状态。

(2) 对于同一种类别的基地级修理,在寿命周期中在修时间虽然相同,但修理工作量却是渐进递增的。

5.2.2 美国舰船修理类别

美国海军舰船修理类别包括以下几种。

(1) 试航后检修(PSA):为新造或大修后舰船安排的一种修理,在交船试航后进行。主要用以修理试航或验收期间发现的缺陷,以及开展经过批准的少量改进工作。

(2) 选择性有限修理(SRA):是改进式修理结构或定期修理结构中采用的一种修理类别。修理时舰船无需进干船坞,完成修理和有选择地进行现代化改装工作,是一种修期较短、工作强度较高的基地级修理。实施改进修理结构的舰船由选择性有限修理分散了部分大修工作,从而降低了大修的频率。

(3) 扩大选择性有限修理(ESRA):除了完成选择性有限修理的工程外,还完成选择性有限修理中所不能完成的修理和现代化改装工作,修理时舰船无需进干船坞。

（4）进坞选择性有限修理（DSRA）：扩大修理范围的选择性有限修理,部分修理工作需要进干船坞完成。

（5）扩大进坞选择性有限修理（EDSRA）：是扩大了范围的进坞选择性有限修理,以完成不能在进坞选择性有限修理中完成的修理和现代化改装工作。

（6）基地现代化改装（DMP）：主要为重大的、高优先级作战装备改装安排的基地级修理。

（7）延长的整修期（ERP）：是工作强度较高的弹道导弹核潜艇修理和现代化改装类别,该项工作不能在一般的整修期内完成。

（8）大修（overhaul）：通常指修理时间超过 6 个月的修理和现代化改装工作。项目管理人员经常使用下列术语：

① 定期大修（ROH）、复杂大修（COH）或工程大修（EOH）,以说明或确定不同级舰船大修计划制订和实施的区别；

② 换料复杂大修（RCOH）或工程换料大修（ERO）,以说明或确定不同级别核动力舰艇反应堆换料计划制订和实施的基本区别。

（9）非现役修期（INAC）：为计划退役或报废的舰船安排的基地级修理,其工程范围依计划报废的舰船而定。

5.2.3 美军舰船修理类别和结构的特点

美军舰船修理类别和周期结构经过不断的调整和优化,较好地满足了舰船的作战使用要求,具有以下特点：

1. 依据舰船作战使用要求确定修理结构

美军水面舰船由于隶属于不同舰队、作战使用要求不同,其训练部署节奏和装备使用强度差别较大,因此根据所部署区域的不同,美军主要水面舰船的修理结构分为前沿部署和驻守美国本土两种。2000 年之前,驻守美国本土的舰船修理结构又分为驻守大西洋和太平洋两种,从 2000 年以后（包括 2000 年）这种区别消失。因此,即使是同一型舰船,由于执行任务的不同,其修理周期结构也不同。2010 年,驻守美国本土的阿利伯克级导弹驱逐舰（DDG-51）进坞修理间隔为 104 个月,不进坞修理间隔为 24 个月；前沿部署 DDG-51 进坞修理间隔为 81 个月,不进坞修理间隔为 14 个月。并且,当舰船由训练舰队向前沿部署舰队轮换时,其修理结构也将由驻守美国本土类型转换为前沿部署类型。表 5.1 表述了美军的主要修理周期结构类型、各修理周期结构适用的主要舰船,以及对应的主要修理类别和修理时间。

表 5.1 美军舰船主要修理类别汇总表

修理周期结构类型	适用舰艇	修理类别	是否需要进坞	修理间隔或循环周期	修理时间
定期修理结构	核潜艇	换料工程大修	是	21 年	16 个月
		现代化改装	是	10 年	13 个月
		进坞选择性有限修理	是	4 年	5 个月
改进式修理结构	主战水面舰艇	扩大进坞选择性有限修理	是	寿命中期	6 个月
		扩大选择性有限修理	否		9 个月
		进坞选择性有限修理	是	85 个月	4 个月
		选择性有限修理	否	17 个月	3 个月
阶段修理结构	辅助船和本土部署的一般性作战舰艇	阶段坞修	是	66 个月	4 个月
		阶段修理	否	22 个月	3 个月
渐进式修理结构	尼米兹级航母	换料综合翻修	是	寿命中期	32 个月
		进坞计划渐进式修理	是	96 个月	10.5 个月
		计划渐进式修理	否	32 个月	6 个月

注:对于表中的修理间隔和修理时间,核潜艇以海狼级(SSN-21)为例,主战水面舰艇以前沿部署的阿利伯克级导弹驱逐舰(DDG-51)为例,辅助船以快速战斗补给舰(AOE 1 级)为例。

2. 舰船修理设置了不进坞修理类别

美军舰船修理类别的名称很多,但归纳分析后可以发现,美军舰船全寿命周期内一般安排三种类型的定期计划修理。一是根据舰船现代化改装或核动力装置换料等需求设置的修理类别,此类修理规模较大,时间较长,一般在寿命中期安排一次;二是根据舰船船体防护期效等要求设置的修理类别,舰船进坞开展中等规模的修理;三是安排相对频繁、均衡、灵活的不进坞修理类别,该修理类别的设置主要是为了满足系统、装备的修理需求。

3. 舰船进坞修理的间隔不断延长

美军通过不断调整舰船修理结构,延长进坞修理间隔,采用修期较短、工作强度较高的选择性有限修理分散部分装备大修工作,从而降低舰船进坞修理的频率。2000 年以后,驻守美国本土的 DDG-51 进坞修理间隔从 6 年逐步延长到 9 年,全寿命共安排 4 次进坞修理;前沿部署 DDG-51 进坞修理间隔从 4.5 年逐步延长到 7 年,全寿命共安排 5 次进坞修理。随着寿命期内舰船总的进坞修理次数的不断减少,舰船可部署能力不断提高。美军指出,在完全解决水线以下船体以及附属装置的水下修理技术后,其进坞间隔期将延长至 12 年。

4. 舰船在修时间不断缩短

改进式修理结构中基地级计划修理在修时间相对较短。以 DDG-51 为例,其进坞修理在修时间为 4 个月,不进坞修理在修时间为 3 个月,全寿命开展两次扩大修理,在修时间分别为 6 个月和 9 个月。为有效控制在修时间,美军强调主要部件实行换件修理,换下来的故障件依靠中继级和基地级来完成修理。此外,美军另一个控制在修时间的做法是:相同类别的基地级修理在修时间相同,但根据修理工程量大小,每次修理规定的修理工作日不同。

5. 航母修理周期结构调整的主要目标是提高其部署能力

美军航母目前采用的修理周期结构为定期修理周期结构,称为渐进式修理周期结构。典型的渐进式修理周期结构采用计划渐进式修理—计划渐进式修理—进坞计划渐进式修理循环模式。在目前采用的 32 个月周期的渐进式修理周期结构中,通常每隔 26 个月左右进行一次为期 6 个月的计划渐进式修理,计划渐进式修理时航母不进坞,每隔 7.5 年左右进坞进行一次为期 10.5 个月的进坞计划渐进式修理,寿命中期 24 年左右进行一次为期 33 个月左右的换料综合翻修。航母全寿命周期内,一般安排 12 次计划渐进式修理、4 次进坞计划渐进式修理和一次换料综合翻修。随着美军战略的变化,航母修理周期结构也在不断调整,而调整的主要目标始终围绕着提高航母部署能力进行。为了提高航母的部署能力,美国海军于 2003 年提出了舰队反应计划,从两方面着手应对美军战略对部署能力的更高要求。一方面,不断延长航母基地级修理间隔期,航母计划渐进式修理的间隔期已从最初的 18 个月延长到目前的 26 个月,更长的间隔期也正在论证之中。这样做的目的是为了延长航母拥有部署能力的时间。另一方面,综合权衡航母的修理、训练和部署,将修理和训练由交替式进行变为同时进行,航母部署任务的结束和人员训练的开始几乎是同时的,在基地级修理前后,基本训练都在进行。这样做的目的是为了使处于非部署期的航母更早具有较高的战备水平,同时使航母拥有高战备水平的时间更长,以便航母能在较短时间内部署。

5.2.4 美军舰船修理类别和结构的启示

美军舰船修理类别和结构经过多年的调整和完善,较好地满足了其作战使用和装备战备完好率要求,形成了一套系统完整的确定修理结构的思想和方法。认真分析其确定修理类别和结构的主要做法可得到如下启示。

1. 注重训练与作战要求对舰船修理结构的牵引

美军舰船修理结构的确定充分体现了国家战略和作战使用要求,其基本做法是,通过舰船部署能力和装备战备完好率体现作战需求,依据作战需求确定舰船的预防性维修时机,进而确定舰船的修理结构。由此,在我国海军舰船使命任务拓展的新形势下,应进一步重视舰船军事训练与作战使用对舰船全寿命等级修理安排的牵引,在舰船论证设计阶段,准确把握舰船在航率和装备战备完好率等军事要求,有效开展装备"六性"设计,制订科学合理的舰船修理结构。

2. 把握舰船等级修理时机的科学性和针对性

美军根据驻守区域将舰船分为驻守本土和前沿部署两类,两类舰船规定了各自的修理结构,以满足不同使用强度下的装备修理需求。随着近年来我国海军舰船远航常态化,装备使用强度日益增大,应以定期修理结构为基础,科学把握等级修理的时机,使等级修理时机能够有针对性地进行动态调整,以满足舰船高强度使用对装备技术状态和修理的要求。

3. 控制舰船等级修理在厂修理时间

美军通过减少舰船进坞修理频率、主要部件实行换件修理、在修时间不变而工作日增加等方式,控制舰船在厂修理时间。舰船等级修理在修时间是影响舰船在航率的重要因素,针对目前舰船在厂修理时间较长的现状,应借鉴美军的做法,通过延长舰船进坞修理间隔、减少等级修理工程量、推广换件修理模式、提高工厂修理工作强度等方法,有效缩短舰船等级修理在厂修理时间,不断提高舰船在航率。

4. 增强舰船在航期间装备修理工作

美军将任务期修理作为基地级计划修理的重要补充,在两次基地级计划修理期间开展连续维修,以满足由于基地级修理间隔期延长而产生的装备修理需求。由此,海军舰船修理模式及修理结构确定过程中,需要把握好等级修理与在航修理的合理统筹。应注重在航修理对等级修理的影响,进一步完善在航修理制度,将原来等级修理的部分工作交由在航修理来完成,持续开展在航期间的修理工作,使装备的战备完好率始终保持在较高水平。

5.3 等级修理模式研究的目标与要点

5.3.1 研究的总体目标

舰船等级修理模式研究的目标是，以舰船装备定期修理为基础，以基于状态信息的视情修理为辅助，将现行以定期修理为主的等级修理模式向定期与视情修理相结合的新模式转变，科学地确定舰船等级修理类别、修理时机、工程范围和在修时间，使修理类别更加符合实际，修理结构更加科学合理，修理时机切实满足需求，在修时间得到有效缩短，并探索建立与新形势下海军使命任务转型、装备发展规律相适应的组织管理体制和运行机制，实现舰船合理使用与适时修理的科学统筹，进一步提高舰船寿命期在航率和装备完好率的目标。

5.3.2 研究的要点

1. 以军事需求为牵引，采用定期与视情相结合的修理模式

以舰船军事训练与作战使用要求为牵引，将舰船等级修理类别由目前的大修、中修、小修、坞修四个类别调整为大修、中修、小修三个类别，并根据不同舰型特点，准确把握装备技术状态和修理需求，采用定期与视情相结合的方式，重新界定各修理类别的内涵和主要工程范围，确保舰船作战效能的持续有效发挥。

定期与视情相结合的修理模式的核心是以装备的定期修理需求为基础，以基于技术状态的装备视情修理为补充，合理统筹等级修理与在航修理，准确把握舰船等级修理时机的科学性和针对性。具体来说：一是要根据舰船使命任务，确定舰船在航率和装备战备完好率目标，明确军事训练与作战使用对舰船修理的要求；二是要根据装备设计信息，分析各类装备的使用寿命、维修时限、修理工期等，明确舰船定期修理要求；三是要根据舰船实际情况，掌握关键装备运行时间和技术状态，实时把握装备修理需求。在此基础上，确定合理的舰船修理时机，实现舰船合理使用与适时修理、等级修理与在航修理、定期修理与视情修理的科学统筹。

2. 以舰船任务为依据，新型舰船修理结构应当量体裁衣

舰船等级修理模式改革应当遵循量体裁衣的原则，改变目前安排寿命期修理结构"一刀切"的方式。一是不同舰型根据各型舰船任务特点和装备特性的不同，应当采取不同的修理结构。二是同型舰船根据不同的任务需求、装备特性和使用强度，也可以采用不同的修理结构。在这方面，美军基本做法是针对驻守本土和前沿部署舰船使命任务的不同,同型舰船分别制订了两类不同的修理结构。

针对我国海军舰船型号众多、多代并存现状,对于"十五"以前入役且已基本完成一轮以上中修的舰船,暂不打破其原有修理结构,仅调整为小修—中修—小修—大修;对于"十五"以后新入役的舰船,由于装备可靠性提高,服役时间较短,舰船执行任务强度大,现有修理结构的不适应性比较突出,需要根据其舰船装备设计选型特点和使用现状,对寿命期修理结构进行重新论证。在此基础上,根据舰型和装备特点对定期和视情修理需求进行合理分类,准确反应舰船装备使用强度、技术状态等动态信息,科学编制相应修理类别的基准工程单,避免"一刀切"。

3. 把握装备技术状态,科学合理确定舰船等级修理时机

根据舰船装备修理需求分析,部分关键装备的修理要求与其使用强度密切相关,并且对舰船修理时机的确定有直接影响。因此,舰船等级修理时机必须能反映高强度使用装备的修理需求,应综合舰船装备日历时间和运行时间要求进行动态调整和确定,以使舰船装备始终处于良好的技术状态。

图5.1为新型舰船寿命期修理结构基本形式。舰船大修和中修遵循定期修理为主、视情修理为辅的原则,在寿命期内修理时机相对固定,通常在舰船寿命中期 T 年左右进行一次大修,间隔 $T/2$ 年左右进行一次中修;舰船小修的频率和时机依据关键装备的使用强度和技术状态,遵循视情修理为主、定期修理为辅的原则灵活确定。小修可以选择进厂修理(船体根据情况可选择进坞涂装或者水下清洗),也可以将出航前准备和返航后集中检修纳入小修范畴,选择驻泊地码头集中停航一段时间进行排故检修。

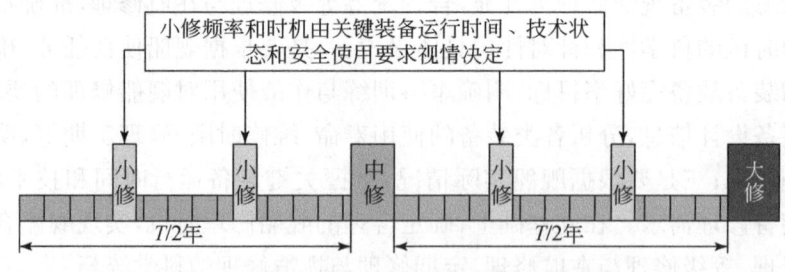

图5.1 新型舰船寿命期修理结构基本形式

4. 采取切实可行措施,有效控制舰船等级修理在修时间

等级修理在修时间的长短直接影响舰船在航率的高低,而在修时间通常由主要装备高等级别修理工期决定。目前主要装备修理一般采用原位修理方式,往往造成修期难以控制。美军通过采用主要部件实行换件修理、在修时间不变仅工作

日增加、开展任务期连续维修等方式,有效地控制了等级修理在修时间。

舰船等级修理模式改革可采取整机先换后修、加大在厂修理工作强度、开展在航期间装备连续维修等可行措施,有效控制等级修理在修时间。一是舰船部分装备修理由原位修复向部组件更换转变,对修期影响较大的主副机装备采用先换后修的整机替换模式。二是采取切实有效措施,通过增加规定在修时间内的修理工作强度等方式,提高在厂修理期间的时间效率。三是针对舰船在航期间装备的预防性修理需求,建立常态化技术状态监测和故障诊断机制,将在航期间的排故修理、装备巡检、系统标校等作为等级修理的重要补充,减少舰船修期间修理工程量,缩短在修时间。这一点主要是针对舰船上面大部分没有维修时限要求、也没有使用寿命要求,只有技术状态指标要求的装备,通过基于状态监测及故障诊断的视情修理模式,开展在航期间不间断修理,保持其技术状态。

5. 重视研制阶段维修设计,同步开展舰船修理结构论证

舰船修理结构是舰船全寿命使用与修理安排的顶层规划的重点之一,与装备研制阶段的设计选型密切相关,必须在舰船研制阶段即开展科学的研究论证。从掌握的舰船设计信息来看,大部分装备既没有明确维修时限也没有使用寿命要求,只有技术指标要求,且部分装备的预防性维修要求均根据经验确定,没有经过可靠性、维修性验证,这也从客观上对舰船服役后再行研究其寿命期修理结构,带来了许多困难和不确定因素。

为此,可将有关研究意见反馈给舰船总体设计单位,指导其从装备研制阶段入手:一是在装备选型上,在充分考虑装备状态指标满足设计任务书要求的基础上,还要更多地关注装备使用期限内的可靠性和维修性要求(如关键装备后续维修时机的确定,包括日历时间和工作时间等);二是在维修性设计上,要在目前以预留维修空间、预设出舱通道为主的理念上,逐步向科学合理确定主要舰船装备修理时机、修理工程范围和修理工期的论证过渡,进而提出合理的舰船寿命期修理结构建议;三是在对维修工作认识上,要以装备的可靠性、维修性试验验证为基础,科学地制订装备预防性维修大纲,确定舰船装备预防性维修要求。

5.4 舰船修理结构分析

随着舰船装备技术水平的提高、现代维修理论的发展以及舰船使命任务的拓展,有必要对舰船修理结构进行深入分析,提出新形势下新的舰船修理结构。

5.4.1 舰船等级修理时机要求

舰船上的装设备分为结构类、机械类和电子类,各类装设备适于采用的维修方

式及修理需求如表 5.2 所示。

表 5.2 舰船装备维修方式及修理需求

序号	装备类型	主要装备	维修方式	修理需求
1	结构类	船体结构、附体等	定时维修	寿命中期 T 年需进坞进行一次大范围综合翻修；$T/2$ 年需进坞检修，更换防腐涂料等；$T/4$ 年左右需视情对防污涂料、牺牲阳极等检查修理
2	机械类	主柴油机、发电柴油机	定时维修或视情维修	由维修等级要求决定
		空压机、冷水机组	定时维修或视情维修	由维修等级要求决定
		离心泵、燃油泵等	定时维修或视情维修	按规定的工作时间进行全面检修
		滑油冷却器、滑油加热器、造水机等	定时维修或视情维修	按规定的日历时间或工作时间进行全面检修
		燃油系统、滑油系统、淡水系统等	定时维修或视情维修	按规定的日历时间进行全面检修
		海水系统、生活污水系统、日用蒸汽系统等	定时维修或视情维修	按规定的日历时间进行全面检修
3	电子类	作战系统装备、控制和监测系统设备等	定时维修或事后维修	在舰船寿命中期需结合等级修理进行全面检修或现代化改装。实际使用中一般结合等级修理开展相应级别的修理
		装有水线以下传感装置的测速、测深、测音设备	定时维修	按规定的日历时间进行检修

综合三类装备修理需求，主要装备对舰船修理时机的日历时间要求如图 5.2 所示，其中主柴油机、发电柴油机、空压机按平均使用强度和最大使用强度计算。

由图 5.2 可以看出：

(1) 船体结构一般在舰船寿命中期 T 年需停航进坞进行一次大范围的综合翻修；$T/2$ 年需停航进坞更换防腐涂料；$T/4$ 年左右需视情况采取措施去除附着于船体的海生物。

(2) 主柴油机在寿命期内一般使用 $T/2$ 年左右需进行 R2 级维修，使用 T 年左右需进行 R3 级维修。发电柴油机在寿命期内需进行若干次设备中修和设备大修，其修理时机与使用强度密切相关。

(3) 其他机械装备一般在舰船寿命中期 T 年需进行一次大范围的综合翻修及改换装；$T/2$ 年左右需进行局部拆检修理。

(4) 电子类装备一般在舰船寿命中期，结合舰船等级修理进行部分电子装备

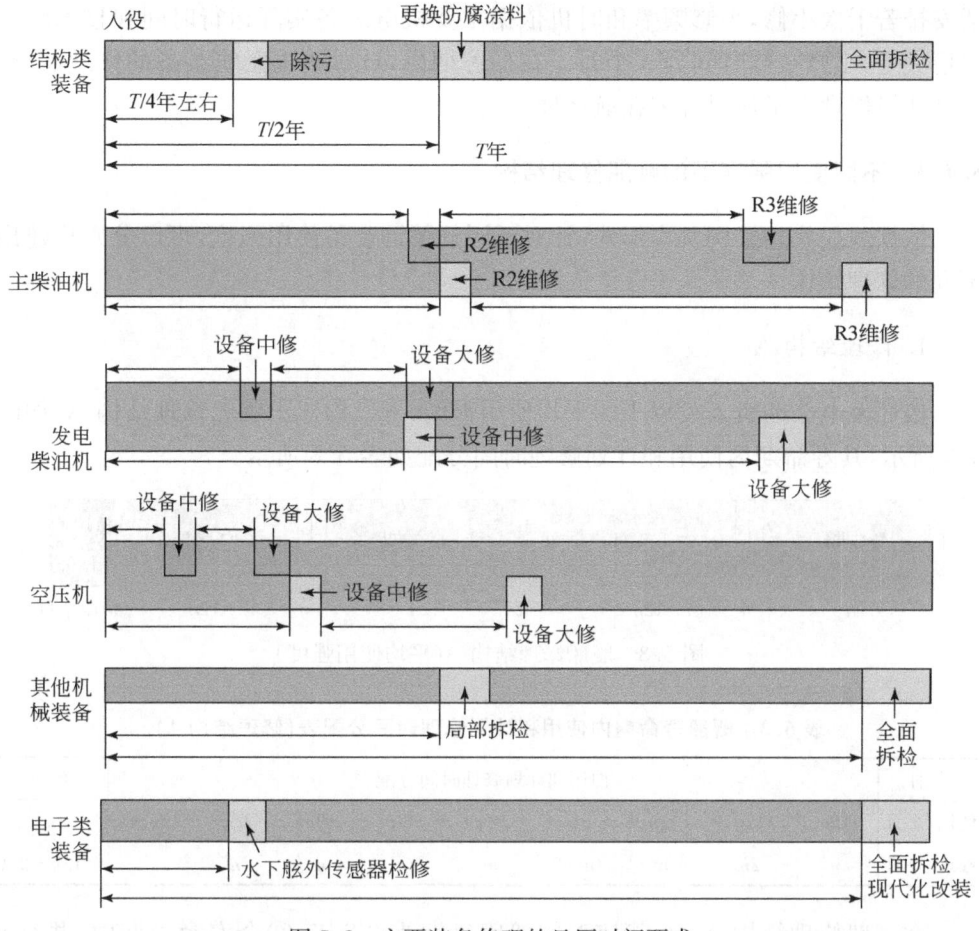

图 5.2　主要装备修理的日历时间要求

全面拆检或现代化改装；实际使用中，一般结合舰船等级修理视情进行相应级别的修理。装有水线以下传感装置的电子类装备一般 $T/4$ 年需进行检修。

5.4.2　舰船修理结构基本形式

综合考虑修理频率增加后每次修理工程量会相对减少、部分修理工作可由在航修理完成、单装最长修理工期等因素，结合现役舰船修理工作实际，初步确定小修在修时间为 n 个月左右，中修在修时间为 $2n$ 个月左右，大修在修时间为 $4n+2$ 个月左右。

结合上述分析，按照确定舰船修理结构的基本原则，可以构建出舰船修理结构基本形式，即在寿命中期 T 年左右进行一次大修，大修在修时间为 $4n+2$ 个月；间隔 $T/2$ 年左右进行一次中修，中修在修时间为 $2n$ 个月；在高等级修理间隔期内，灵活安排若干次小修,小修频率和时机依据主要机电装备实际运行时间和技术状态视情决定,小修在修时间为 n 个月。在任务期内,针对舰上系统装备的修理需求,由基地级修理力量适时开展在航修理。

5.4.3 不同使用强度下的舰船修理结构

依据舰船修理结构基本形式,针对不同的关键装备使用强度,可以分别构建出不同的修理结构。

1. 修理结构 A

按照发电柴油机入役以来的平均使用强度,可以构建出舰船修理结构 A,如图 5.3 所示,其寿命期内使用和计划修理时间分配如表 5.3 所示。

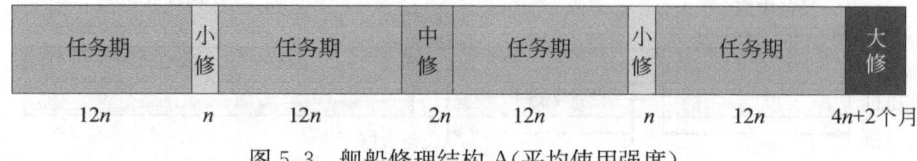

图 5.3　舰船修理结构 A(平均使用强度)

表 5.3　舰船寿命期内使用和计划修理时间分配表(修理结构 A)

类别	使用和计划修理时间分配									合计
使用/个月	$12n$	$12n$	$12n$	$12n$	$12n$	$12n$	$12n$	$12n$	$12n-5$	$108n-5$
修理/个月		n		$2n$		n		$4n+2$		$13n+2$

表格说明：修理行中 n、$2n$、n、$4n+2$ 分别位于各使用列之间。

在舰船修理结构 A 中:①该型舰船服役期为 $2T$ 年;②全寿命周期内,共有 9 个任务期,每个任务期的时间为 $12n$ 个月,安排 1 次大修、2 次中修和 5 次小修;③大修在入列后的第 T 年左右进行,中修间隔为 $25n$ 个月,小修间隔为 $12n$ 个月;④大修在修时间为 $4n+2$ 个月,中修在修时间为 $2n$ 个月,小修在修时间为 n 个月;⑤每个任务期内适时开展在航修理。

2. 修理结构 B

按照发电柴油机入役以来的最大使用强度,可以构建出舰船修理结构 B,如图 5.4 所示,其寿命期内使用和计划修理时间分配如表 5.4 所示。

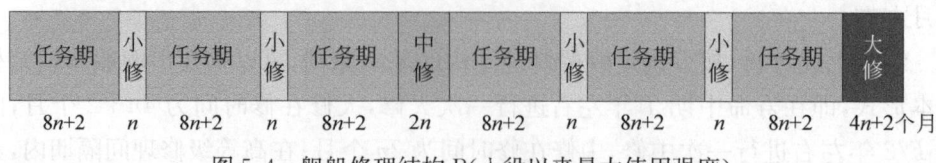

图 5.4　舰船修理结构 B(入役以来最大使用强度)

表5.4 舰船寿命期内使用和计划修理时间分配表(修理结构B)

类别	使用和计划修理时间分配										合计
使用/个月	$8n+2$	$8n+2$	$8n+2$	$8n+2$	$8n+2$	$8n+2$	$8n+2$	$8n+2$	$8n+2$	$8n$	$96n+22$
修理/个月	n	n	$2n$	n	n	$4n+2$	n	n	$2n$	n	$16n+2$

在舰船舰修理结构 B 中:①该型舰服役期为 $2T$ 年;②全寿命周期内,共有 12 个任务期,每个任务期的时间为 $8n+2$ 个月,安排 1 次大修、2 次中修和 8 次小修;③大修在入列后的第 T 年左右进行,中修间隔为 28 个月,小修间隔为 $8n+2$ 个月;④大修在修时间为 $4n+2$ 个月,中修在修时间为 $2n$ 个月,小修在修时间为 n 个月;⑤每个任务期内适时开展在航修理。

5.4.4 优化前后舰船修理结构对比

1. 修理类别、修理时机与在修时间

优化前后舰船修理结构对比如图 5.5 所示。可以看出:①优化后的修理类别为大修、中修、小修,各修理类别内涵和工程范围较现行中修、小修、坞修发生了变化;②优化后大修在舰船寿命中期 T 年左右进行,中修间隔为 $T/2$ 年左右,均比现行修理结构间隔期适当延长;③优化后小修时机依据主要机电装备实际运行时间和技术状态动态确定,高等级修理间隔期内小修次数可以是 1 次,也可以是 2 次,较现行的坞修—小修—坞修—中修模式有较大变化;④优化后大修在修时间为 $4n+2$ 个月,中修在修时间为 $2n$ 个月,小修在修时间为 n 个月,与现行各类别等级修理在修时间相当。

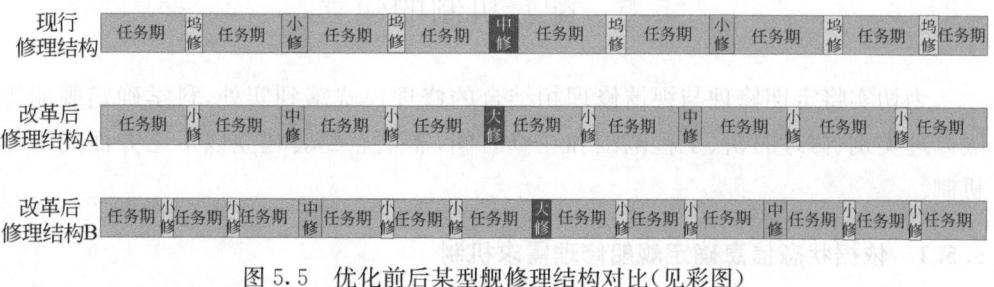

图 5.5 优化前后某型舰修理结构对比(见彩图)

2. 理论在航率

舰船修理结构优化前后理论在航率对比如表 5.5 所示。优化后修理结构 A 理论在航率为 88.6%,较现行修理结构提高了 3 个百分点;优化后修理结构 B 理论在航率为 86.1%，较现行修理结构提高了 0.5 个百分点。

表 5.5 舰船修理结构优化前后理论在航率对比（已进行归一化）

参数	现行修理结构	改革后修理结构 A	改革后修理结构 B
任务时间	1	1.04	1.01
计划修理时间	0.169	0.133	0.162
理论在航率/%	85.6	88.6	86.1

3. 全寿命修理经费

舰船修理结构优化前后修理经费测算结果如表 5.6 所示。综合比较等级修理经费和临修经费需求等指标发现：优化后修理结构 A 等级修理经费最低，临修经费最高，修理总经费最低；优化后修理结构 B 等级修理经费低于现行修理结构，临修经费高于现行修理结构，但总经费仍低于现行修理结构。因此，舰船修理结构优化后修理总经费需求均低于现行修理结构，优化经济效益显著。

表 5.6 舰船修理结构优化前后修理经费测算（已进行归一化）

修理结构	等级修理经费	临时修理经费	总经费
现行修理结构	0.85	0.15	1.00
改革后修理结构 A	0.67	0.16	0.83
改革后修理结构 B	0.82	0.15	0.97

5.5 配套机制的建立

为切实将定期修理与视情修理相结合的修理模式落到实处，科学确定舰船等级修理类别、修理时机、工程范围和在修时间，需重点配套建立以下三方面的工作机制。

5.5.1 依据状态信息确定舰船修理需求机制

主要针对舰船装备的预防性维修需求，建立常态化的装备使用、维修和监测诊断等状态信息采集分析机制，实现舰船修理由定期维修向视情维修的转变。

1. 任务目标

一是通过对在航舰船装备使用、维修和监测诊断等状态的信息采集分析，动态掌握装备使用强度和技术状态,科学地确定舰船等级修理时机;二是通过对厂修舰船历史使用、维修信息和修前状态监测信息进行采集和分析评估,准确掌握装备技术状态,为拟修舰船合理确定主要装备的修理范围、编制等级修理技术方案提供技术支撑。

2. 装备状态信息收集

装备状态信息的收集、处理及评估是依据状态信息确定舰船修理需求机制的核心。装备状态信息主要包括以下几方面:

(1) 舰船在航期间的状态信息,主要收集装备使用信息、修理信息和监测诊断信息。使用信息反映舰船装备日常使用历程,主要收集舰船执行任务信息、主要装备运行时间信息、关键重要寿命件寿命消耗信息,以及部分关键重要装备典型工况运行参数信息等;修理信息反映舰船装备历史故障维修历程,主要收集装备故障与修理信息、历次修理任务信息等;监测诊断信息反映舰船装备在航技术性能,主要收集主要装设备的油液分析、振动监测、噪声监测、红外检测、无损检测、电气检测、热工检测和腐蚀检测数据。

(2) 舰船修前的状态信息,主要收集装备监测诊断信息,以掌握装备修前技术性能状态,主要包括油液分析、振动监测、噪声监测、红外检测、无损检测、电气检测、热工检测和腐蚀检测数据等。

3. 工作流程

依据状态信息确定舰船修理需求的工作可以采用行政和技术两线管理。其中行政管理线为:海军装备部—舰队装备部—基层级装备部三级行政管理;技术管理线为:总体技术责任单位—舰船装备技术状态监测、使用、维修信息采集单位和分析评估参与单位二级技术管理体制。舰船在航状态信息采集与评估工作流程如图5.6所示,舰船修前状态信息采集与评估工作流程如图5.7所示。

5.5.2 舰船主要设备整机先换后修机制

建立舰船主要设备整机先换后修机制,主要为确保舰船等级修理修期的有效控制。等级修理在修时间长短通常由修理网络关键路径上主要装备的修期来决定。目前主要装备修理通常采用原位修理方式,往往造成修期难以有效管控。开展主要装备高级别修理由原位修复向整机先换后修转变,不仅可以有效解决单装需修间隔与舰船等级修理间隔不匹配问题,而且可以大大缩短舰船停航时间,提高舰船在航率。在某型舰船柴油机整机先换后修试点中,舰船停航时间比原位修理时间缩短明显,效益非常显著。

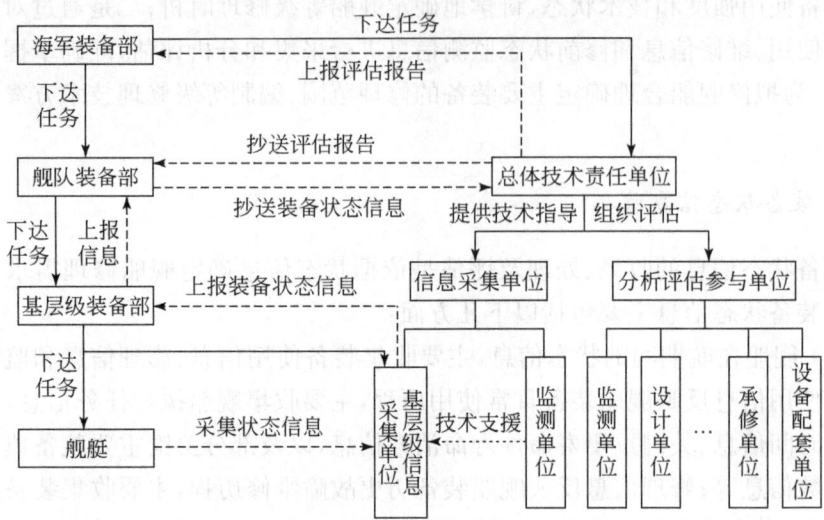

图 5.6 舰船在航状态信息采集与评估工作流程

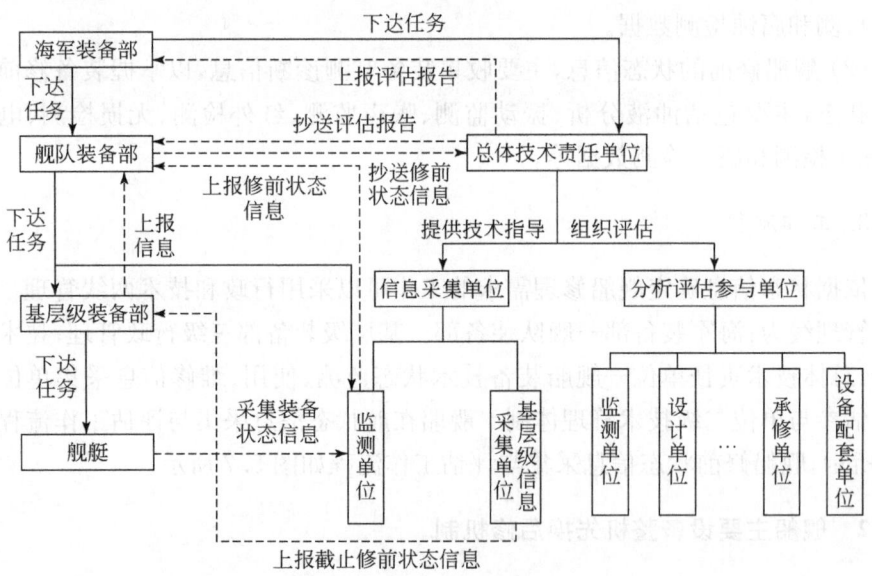

图 5.7 舰船修前状态信息采集与评估工作流程

舰船主要设备整机先换后修机制的建立,是一个系统工程,换修装备的选择、换修时机的确定、换修效益的分析极为关键,需要整体考虑,合理安排。

1. 科学选择换修装备

目前舰船上列装的柴油机、燃气轮机等主副机装备,其修理工期较长,往往是影响舰船整体修理网络计划关键路径上的装备,整机换修对于缩短舰船修期会产生显著效果,一般应考虑采用整机先换后修方式;海底门、船舷阀、测深仪、计程仪等水线以下通用件、标准件的拆检修理,通常对舰船驻坞时间影响大,一般应考虑采用整机换修方式,以减少舰船坞内工程总量,缩短舰船驻坞时间。

装备出舱通道、相关牵连工程等往往是影响装备能否整机换修的关键因素,也是整机出舱的先决条件。考虑装备是否采用整机换修时,一是要能合理设计出舱通道,减少整机出舱牵连工程,具备整机出舱条件;二是要能科学确定船体开口方案,避免开口对船体结构强度的影响,确保舰船的安全性。

2. 合理确定换修时机

舰船主副机等装备通常都有明确的维修时限要求,以确保装备完好率,降低装备使用风险。随着装备使用强度增大,单装需修间隔与舰船等级修理间隔不匹配的现象日益突出,往往会出现主副机等装备需要开展高等级修理,深度拆检修期较长,而舰船此时按规定只需开展低级别等级修理,在修时间无法满足主副机等装备深度拆检周期需求。这种情况下,主副机等装备应考虑采用整机换修方式,以有效控制舰船在修期,提高装备完好率,确保任务用船需要。

对复杂装备的常规修理,通常可在规定的时间内完成相应修理工作。但当复杂装备出现重大技术问题时,其修理时间往往难以预期,且修复周期可能远远超过其他装备修理周期,造成舰船计划修理时间延长。这种情况下,应考虑采用整机换修方式,控制舰船修期,确保任务用船需要。对拆下的有重大技术问题的装备,需通过技术攻关,在返厂修理期间逐步解决。

3. 注重军事经济效益

应综合权衡经费投入与效益产出的关系,重点针对批量服役的主战舰船,对通用性强、具备在相同或相近舰型上互换使用条件的主要装备开展整机先换后修,增强维修经费使用效益。新型舰船的数量大、任务频率高、装备使用强度大,同系列舰船主要装备型号基本相同,主要装备采用整机先换后修方式,可以有效控制舰船在修时间,提高整机轮换频率,降低轮换机储存数量,减少轮换机储存时间,提高轮换机使用效率,相对于轮换机的采购和储存费用,能够更好地发挥维修经费的使用效益。

5.5.3 舰船水下清洗机制

建立舰船水下清洗和检修机制,其目的是确保舰船进坞修理频率的有效控制。保持舰船水线以下船体及附属装置的技术状态是安排舰船等级修理的一个关键因素。舰船等级修理期间安排进坞（上排）进行防护涂层更换、附属装置检修等坞内工程，也是修期管控的一个重要环节。通过水下清洗技术的推广应用，安排在航舰船水下清洗，恢复舰船适航性和水下船体防护涂层期效，可以适当延长舰船的进坞间隔；通过对厂修舰船水下清洗，保持舰船水线以下船体及附属装置的技术状态，可以减少舰船进坞频率或者驻坞时间，从而增加舰船在航时间。

1. 水下清洗技术原理

复杂的海洋环境给先进舰船性能发挥制造了许多障碍，特别是污损海生物所引起的一系列问题一直制约着舰船战技术性能的发挥。污损海生物以其坚韧的生命力，使得舰船的污损问题成为各国海军征服海洋的一个难以逾越的障碍。

舰船污损海生物的防除是一个较为复杂的过程，"防"与"除"是舰船污损海生物治理的两个方面，以往，防污和除污总被认为是两个相对独立、互不干涉的过程。在防污方面，主要靠防污涂层在舰船下水后来切断污损海生物的生长环节，基本原理可以概括为杀生作用、抑制生长、抑制附着、表面自由能、自抛光作用、导电膜等。除污主要是舰船定期进坞或上排后，进行喷砂或用高压水清洗，去除附着在船体的海生物。由于清除污底的作业条件恶劣，对环境的污染相当严重，并且受到船坞数量的限制，污损海生物往往不能得到及时清除。

随着水下船体清洗技术的出现，舰船污损海生物的防除便成为了一体，"防"与"除"为两个相互依存、互为补充的过程。水下船体清洗无需使用船坞，可以在任何水域和时间进行，节省了昂贵的船坞和与此相关的费用。通过合理的安排水下清洗：一方面能有效解决污损造成的航速降低、燃油费用增加以及声呐声学性能下降等问题，另一方面又有利于防污涂层更为持久地发挥效能，是舰船污损海生物治理发展的新方向。

至目前为止，水下清洗技术具有两种技术实现形式：一种是利用旋转的刷子在船体表面刷洗，即旋刷式水下清洗技术；另一种是利用水下空泡破裂时产生的冲击力对船体表面进行清洗，即空化射流水下清洗技术[3,4]。

1) 旋刷式水下清洗技术

旋刷式水下清洗技术的研发开展较早，是目前最为成熟的一种水下清洗方式。旋刷式水下清洗技术的原理较为简单，它依靠清洗设备上安装的两个或者三个清洗刷旋转时产生的磨刷力清除船体水下部分附着的海生物，其典型设备如图5.8所示。根据污损海生物的情况，可以选用不同材质的清洗刷，如对附着力较弱的粘泥藻类和附着厚度较薄的海生物用尼龙刷，对附着力较强的海生物用钢丝刷。

2) 空化射流水下清洗技术

空化射流水下清洗技术不同于旋刷式那种纯机械式的清洗方式，其原理是诱

图 5.8　典型的旋刷式水下清洗设备(见彩图)

使从喷嘴出来的射流内部生成充满水蒸气的空泡,适当调节喷嘴结构与冲击物体表面距离,使这些空泡有长大、压缩过程,当射流冲击到物体表面时空泡破裂,由于空泡破裂时产生微射流冲击和激波冲击,能量高度集中,并局限在较小的面积上,从而在物体表面局部区域产生极高的冲击压力和应力集中,使物体表面迅速破坏,以达到清洗的目的,如图 5.9 所示。

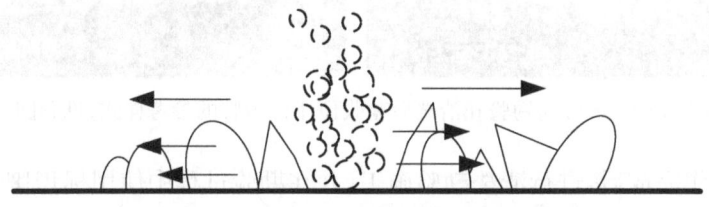

图 5.9　空化射流产生的剪切作用力

2. 水下清洗范围与清洗时机

由于舰船水线以下不同部位具有不同的清洗时机需求,因此为了便于水下清洗工作的安排,根据水下清洗范围不同将舰船水下清洗分为全船清洗和局部清洗两类。

全船清洗的范围为:水线以下船体外板与附属装置(球鼻艏导流罩、减摇鳍、舭龙骨、测深仪、计程仪、所有海底门、船舷阀、阴极保护装置、防蚀锌块、艉轴、螺旋桨、桨毂、舵、轴包板、前后艉轴架等)。

局部清洗的范围为:水线以下附属装置(球鼻艏导流罩、减摇鳍、舭龙骨、测深仪、计程仪、海底门、船舷阀、阴极保护装置、防蚀锌块、艉轴、螺旋桨、桨毂、舵、轴包板、前后艉轴架等)、船体布墩处,以及清洗前勘验中发现的局部涂漆船体严重污损区域。

根据舰船水线以下船体及附属装置的水下清洗需求,全船清洗的间隔为18个月左右,局部清洗的间隔为6个月左右。为了适时掌握舰船的污损情况,准确确定清洗范围,间隔3个月进行一次全船例行勘验,以掌握舰船的污损程度,确定清洗类别和清洗时机。

3. 水下清洗工作内容

1) 清洗前勘验的主要工作

在勘验前,需准备水下摄像拍照器材,并准备相应的位置标识牌和可吸附式发光警示灯,前者用以摄像拍照时标识部位名称,后者用以海底门、布墩处、涂层损伤处等需谨慎清洗或易遗漏部位的水下标记。标识牌的参考样式如图5.10所示。

图5.10 清洗前勘验和清洗后验收使用标识牌的参考样式(见彩图)

准备工作完成后,进行清洗勘验施工,并在勘验过程中使用标识牌和在有关部位放置发光警示灯;分析勘验录像和照片,评估船体污损程度和涂层损伤程度,确定清洗范围,记录相关数据,形成勘验报告;若勘验评估结果为不进行水下清洗,则收回吸附于船体的水下警示灯。

2) 清洗施工的主要工作

清洗施工应在勘验报告完成后,按照勘验报告所确定的清洗范围进行;水下清洗施工由专业清洗单位按照相关技术要求组织开展。

3) 清洗后验收的主要工作

所用水下摄像拍照器材同勘验,标识牌的数量及种类和勘验摄像拍照相同;清洗完毕后,立即对已清洗的全部范围进行摄像拍照;对比分析清洗前后照片,根据清洗质量验收标准,评估清洗效果和涂层损伤情况,评估水线以下防污涂层剩余寿命,填写相关数据,形成验收报告。

4) 清洗效果跟踪

清洗后,利用舰船航行的时机,记录清洗后典型航速下的相关性能指标数据,并收集舰船清洗前相应典型航速对应的指标数据；利用舰船下次进坞或再清洗的时机，对本次清洗所涉及的范围进行摄像拍照，对比清洗时的录像照片，分析水下清洗后船体再污损速度，评估上次水下清洗时机、工艺选择是否合理。

与现行修理结构相比，按照优化后的新修理结构测算，某型舰寿命期可提高理论在航率约5%。同时，通过灵活安排小修时机和选择性确定需修装备，合理控制小修工程范围和修期，既可有效解决舰船单装的需修间隔与船体的修理间隔不匹配问题，又可在寿命期保持40%以上时间处于一类舰的技术状态，军事效益十分明显。

参 考 文 献

[1] 朱石坚. 舰船等级修理模式改革研究与实践[J]. 中国工程科学，2015，17(5)：4—9.
[2] 朱石坚. 舰船装备保障工程管理创新与实践[J]. 科技进步与对策，2016，33(16)：21—26.
[3] 郦智斌，龙彪. 船舶水下清洗技术研究[J]. 中国修船，2011，24(5)：33—36.
[4] 俞翔，孟宪林，曹京宜. 基于水下清洗的舰船防污优化研究[J]. 中国涂料，2010，25(7)：41—43.

第6章 舰船等级修理目标提升

舰船等级修理,特别是高级别的等级修理因工程强度大、牵扯范围广、技术要求高而成为舰船全寿命保障工作的重点,任务艰巨但意义重大。目前,国内舰船修理主要立足于实现系统或装设备的功能性恢复,而随着海军对舰船作战使命任务要求的提高,有必要进一步加强对舰船修理保障能力建设,建立与舰船总体性能紧密相关的技术体系,实现舰船维修目标从装设备功能性恢复向舰船总体性能恢复与提高的转变。

6.1 舰船装备修理的目标层级

在舰船设计、研制和生产过程中,按舰船总体(大系统)、系统/分系统和设备三个层次划分,遵循"上舰设备必须服从或满足舰上系统的要求;舰上系统必须服从或满足舰船总体的要求;舰船总体必须服从或满足任务需要"的原则,将舰船总体视作舰船诸多系统/分系统集成的、有机的、相互关联的一个整体,从而求得和谐、协调的舰船总体设计和总体优化的综合效能。

对舰船装备的修理而言,舰船装备修理活动也可视为装设备和系统修理活动的集合,总体修理目标是单个设备或系统修理目标的综合体现,并受其直接影响,但这并不意味着设备或系统经过修理恢复其功能后,舰船总的战技术性能就能得以保持。舰船装备修理是一项系统工程,必须从整体的角度、系统协同的角度来把握修理的目标。根据装备维修的基本定义及舰船装备构成特点,可以明确舰船维修两个层次的总体目标:基本目标和高级目标[1]。

6.1.1 基本目标

舰船修理的基本目标是通过修理等手段保持和恢复舰船各设备和系统规定的技术状态,达到恢复其基本功能的目的。基本目标的确定与舰船修理等级及装设备本身特性密切相关。对于坞检、坞修等低级别计划修理而言,其涉及的修理范围小,修理程度低,要求承修单位在短时间内排除设备或系统故障,恢复其正常技术状态,此时将舰船修理目标层级定为基本目标是科学、合理的。

另外,舰船装设备或系统的固有特性也决定了能否通过维修手段提升其最终性能。有些舰船系统属于寿命衰减型,其技术性能随着使用时间的增加而降低,通过修理只能保证其基本功能,如潜艇耐压壳体可能因腐蚀问题而影响其极限强度;有些舰船系统属于性能保持型,其固有属性在整个寿命周期内基本保持不变,如舰船生命力中的舱室抗沉性。对于具有以上特性的舰船装设备或系统而言,将其维修目标定位为基本目标是符合系统特性及维修客观规律的。

6.1.2 高级目标

舰船装备修理的高级目标是在基本目标完成的基础上,实现系统和装设备技术状态的恢复,并长期保持乃至提高舰船的总体性能。总体性能的恢复和提高涉及多个系统或装设备的匹配融合,这对舰船装备修理工作提出了更高的要求,同时也是舰船修理工作追求的根本目标。

高级目标的确定及实现受多种因素影响,与所实施修理的广度、深度以及修理保障条件等密切相关。对于小修,特别是中修等高级别舰船修理而言,修理范围牵涉很多重要系统和装设备,已基本具备恢复或提升相关系统和装设备性能的时机和条件。另外,高级修理目标的确定还要充分考虑系统和装设备特性、现有技术保障能力、物质保障条件及经费投入等多种因素的影响。可以说,舰船修理高级目标的实现是多种因素相互作用的结果,是对国内现有舰船维修保障能力的检验,也有利于提升其保障水平。

6.2 舰船总体性能恢复性修理的现状

6.2.1 舰船主要总体性能因素

要实现高层级的舰船修理目标,就海军舰船而言,修理过程中需要重点关注的总体性能指标包括隐身性、腐蚀防护性、电磁兼容性、系统协同性等[2]。另外,依据不同舰船的使命任务及特点,舰船侧重的总体性能指标也不同,例如,潜艇对声隐身、腐蚀防护、电磁兼容等方面性能要求较高,水面舰船对电磁隐身、腐蚀防护、电磁兼容和系统协同性等方面的性能要求较高,这都是高等级计划修理需要积极恢复和提高的主要总体性能。

1. 隐身性能

舰船隐身性能是表征不被敌方舰船探测识别的能力和战技指标,其设计目的就是保护自身,打击敌方。隐身性作为评价舰船自身生存能力的重要指标,一直以来在舰船总体性能研究、设计过程中占有重要地位,其主要分为声隐身、电磁隐身、红外隐身等。根据舰船使命任务的不同,隐身性能设计的侧重点有所不同:对水面舰船而言,设计人员除了考虑舰船的声隐身能力外,还要考虑其电磁隐身能力,尽可能减小雷达有效反射面积;对潜艇而言,声隐身性能的好坏直接决定了潜艇的生存能力和战斗力[3,4]。

而在舰船使用、维修阶段,对其隐身性能保持的投入仍属薄弱环节,尚未完全形成舰船服役期内恢复和保持隐身性能的顶层设计规划,缺乏舰船装备修理过程中的振声故障诊断及修理标准等技术手段或文件。因此,从保持和提升全寿命周期内舰船的隐身能力和战斗力的角度出发,有必要进一步加强使用、维修过程中舰船隐身性能保持和提升方面的研究和投入。

2. 腐蚀防护性能

舰船长期处于海水和海洋大气环境中,其金属结构特点导致其不可避免地发生各种腐蚀现象。舰船腐蚀问题往往涉及舰船各个系统或装备,并最终导致系统或装备技术性能的降低。对潜艇而言,腐蚀问题可能造成耐压艇体结构强度降低,或重要管路的穿孔失效,直接威胁到潜艇结构及人员的生命安全[5]。因此,有必要持续改进和提升舰船在服役期内的腐蚀防护性能,保证舰船生命力的实现和战斗力的发挥。

舰船腐蚀防护与控制涉及环境学、金属腐蚀学、表面防护工程、结构细节设计、损伤容限耐久性、无损探伤技术及结构维修等多方面内容,是一项大的系统工程[6]。在舰船研究设计及制造阶段,主要考虑选用耐蚀性好的舰船结构材料,同时采取异种金属间电绝缘处理、涂层保护和阴极保护等方式来实现其腐蚀防护性;在实际使用过程中,舰船的腐蚀防护性能会随着服役时间的延长而降低,因此必须从舰船全寿命使用的角度考虑腐蚀防护设计和控制问题,研究建立完整的舰船腐蚀防护控制体系,恢复和提升舰船的综合腐蚀防护性能。特别值得提出的是,目前我国舰船腐蚀问题很大部分是异种金属的电位差腐蚀,但现阶段仍缺乏异种金属间电绝缘控制的技术管理体系和保障所需器材,有必要重点加强该方面的研究和投入。

3. 电磁兼容性能

舰船电磁兼容性(EMC)是指舰上所有电子系统相互兼容且互不干扰的技术状态。随着现代电子技术的飞速发展,战斗舰船电子设备的配置呈现品种多、频带宽、功能全的特点,也使得舰船电磁环境日益复杂。对舰船通信、作战系统而言,如果相互间的兼容问题处理不好,相互干扰将不可避免。国外历史上就出现过为保障通信而将雷达关闭,最终导致舰船遭受攻击的先例。为此,实现舰船良好的电磁兼容状态,保持其电磁兼容性能,对发挥整个舰船系统的正常功能和作战能力均具有重要意义。

舰船电磁兼容性控制技术体现在舰船设计、建造、试验、使用、改装、维修保养等各个阶段，每个环节都很重要；其设计内容主要包括干扰源、耦合途径和敏感设备三个要素[7]。相比于国外发达国家，国内的电磁兼容性控制水平和能力尚待提升，需要重点开展舰船电磁兼容性先进设计技术研究、舰船电磁兼容性评估能力研究、舰船电磁兼容性诊断技术研究等工作，同时着手建立舰船设备分级频谱管理体系，保证在未来多维度作战空间和作战体系内我国舰船装备的电磁兼容性水平始终处于先进行列。

4. 系统协同性能

舰船各个系统和装备之间并不是孤立而是相互联系的，需要保证舰船各系统和装备运行的准确性和协调性，以实现既定的战技术性能。对战斗舰艇而言，其整个控制系统可以分为平台控制系统和作战指挥系统，其中平台控制系统为作战指挥系统提供平台支撑，并保证作战攻击所需要的舰船姿态、航向航速等状态参数；作战指挥系统完成各种作战信息的收集和处理、武器的控制和发射，最终实现战斗目标。

随着舰船系统和装备数量的增加以及自动化程度的提高，各系统间的信息交换更加频繁，相互协同的难度和要求也随之增加，对保持舰船系统协同性的要求也不断增强。通常采用技术状态巡检和系统联调等手段来测试和评估在役舰船的系统协同性能。在日常使用阶段，通过定期开展舰船技术状态巡检活动，可以检查和发现系统间存在的问题，及时恢复系统的技术状态；在等级修理过程中，系统和装备修理后的技术状态会发生变化，需要通过诸如作战系统联调、联试等手段来检查和评估修理后各系统的协同性，最终保证整个舰船系统的性能恢复和提升。

6.2.2 舰船维修在总体性能恢复方面存在的问题

目前，我国舰船不仅数量较多，而且涉及的型号也多，维修保障的任务重、难度大，因此在维修保障实际操作过程中重点关注的是达到基本目标，确保装备的安全、可靠运行，而对隐身性能、电磁兼容性能、腐蚀防护性能、系统协同性能等总体性能的恢复与提高没有提到应有的高度。通过维修恢复舰船总体性能面临较大困难，难以满足舰船作战使用需求，存在的主要问题描述如下。

1. 现有组织结构需进一步完善

由于缺乏对舰船结构、装设备及各系统在长期使用过程中总体性能变化的准确认识，现有技术指挥线还不能完全解决修理过程中暴露出的问题，需要进一步完善和调整，通过不断的研究、探索、技术攻关，具备及时发现问题、解决问题的能力。

另外，现有管理制度还不够健全，需研究制订针对舰船修理总体性能控制的行政组织管理制度、技术管理制度等，规范舰船修理总体性能控制的工作程序、要求等。

2. 重视程度需进一步提高

舰船隐身性能、电磁兼容性能、腐蚀防护性能、系统协同性能等总体性能看不见、摸不着，需要专业检测设备才能对其进行测试和评估，在修理过程中无法直接判断舰船总体性能是否得到恢复，也无明确的验收标准，因此舰员及维修保障实施和管理单位对舰船总体性能恢复和保持的重视程度不够。

3. 现有技术资料和标准法规体系需进一步完善

目前有关舰船修理总体性能控制的技术资料和标准法规体系不全，各型舰船修理只针对具体的元器件、设备建立了相关功能性恢复修理的标准和技术文件，缺乏具体针对装设备、系统修理的总体性能控制标准和技术文件。

4. 现有保障条件需进一步建设

舰船修理总体性能控制的保障条件建设包括舰船维修前后总体性能测试设备、承修工厂总体性能控制的专用工装设备、检测试验平台、修理台架等，目前承修工厂未开展用于总体性能控制的专用工装设备、检测试验平台、修理台架建设工作，由于缺乏控制设备性能的修理台架，现有修理手段无法完全满足修理需求。

5. 关键技术需进一步突破

由于没有组织开展舰船维修总体性能控制方面的基础研究及核心技术攻关，尚缺乏一套通过维修恢复舰船总体性能的方法和手段。

以舰船维修声隐身性能控制为例，舰船装备修理振动噪声控制的关键技术包括修理前后测试技术、声学故障定位技术和低噪声修理技术。由于目前不完全掌握装设备和系统振动噪声特性，难以对异常振动进行准确定位，且缺乏低噪声修理技术，因此部分装设备振动噪声控制不是很到位，一定程度上影响了舰船总体声隐身性能。

6.3 舰船总体性能相关技术体系的建立

在我军装备维修条例中，舰船装备等级修理的目的是保持和恢复舰船的作战使用性能。而在以往的舰船等级修理实践中，舰船经过等级修理后，声隐身性、电磁兼容性、船体和管系耐腐蚀能力、系统协同能力等反映舰船总体性能的指标达不到设计要求的情况不时出现。与此同时，由于大部分舰船的使用期限均为25~40

年,而装备技术发展十分迅猛(6~8年一代),如不结合舰船高等级修理实施改换装,舰船的作战使用性能将落后于技术发展的步伐,无法适应现代海战的需要。

上述问题的存在,为海军随时打赢可能发生的海上局部战争带来了很大的潜在风险。这种状况同时表明,海军舰船装备的等级修理能力距离保持和恢复舰船总体性能的高级目标还有距离,其深层次的原因是支撑保持和恢复甚至提高舰船总体性能的声隐身技术体系、腐蚀防护技术体系、电磁兼容技术体系、系统协同联调技术体系、结合高等级修理改换装技术体系没有建立,大量关键技术没有突破。为了能够使舰船装备修理目标由系统与装设备的功能恢复性修理提升为舰船总体性能恢复性修理,必须建立上述技术体系,研究突破关键技术,逐步提升舰船等级修理目标。

6.3.1 修理声隐身技术体系的建立

1. 必要性

潜艇具有隐蔽性和突然打击能力,是海军重要的武器装备之一。发挥潜艇军事效能的核心是保持潜艇的安静性,潜艇水下辐射噪声每下降3dB,相当于辐射声能量减少一半,可使其被探测距离减少30%~40%,有效提高作战效能[3]。世界各军事强国无一例外地把发展更低噪声的潜艇作为增强军事实力的重要手段。美、俄等国均以数百亿美元的代价,在潜艇声隐身领域竞争。

潜艇声隐身工作贯穿于论证、设计、建造、测试、使用、维修等整个全寿命周期。目前,潜艇设计、建造阶段的声隐身工作得到了广泛关注,取得了较大进展,但对修理过程中如何恢复和保持潜艇声隐身性能的重视程度则远远不够,这使得修理阶段的声隐身控制成为潜艇全寿命周期声隐身工作的主要短板。海军战略的转型和水声探测技术的发展,对潜艇全寿命周期声隐身性能的保持提出了更高要求,修理阶段声隐身工作尤其紧迫。

实际上,潜艇修理阶段的声隐身控制工作的重要程度绝不亚于潜艇设计、建造阶段。潜艇的服役期约为25年,期间至少要进行四次等级修理。高等级修理期间,需要将艇内所有的装设备、系统出舱,内场修理调整完后再回装调试,所以潜艇的高等级修理比建造新艇还复杂,如果轴系的对中、间隙的调整、管路的安装、隔振器性能的控制等方面出现问题,极易使得机械设备振动状态恶化,从而加大潜艇修理后的水下辐射噪声水平。因此,既要在潜艇的研制过程中高度关注水声隐身性能,更要重视潜艇修理、使用过程中水声隐身性能的持续保持。

潜艇修理阶段声隐身工作具有如下主要特点:一是涉及设备多。影响潜艇声隐身性能的设备和系统较多,如某型潜艇仅泵和通风机组就装备了几十台套,修理范围内的船体结构、全船保障系统、动力系统、辅助机械等均要开展振动噪声控制工作；二是技术要求高。潜艇修理振动噪声控制工作贯穿修前测试分析、故障诊断、拆检、维修、回装、修后测试评估等各个环节，潜艇装设备、系统复杂，故障定位困难，技术要求高；三是施工难度大。潜艇修理过程中，设备拆检、出舱牵连工程较多，特别是大型设备异常振动噪声排查要拆卸多处管路、阀件和其他设备，牵连工程大，许多设备只有在坞内才具备实施条件，因此潜艇修理阶段声隐身工作任务十分艰巨。

潜艇修理阶段的声隐身控制是一项技术性、综合性都很强的工作，为了更好地开展该项工作，必须研究潜艇修理过程中的振动噪声控制技术，并站在潜艇修理声隐身技术总体高度，制订潜艇修理振动噪声控制技术研究规划和路线图，构建潜艇修理振动噪声控制技术体系。

2. 技术体系构成

潜艇修理声隐身技术体系包括潜艇修理总体噪声控制技术、潜艇修理声学故障诊断技术、潜艇低噪声修理技术、潜艇修理振动噪声测试评估技术、潜艇总体与系统的声学治理改进技术、潜艇声低噪声作战使用技术。其中，潜艇修理声学故障诊断技术、潜艇低噪声修理技术、潜艇修理振动噪声测试评估技术是关键技术。技术体系框架如图6.1所示。

1) 潜艇修理总体噪声控制技术

潜艇修理总体噪声控制技术是指通过潜艇修理总体声学设计，提出潜艇修理振动噪声控制要求，建立潜艇设备与系统修理后噪声控制指标体系，规范潜艇修理振动噪声控制程序。

2) 潜艇修理声学故障诊断技术

潜艇修理声学故障诊断技术是指通过开展潜艇设备和系统振动噪声机理研究、故障机理研究和噪声源识别技术研究，形成潜艇设备和系统修理声学故障诊断方法，建立声学故障诊断专家系统。

3) 潜艇低噪声修理技术

潜艇低噪声修理技术包括潜艇修理工厂低噪声修理能力需求分析、推进器—轴系低噪声修理技术、设备低噪声修理技术、艇体结构低噪声修理技术，以及减振降噪元器件（消声瓦、隔振器、挠性接管、阻尼材料等）修理技术，与声隐身相关的水下修理和清洗技术。通过潜艇低噪声修理技术研究，形成相关修理工艺、标准规范文件，建成修理工装设施。

4) 潜艇修理振动噪声测试评估技术

潜艇修理振动噪声测试评估技术包括与潜艇修理工作相适应的潜艇修理前后振动、水声测试技术（如基于声全息的水声测试技术和基于体积阵的水声测试技

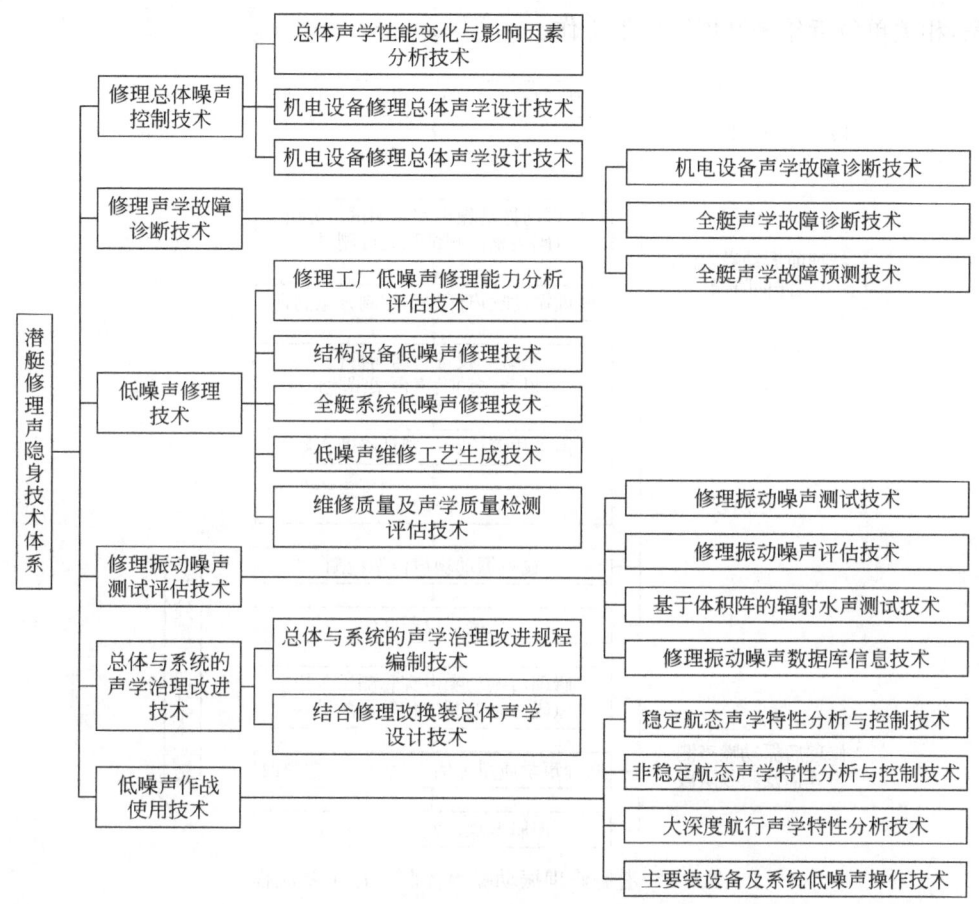

图 6.1 潜艇修理声隐身技术体系构成

术)和潜艇修理后声隐身性能评估技术(包括修理后评估方法和评估准则)。

5) 潜艇总体与系统的声学治理改进技术

潜艇总体与系统的声学治理改进技术是指通过在役潜艇减振降噪配套科研,有针对性地开展改进优化设计,集成应用减振降噪技术成果,提高潜艇的声学性能。

6) 潜艇低噪声作战使用技术

潜艇低噪声作战使用技术是指通过研究潜艇不同工况开启设备和系统的噪声特性及其对潜艇辐射噪声的影响研究、主要设备和系统低噪声操作方法研究、潜艇作战使用工况隐身性能评估研究,提出作战使用工况潜艇主要设备和系统低噪声操作使用要求,达到使被发现距离最小的效果。

3. 主要工作

潜艇修理声隐身控制工作流程如图 6.2 所示。为建立潜艇修理声隐身技术体系,相关单位近年来开展了以下工作。

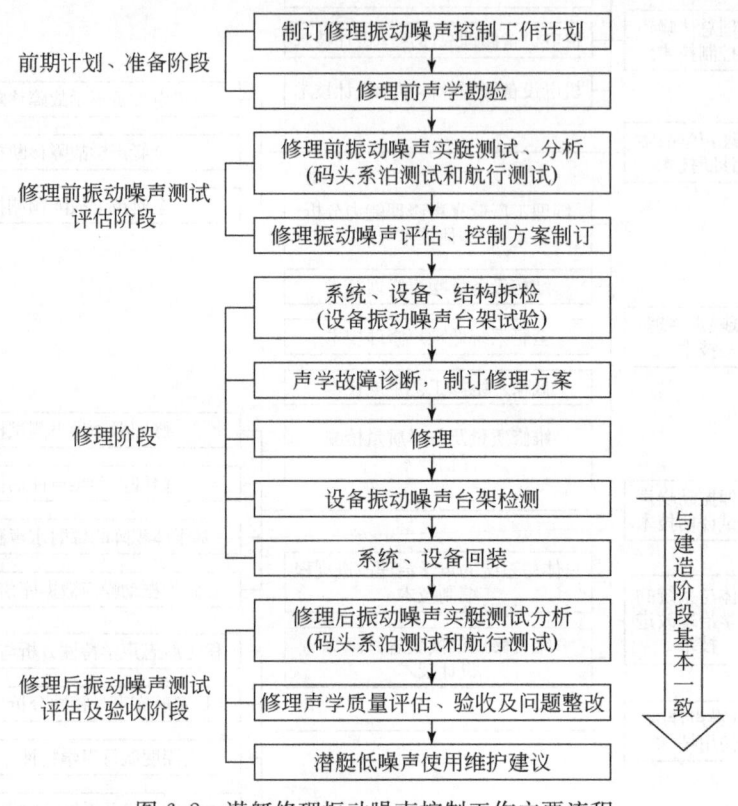

图 6.2 潜艇修理振动噪声控制工作主要流程

1) 根据修理特点,深入抓好顶层规划设计

编制了潜艇修理声隐身工作管理办法,明确了组织机构、职责和工作制度等,从组织上为潜艇修理声隐身工作奠定了基础。分析了潜艇修理声隐身专业方向的技术体系,提出了技术发展目标与工作思路,编制了技术发展路线图。

2) 针对修理需要,形成等级修理测试能力

研制了潜艇修理近场相对水声测试分析系统,编制了修理前后振动噪声测试工作实施方案、修理前后振动噪声测试大纲和修理前后振动噪声测试方法等技术文件作为测试和评估的依据,形成了潜艇修理前后振动噪声测试分析能力。

3) 完善技术基础,编制技术资料标准法规

针对潜艇修理过程中振动噪声控制总体目标技术指标、程序与职责不明确的问题,制订了修理振动噪声控制大纲。针对潜艇修理过程中缺乏振动噪声控制技术要求和低噪声修理工艺的问题,编制了减振降噪元器件修理技术要求等多份文件;编制了潜艇修理振动噪声控制原则工艺10万余字。

4）严抓进出两头，做好修理前后测试分析

结合潜艇等级修理，系统开展了潜艇修理前的振动和水下辐射噪声测试分析和控制方案编制工作，以及潜艇修理后振动噪声测试分析和评估工作，并指导工厂进行整改。

目前，潜艇修理声隐身工作初步形成了技术层次清晰、阶段目标明确的发展路线图，构建了人员梯队合理、专业素质过硬的测试队伍，集智攻关了推进轴系大修振动噪声控制、复杂环境下声全息等关键问题，结合修理计划，开展了潜艇修理阶段的振动噪声测试分析评估工作，潜艇修理阶段声隐身控制工作逐步由单一装备拓展至全系统，工作成果进一步得到验证。

6.3.2 修理腐蚀防护技术体系的建立

1. 必要性

舰船长期在海洋环境中使用，其船体、装置、管路、电子设备等均会受到腐蚀的危害，这不仅大幅缩短了舰船装备的使用寿命，还会降低装备的技术性能和战术性能乃至延误战机，严重影响到战斗任务的完成。据报道，从世界范围来看，因舰船腐蚀而造成的腐蚀损失占海军整个修理费用的 $1/3 \sim 1/2$，舰船因腐蚀而引发的重大安全事故曾多次发生。舰船由于其甲板及舰体受海水腐蚀和海面盐雾侵蚀严重，每年需进行几次涂料防护，既增加了维修工作量，降低了在航率，又造成了较大的经济损耗[6]。因此，腐蚀是海军舰船必须面对的一个重要问题。

舰船修理阶段的腐蚀防护工作与设计、建造阶段的腐蚀防护既有联系，又有区别。在设计建造阶段选择合理的耐蚀材料、开展良好的防腐蚀设计为修理阶段的腐蚀防护奠定了基础。然而，腐蚀的产生缓慢而隐秘，任何腐蚀防护方法必须经过舰船实际使用环境的考验，舰船等级修理阶段就是最好的检验和更新腐蚀防护方法手段的时机。因此，修理阶段的腐蚀防护首先必须对腐蚀现状进行评估，然后再从系统工程的角度，考虑防腐蚀技术的发展以及修理过程中的各种约束条件，对不适用的防腐蚀方法和手段进行改进或更新，以确保舰船在全寿命周期内具有满足要求的防腐蚀性能。舰船修理腐蚀防护工作具有重要的意义。

2. 技术体系构成

舰船装备腐蚀防护技术是针对船体、附件、管系、设备、舾装件等金属材料构件所采取的减缓或阻止其化学腐蚀和电化学腐蚀，保证其功能完好性，延长其服役寿命的技术措施和手段。舰船污损综合防治技术虽然不同于腐蚀防护技术，但与腐蚀防护有着非常紧密的联系，所以，通常防腐和防污同时考虑。舰船污损综合防治技术是指阻止或延缓海生物附着,清除已经附着海生物的技术措施和手段,以实现有效保护船体基材、减少航行阻力、改善声学性能、保证通海管路通畅的目的。舰船防腐防污技术体系框架如图 6.3 所示。

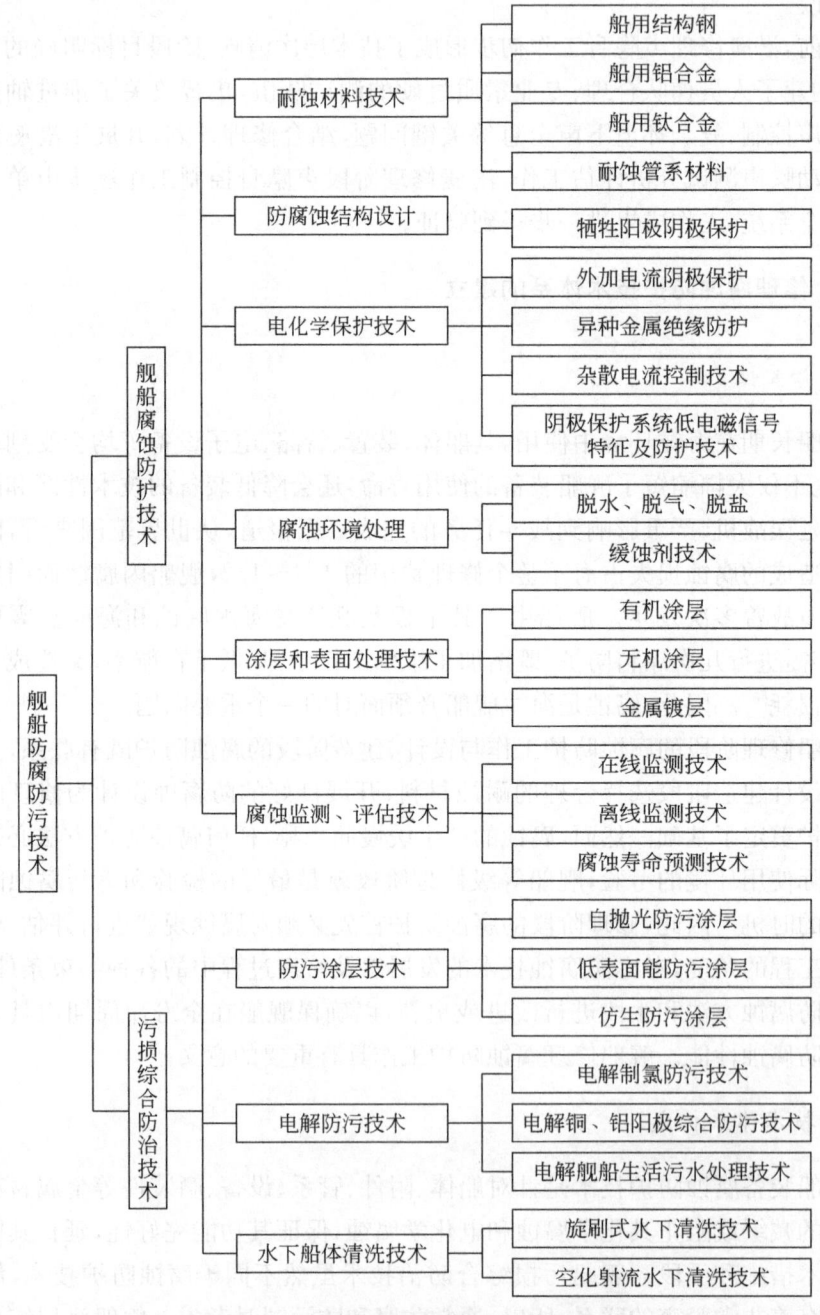

图 6.3　舰船防腐防污技术体系框架

1) 腐蚀防护技术

腐蚀是材料与环境介质发生作用造成的,因而控制腐蚀的技术途径主要可以从材料、环境、界面三方面考虑。腐蚀防护技术类型归纳起来主要有以下几种:

(1) 耐蚀材料技术及防腐蚀结构设计。耐蚀材料选用及防腐蚀结构设计是腐蚀控制的关键环节之一,虽然与舰船设计相关,但在从事舰船修理过程中的腐蚀防护工作时,也必须对此进行深入的了解和解读。

(2) 腐蚀环境处理技术。腐蚀环境处理是减缓或消除腐蚀的重要技术途径,其包括两个方面:一是去除或控制环境中促进腐蚀的有害因素,即脱水、脱气、脱盐;二是强化有利于减缓腐蚀的因素或加入有利的物质,即缓蚀剂技术。

(3) 电化学保护技术。电化学保护是舰船腐蚀防护的基本方法之一,主要包括阴极保护、异种金属绝缘防护、杂散电流控制等。在舰船修理过程中,阴极保护和杂散电流控制等技术基本能得到较好的应用,而异种金属绝缘防护却仍未引起充分重视,引进舰船原有的电绝缘防护措施也因器材缺乏、涂料不配套、工艺规范不适用等原因而没有得到实施,因而亟须开展包括防护方法、绝缘元件、检测手段在内的异种金属绝缘防护技术研究。

(4) 涂层和表面处理技术。涂层保护是防止和控制舰船腐蚀的最常见措施,其中有机防锈涂层几乎遍布了舰船的每一个角落。目前,涂层防护技术相对较为成熟,舰船涂料已形成了较为完整的体系,而利用表面处理技术对装设备腐蚀表面进行修复、恢复其性能是一个方兴未艾的研究热点。

(5) 腐蚀监测与评估技术。舰船腐蚀监测的发展方向是在线监测和离线检测相结合,即对于腐蚀严重的重要部件采用在线腐蚀监测,对于腐蚀发生率相对较低、难以实施有效保护但同时又存在安全隐患的部件实施定期离线检测。通过监测数据对舰船腐蚀情况进行评估,对腐蚀寿命进行预测,是保证舰船全寿命周期装备安全的重要手段。

2) 污损综合防治技术

防止海生物污损称为防污,除去已经生长的海生物称为除污,以前防污和除污是两个截然分开的阶段,引入水下船体清洗技术后,防污和除污融为一体,形成了污损综合防治技术。污损综合防治技术类型主要有以下几种:

(1) 防污涂层技术。目前,防污涂料大部分期效约为 3 年,与防腐涂层 8~10 年的防护期效相比,性能不匹配,因而亟须开展新型水下船体防护涂层体系研究,实现防腐防污性能的匹配。防污涂层的发展方向主要有低表面能防污涂料和仿生防污涂料。

(2) 电解防污技术。利用电能电解海水,产生的氯离子起到杀菌防污作用。

这种方法在使用中存在一定的局限性,对于海军舰船存在一定的危险性,只适用于某些通海管路等部位。

(3)水下船体清洗技术。美国海军早已提出防污涂料+水下船体清洗的综合防污技术,并取得了较大成功,使得大型水面舰船进坞修理间隔从早期的5年延长至现在的9年左右。我国海军虽已引进水下船体清洗设备,并开展了试点,但仍未大规模实施水下船体清洗。水下船体清洗主要可从标准制度建立、清洗设备性能优化等方面开展工作。

3. 主要工作

对舰船船体、通海管路、水舱等与海水直接接触部位而言,腐蚀是其性能退化、影响安全的重要原因。舰船装备的腐蚀防护措施主要有三类:一是金属表面的防腐涂镀层保护;二是船体、通海管路、水舱等部位的牺牲阳极或外加电流阴极保护;三是异种金属接触处的电绝缘防护。目前,我国在防腐涂层方面与国际先进水平差距不大;在牺牲阳极阴极保护系统方面,仍处于定性设计与经验估算阶段,缺乏定量设计与实验验证技术;在电绝缘防护方面,我国才刚刚起步,缺少设计准则与检测评判手段,也没有系列的电绝缘防护产品。为建立潜艇修理腐蚀防护技术体系,近年来开展了以下工作。

1)实施舰船腐蚀综合治理工程

舰船服役后,受高温、高湿、高盐雾的海洋环境影响,腐蚀问题特别突出,为此,舰船保障总技术责任单位组织协调国内优势单位深入开展低表面处理要求涂层筛选优化、高效牺牲阳极研制及其定量设计技术研究、腐蚀综合治理研究、腐蚀防护技术培训等,对每条舰船开展腐蚀状况评估,有针对性地制订了腐蚀综合治理方案,并结合等级修理开展腐蚀综合治理工程,取得了明显的成效,为整个技术体系的建立打下了基础。

2)突破异种金属间电绝缘防护技术

在引进舰船的保障实践中发现,国外十分注重舰船异种金属间的电绝缘防护。引进舰船技术文件规定,为防止异金属接触引起的电偶腐蚀,舰上管路之间、管路与气瓶、管路与壳体等,凡是存在异金属连接处都必须进行绝缘材料包敷,从而有效防止海水中的电化学腐蚀。引进舰船在做好异种金属间电绝缘防护的同时,还专门配置了腐蚀监测报警系统,由其对全舰数十个重要的异种金属接触部位的绝缘电阻进行监测,如果某处的绝缘电阻低于设定值,系统便自动报警提示。为保持舰船的整体防腐性能,舰船保障总技术责任单位深入研究了异种金属间电化学腐蚀的机理及有效防护措施,研制了相应的电绝缘防护产品,编制了异种金属间电绝缘防护原则工艺、检测方法,对修理主管人员、质量检查人员、修理技术人员进行技术培训等,取得了较好的效果[8]。这些工作有力地促进了我国舰船设计建造和修理保障部门对异种金属间电绝缘防护技术的关注和重视,为舰船修理腐蚀防护技术体系的建立提供了技术支撑。

3) 推动舰船水下清洗工作的常态化

当防污涂料效能降低到一定程度时及时对舰船船体实施水下清洗,是解决舰船污损的有效措施。水下清洗既可以在舰船靠泊码头时也可在巡航时实施,不会对舰船的航行产生影响,已被美、英等国海军广泛应用于潜艇和大型水面舰船的船体防污领域[9]。我国水下清洗工作已开展多年,但都是在执行任务前临时对船体进行清洗,没有建立常态化机制。近年来,在舰船等级修理模式改革框架下,建立了水下清洗前后勘验技术要求、水下清洗技术方案、水下清洗组织实施方案等规范性文件,建立了水下清洗机制,逐步将水下清洗工作推向常态化。

6.3.3 修理电磁兼容控制技术体系的建立

1. 必要性

总体电磁兼容性是电子、电气设备在舰船总体预定的电磁环境中,不因无意的电磁辐射产生不可接受的性能降低,能按设计的性能正常工作的能力。电磁辐射能量作用于电子信息系统,可使信息化设备产生误动作或功能失效,甚至使武器装备中电爆装置意外发火,造成意外事故,使舰船不能完成预期的战斗任务,总体电磁兼容性已成为舰船的一项重要性能,直接影响其战斗力的发挥。为提高舰船总体作战效能,必须采取正确的方法对舰船电磁兼容进行控制,保持设备间良好的电磁兼容性,达到抑制各设备互相干扰的目的[10]。

舰船的电磁兼容性经过严格设计,在舰船的使用与维修过程中,也必须确保其电磁兼容性不受损害,以便舰船"听得见、看得清",各系统互不干扰。保障过程中,影响总体电磁兼容性的因素主要有两个:一是修理过程中,由于控制不严,电子设备的电磁辐射场强度发生了变化;电缆绝缘损坏、接地不良或铺设交叉不当,引起信号串扰;二是在结合等级修理的改换装过程中,对改换装电子设备的辐射电磁场控制不严,或没有经过严格论证和设计计算,就加装或换装电子设备,引起各电子系统之间的相互干扰。

因此,修理电磁兼容技术体系的研究内涵与研制建造过程中电磁兼容技术体系不同,前者关注的是已有的电磁兼容不被破坏,后者关注的是设计出相互兼容的由众多电子系统组成的舰船装备。以往,对研制建造阶段的电磁兼容性能较为重视,相关技术研究较多,而忽视了修理使用阶段的电磁兼容技术研究。为在舰船全寿命周期有效开展电磁兼容控制工作,有必要对修理电磁兼容控制技术进行深入研究,并建立其技术体系。

2. 主要工作

为确保修理电磁兼容控制技术体系的建立,舰船装备保障总技术责任单位开展了如下工作。

1) 制订电磁兼容控制大纲

为每艘进厂修理和改换装的舰船编制了电磁兼容控制大纲,在电子设备与系统修理前后,严格控制其辐射电磁场强,在改换装项目中,专门安排总体电磁兼容控制项目,由国内有资质的单位承担修前测试分析,修理过程管控,修后测试、评估、整改等工作,严格控制改换装设备与系统的电磁辐射场强,取得了良好的控制效果,现在这一做法已推广至所有舰船的等级修理与改换装。

2) 制订电子设备与系统的布置安装、电缆布设等施工项目的原则工艺

工艺文件既反映施工流程,也规定了施工工艺要求,是质量管控的重要环节。对广泛应用了现代电子设备的舰船而言,要确保其修后的电磁兼容性,必须在修理过程中明确原则工艺,严格工艺过程。为此,编制了系列的施工原则工艺,下发到各承修单位执行,并组织相关管理人员、施工技术人员、质检人员进行关于在修理施工过程中如何确保电磁兼容性不被破坏的技术培训,取得了良好的效果。

以上这两方面的控制为构建修理电磁兼容控制技术体系打下了基础。

6.3.4 修理系统协同联调技术体系的建立

1. 必要性

舰船由许多系统组成,各系统的可靠运行,离不开系统间的相互协同,因此良好的系统协同性是保证舰船总体性能的重要因素。在设计建造阶段,系统能否可靠运行,即系统间的协同性是设计出来的。在使用与修理阶段如何保证系统协同性不被损坏是修理系统协同联调技术体系要研究和解决的问题。舰船在高等级修理和结合等级修理改换装工程中,往往要把所有设备出舱,由相应的专业工厂内场修理后再回装。但对有些系统来说,并不是所有组成部分都能出舱,如雷达天线一般不从舰船上拆下。内场修理完后,如何确保系统内各设备之间的信息关系正确,如何确保系统能可靠运行,如何确保各相关系统的协同性?这只能通过岸上联调来解决,因为一旦装舰后出现问题,解决起来就非常棘手了。由于岸上系统和各系统间的不完整性,必须采用模拟器来替代缺失设备,所以联调技术体系内涵很丰富,实施起来难度较大。

2. 主要工作

为建立修理系统协同联调技术体系，舰船装备保障总技术责任单位开展了如下工作。

1) 编制系统协同联调技术方案

要做好联调工作，必须有一个科学的顶层设计，规定参与联调的系统组成，确保系统的完整性，为此要明确缺失设备模拟器的基本功能，规定系统联调各项指标的精度，提出系统联调的功能要求等。科学合理的联调技术方案的编制有赖于对整个系统的全面解读，彻底熟悉系统的组成、功能，以及与相邻系统间的信息关系、相互作用，这是该体系的研究重点。

2) 集国内已有资源建立联调条件

系统联调需要比较苛刻的条件，包括场地，油、水、气、电的供应，特殊试验检测台架等，单靠某一修理工厂来建设联调条件是不现实的。因此，需要在全面掌握国内已有资源的基础上，秉承军民联合的原则，集全国资源来建立联调条件。在实际保障过程中，依据此理念，圆满解决了某潜艇气动不平衡式发射装置上阀件协同联动的调试检测问题；某潜艇用的是气动不平衡式发射装置，与常用的液压平衡式发射装置具有本质差异。目前没有此种装置，若专门建设，则需要数千万元，耗时近两年，不能满足修理需求。但在地方工业部门有两套液压平衡式的发射装置试验台，经过严格论证与设计，最后对地方工业部门的液压平衡式发射装置试验台进行适应性改造，只用了6个月就圆满解决了这一问题，节约了大量时间和经费。

3) 建设系统联调技术国家队

要联合军队和地方技术力量，建立修理系统协同联调技术国家队，关键是选择合适的技术抓总单位。技术抓总单位必须熟悉联调对象，熟知联调程序，才能编制出科学的联调技术方案，制订出合理的联调大纲。为此，针对不同的系统，选取了技术实力强、保障经验丰富的单位作为技术抓总单位，以此为基础组建系统联调技术国家队，取得了非常好的成效。

综上，不局限于某个单位、军内，而是集全国智力资源与物质资源，建立了修理系统协同联调技术体系。

6.3.5 结合等级修理改换装技术体系的建立

1. 必要性

舰船装备是可长期反复使用的装备，一般舰船装备的服役期为25~40年。在如此长的时间跨度内，某些技术可能更换了好几代。要确保舰船装备的先进性和高效的作战能力,必须结合等级修理对其进行适度的改换装,提高舰船的总体性能,使其具有更好的环境适应性,以及更强大的作战能力,因此必须研究并建立结合等级修理改换装技术体系。

2. 主要工作

1) 全面分析改换装需求及可行性

为全面分析改换装需求,必须掌握以下信息:一是部队对装备的看法,包括装备的环境适用性,在训练和作战演练中暴露出的问题和不足等;二是装备体系对某型装备的基本要求,如指挥信息链路的互联互通对通信系统的要求;三是装备作战能力的提升对装备系统的要求等。另外,并非所有舰船都能改换装为某种理想的平台,还需对改换装的经济性、技术风险、现有技术储备等进行全面衡量。特别是舰船的改换装一般采用成熟技术和装备,所以必须全面掌握当前技术、装备的更新换代情况,才能对改换装工程进行科学决策,编制出切合实际的改换装方案。

2) 注重改换装工程的顶层设计

结合等级修理改换装的顶层设计包括改换装论证和改换装技术方案。改换装论证回答为什么要改换装、改换装的可行性如何、改换装以后效果如何、有何技术风险、如何规避技术风险以确保改换装成功等问题;改换装技术方案重点解决如何改换装的问题。做好顶层设计的关键是选择合适的改换装技术抓总单位,只有选择了了解改换装需求,了解技术、装备发展现状,与承修单位有良好的协作关系,责任心强的单位才能事半功倍。

3) 注重改换装工程与修理工程的协同性

改换装工程与修理工程有时在工期进度等方面会存在矛盾,因此,深入研究了改换装工程与修理工程的协同性,合理部署了改换装工程与修理工程的节点,避免冲突,在尽可能短的时间内完成修理和改换装工程,确保了改换装工程的成功实施。

参 考 文 献

[1] 朱石坚,李海涛. 舰船维修目标及其实现的探讨[J]. 海军装备维修,2014,(1):15—19.
[2] 徐青. 舰船总体设计流程分析[J]. 中国舰船研究,2012,7(5):1—7.
[3] 朱石坚,徐道临. 舰船机械隔振系统线谱混沌化控制[M]. 北京:国防工业出版社,2014.
[4] 朱英富,张国良. 舰船隐身技术[M]. 2版. 哈尔滨:哈尔滨工程大学出版社,2013.
[5] 王聪,张广智. 南海海洋环境对潜艇装备的腐蚀及对策分析[J]. 海军装备维修,2012,(6):48—49.

[6] 肖千云,吴晓光. 舰船腐蚀防护技术[M]. 哈尔滨:哈尔滨工程大学出版社,2009.
[7] 李国成. 舰船设计中的电磁兼容技术研究及对策[J]. 安全与电磁兼容,2002,(2):40—42.
[8] 李竹影,曹文康,刘冶,等. 舰船管系绝缘密封垫片电绝缘性能研究[J]. 中国工程科学,2015,17(5):60—64.
[9] Naval Sea Systems Command. Waterborne underwater hull cleaning of navy ships[C]//Naval Ships' Technical Manual,2006,81:1—2.
[10] 杨云生,丰少伟,李仙茂. 舰艇电磁兼容控制方法[J]. 船海工程,2011,40(1):115—117.

第 7 章　舰船装备保障流程管理

舰船装备保障体系涉及部门多、保障链条长、协作要求高、环节连接紧,保障的岗位设置、界面划分、时序衔接的优化程度对舰船装备保障能力、效益具有较大影响[1,2]。20 世纪 90 年代提出的流程管理理论,研究的是如何通过优化组织结构、明确工作界面、规范操作工序、调整时序衔接、减少中间环节来实现效益最大化[3,4]。在舰船装备保障工程中,引入流程管理理念,加强保障体系和保障工作安排的全面统筹和优化,确保保障资源和信息的充分利用,对于舰船装备保障效益提升具有重要意义[5]。此外,流程管理与质量管理均以流程为导向,相互融合、互为补充,对流程管理与质量管理在舰船维修保障中的协同应用问题进行深入研究,有利于在提高舰船装备保障质量管理能力的同时,建立科学有效的流程管理体系。

7.1　舰船装备保障流程管理内涵及特点

7.1.1　舰船装备保障流程管理内涵

1. 舰船装备保障流程

流程是指为实现特定目标所采取的一系列有规律的活动和方法[6]。舰船装备保障流程则是指以实现舰船装备保障快速、全面、持续、精确等能力为目标,以条令条例、组织体系、岗位职责、标准规范等为基础,为保证舰船装备保障体系内部各单位、各要素能顺利、高效地开展保障工作而采取的一系列有规律的活动和方法。从系统论的视角来审视,如图 7.1 所示,舰船装备保障流程的输入为包含舰船装备保障人员队伍、设施设备、关键技术、装备信息、保障经费等在内的舰船装备保障资源,输出则是对舰船装备进行的维修保障、使用保障等装备保障服务。此外,舰船装备保障流程还受到外界保障环境的约束。舰船装备保障流程对舰船装备保障体系内的部门、人员、工序之间的配合、衔接、协调和工作界面划分进行了明确的规定,是开展舰船装备保障工作的依据,对体系内各单位、各要素具有普遍的约束力。

2. 舰船装备保障流程管理

流程管理是一种以规范化的构造端到端的卓越业务流程为中心,以持续提高

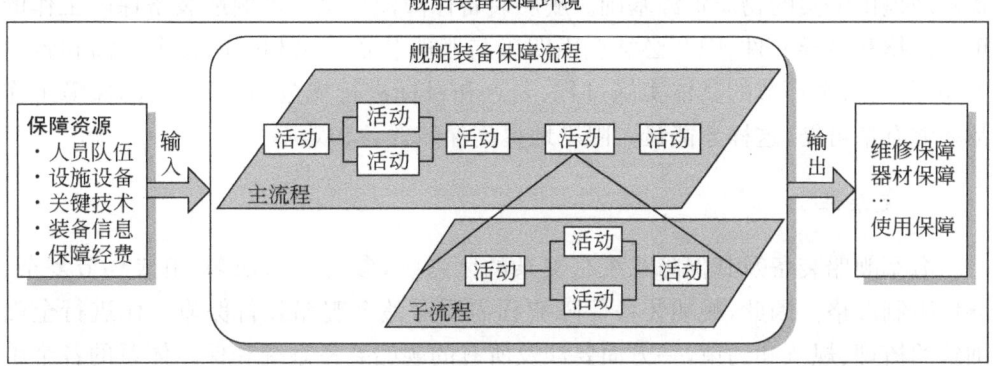

图 7.1 舰船装备保障流程模型

组织业务绩效为目的的系统化方法[7]。流程管理从流程的层面切入,关注流程是否增值,形成一套流程识别、流程建立、流程运行、流程优化的体系,并在此基础上,开始一个再认识流程的新的循环[8]。流程管理的核心目的是增值,对于舰船装备保障而言,其增值体现在,通过流程的一系列活动实现装设备和系统功能的恢复,以及舰船总体性能的恢复和提高,确保舰船装备器材及时高质供应,并最终满足舰船平时战备和战时使用要求。结合舰船装备保障实际,舰船装备保障流程管理包括两方面内容:一是建立及实施流程,并在舰船装备保障过程中不断优化流程;二是在总体战略、目标要求、体制编制等发生重大变化时,适时对流程实施再造。

7.1.2 舰船装备保障流程管理特点

舰船装备保障流程管理与一般企业的流程管理既有相似之处,如同样具有目标性、普遍性、整体性、动态性、层次性、结构性等,同时又有不同于其他流程管理的特点。

1. 权威性

军队自上而下、集中统一的指挥管理体制决定了舰船装备保障流程管理的权威性。舰船装备保障流程应由具有相应指挥管理权限的单位,根据军队的条令条例和舰船装备保障工作实际来制订,并通常以装备保障法规形式予以颁布和明确,是保障体系内各单位、各要素协同配合的依据和保证,必须严格遵守和执行,严禁随意裁剪和更改,如确因环境或技术条件改变而需要更改流程的,则须严格按照管理权限进行报批和审核。

2. 全面性

舰船装备保障各项工作相互衔接、密切相关、缺一不可。例如,舰船装备综合保障设计为舰船装备便于维修创造良好的条件,维修器材的筹措、供应则为舰船装备修理提供坚实的物质资源基础。舰船装备保障流程是开展舰船装备保障工作的重要依据和指导文件，因此必须全面明确与舰船装备保障相关的各个方面和各项工作，并对每个环节的具体实施过程、要点和目标进行规范，确保所有的保障工作都能够有章可循，这样才能最大限度地提高保障效益和效率。

3. 复杂性

海军舰船装备及其保障系统是复杂的巨系统，参与部门众多、组成环节复杂、环境限制严格。因此，舰船装备保障流程需要对整个舰船装备保障工作进行全面细致的梳理、规范和约束，一方面要涉及所有的舰船装备系统和保障体系的各个单位、部门和专业，另一方面要对各个环节的所有工作、程序和要点进行全面的规定和明确，其体系结构因而呈现出高度复杂性。

4. 客观性

舰船装备保障能力的强弱，直接关系到海军舰船装备作战效能的保持和发挥，必须依据真实的、客观的条件开展装备保障工作。舰船装备保障流程用于规范和指导具体的装备保障工作，因而要求其内容客观、描述具体、可操作性强，能准确反映保障工作实际情况和客观需求，具有技术上的可行性和合理性，能为高效、高质完成舰船装备保障提供指导和帮助。

7.1.3 舰船装备保障流程管理的意义

舰船装备保障工程系统众多、技术密集、投资巨大、影响深远，需要规范的流程作为保证。合理高效的流程管理对舰船装备保障工程具有重要意义，主要体现在以下几个方面。

1. 流程管理是精确化保障的有效手段

近年来的局部战争表明，作战行动实现精确作战的同时，也推进装备保障向精确化趋势发展。在信息化战争条件下，装备保障逐渐摒弃了传统的粗放型、概略型、模糊型保障模式，逐步形成了以精确换时间、换空间、换优势的保障理念。美军之所以在伊拉克战争中成功实施精确打击，取得军事上的胜利，一个重要原因就是得益于精确化保障的理念和模式。精确化保障以信息技术为基础，强调优势保障，突出高质高效，目标是以最小的保障资源实现保障效益最大化[9]。流程管理因其优化组织结构、明确工作界面、规范操作工序、调整时序衔接、减少中间环节，而使得保障链条最短、信息损失最小、保障花费最少，确保了保障信息的精确掌控、保障资源的精确投放、保障力量的精确使用、故障装备的精确修理，是精确化保障的有效手段。

2. 流程管理是规范化保障的直接体现

舰船装备保障的规范化是军队正规化建设的重要组成部分,是依法管装、从严治装的内在要求。随着舰船装备系统更加复杂,技术日趋先进,规范化已成为提升保障效率、减少维修时间、节约保障费用的有效手段。例如,在某舰船修理工厂开展了舰船装备修理的规范化试点,实施了 6S 现场管理,建立了安全操作制、岗位责任制、交接班制、巡回检查制等,取得了较好的效果。舰船装备保障流程管理是更高层次的规范化管理,它除了通过文件、标准来构建规范的保障流程外,还需建设规范的配套体系,包括组织体系、岗位职责、文档表单、绩效指标、流程规范等。标准规范是开展流程管理的基础,而舰船装备保障流程则是标准规范的有效载体,也是舰船装备保障规范化的直接体现。

3. 流程管理是高效化保障的持续动力

提高保障的效率和效益是舰船装备保障流程管理的核心目的,流程管理通过对流程、组织机构的各种优化调整,将业务流程的管理逻辑与业务逻辑进行松耦合,减少信息传递的中间环节,优化流程的时序衔接,缩短环节间的等待时间,从而达到提高保障效率、加快信息传递速度、节约保障费用、提高核心保障能力的目的。此外,流程管理还通过实践、诊断、改进,不断提高流程的适用性和有效性。这些都体现了流程管理为实现舰船装备的高效化保障提供不竭的动力。

4. 流程管理是信息化保障的内在要求

流程管理提出之初,就与 ERP、供应链管理(supply chain management,SCM)等信息技术紧密结合在一起,实现了流程的高效运行与优化[7]。海上信息化局部战争的战争形态牵引着海军装备及保障向信息化转型,各类信息管理系统广泛应用于舰船装备保障之中[10],将流程管理与装备保障信息管理系统相结合,实现信息的高效流转、有效利用,是信息化保障的内在要求。例如,美军各军兵种的 GCSS 开发就是借助于成熟的 ERP 解决方案,通过集成业务流程,帮助美军提高装备保障的运行和管理水平,有助于优化可利用的资源。其中,海军的企业资源规划系统已进入最终部署阶段,用户已达 66000 人,管理的经费占海军总预算额度的 47%,系统在 2008~2010 财年已节省费用 1.16 亿元。

5. 流程管理是快速化保障的有力保证

现代海战战机稍纵即逝,态势转换迅速,由此决定了舰船装备保障的时效性要求非常高,快速响应的装备保障已成为各国舰船装备保障的基本要求。流程管理建立的各个平时、战时保障流程,实际上相当于针对各种保障形势形成的保障预案,一旦条件具备,流程便启动和运行,各个流程环节按照规范的职责要求和标准的操作工序,各司其职,有条不紊,即便是面对突发情况,因流程予以了规范,也可快速展开保障。由此可见,流程管理是快速化保障的有力保证。

7.2 舰船装备保障流程的分类与层级

7.2.1 流程分类

通过对舰船装备保障的价值链分析,可将舰船装备保障活动可以分为两大类:核心活动与支持活动(图 7.2)。与核心活动相关的流程称为业务流程(核心流程),与支持活动相关的流程根据其性质又可以分为管理流程和辅助流程。

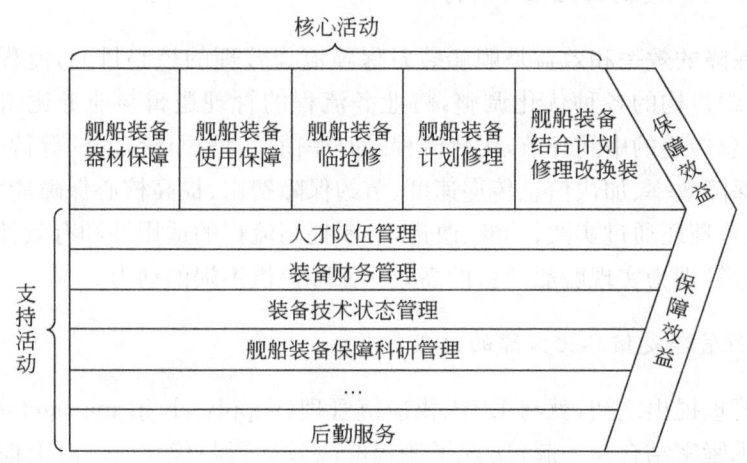

图 7.2 舰船装备保障价值链模型

1. 业务流程

业务流程是舰船装备保障的核心流程,是直接参与舰船装备器材保障、使用保障、维修保障、远程技术支援保障等过程,能实现装设备功能的恢复以及舰船总体性能的恢复和提高,确保舰船装备器材及时高质供应的流程。业务流程主要包括舰船装备器材保障流程、舰船装备保障临抢修流程、舰船装备保障计划修理流程、舰船装备结合计划修理改换装流程、舰船装备远程技术支援保障流程等。

2. 管理流程

管理流程是指舰船装备保障行政指挥或技术指挥部门实施开展的各种管理活

动的相关流程,它并不直接作用于舰船装备和器材,而是通过管理活动对舰船装备保障工程进行规划、监督、控制、协调。管理流程主要包括规划计划管理流程、人才队伍管理流程、装备技术状态监管流程、技术文档管理流程、维修改革科研管理流程、财务核算流程、财务预算编制及调整流程、合格供应商管理流程等。

3. 辅助流程

辅助流程主要是为舰船装备保障的管理活动和业务活动提供各种服务的流程。这些流程和管理流程一样,并不直接参与舰船装备保障,而是通过为舰船装备保障创造良好的服务平台,间接地实现价值增值。辅助流程主要包括车辆服务流程、基础设施建设流程、办公设备管理流程、后勤服务流程等。

业务流程确保及时对舰船装备保障需求做出反应,高质高效完成舰船装备维修保障和器材保障任务,实现舰船装备系统的战备完好性、任务成功性和持续作战能力;管理流程通过建立一系列关于维修质量、进度、经费、安全等的控制点,减少风险,提高效率;辅助流程则为快速、全面、持续、精确实现舰船装备保障提供必要的服务。

7.2.2 流程的层级

目前,海军舰船装备保障基本按照海军—舰队—部队三级保障体制运行,保障作业体系则由舰员级、中继级、基地级三级构成,由此决定了舰船装备保障流程具有明显的层次性,可以分为海军级流程、部门级流程和岗位级流程。

1. 海军级流程

海军级流程是对舰船装备保障整体运行实施具有重要影响、相对比较宏观的重要流程,这些流程需要进行跨部门的协调运作才能最终完成流程的相关输出。

2. 部门级流程

部门级流程主要是指各部门不同岗位之间的配合,通过相关岗位的协调完成部门的工作目标和工作任务。

3. 岗位级流程

岗位级流程即岗位操作规范,指本岗位的具体作业程序和作业规范。

对于简化了的舰船装备器材保障流程,海军级、部门级、岗位级流程如图 7.3 所示。

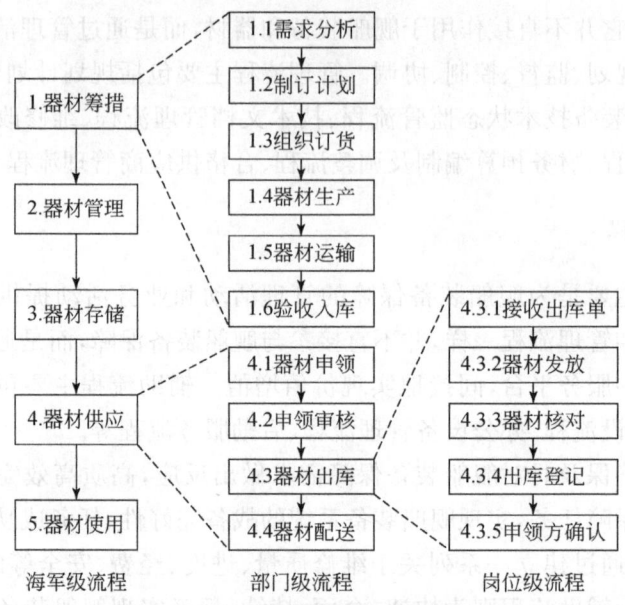

图 7.3 舰船装备器材保障简化流程

7.3 舰船装备保障流程的建设与实施

流程的建设与实施是舰船装备保障流程管理的首要内容,包括流程识别、流程建立、流程运行、流程优化四个环节,首尾相连、循环迭代,构成螺旋式上升的闭环,如图 7.4 所示。

图 7.4 流程建设与实施步骤

7.3.1 流程建设要求

1. 掌握保障需求

在制订海军舰船装备保障流程之前,首先需要通过全面深入的调研分析,切实掌握舰船装备的保障需求,确定保障工作的内容和相关要求,明确各单位的职责和工作界面划分,从而为科学制订保障流程奠定坚实的基础。

2. 做好顶层设计

做好顶层设计是科学制订海军舰船装备保障流程的重要保证,在保障需求明确以后,首先要对整个保障流程的制订工作进行全面分析和统筹规划,构建科学合理的舰船装备保障流程框架体系,明确各单位、各部门、各岗位流程之间的衔接和协调关系,为制订具体的保障流程提供参考和依据。

3. 注重统筹协调

在通过顶层设计构建的舰船装备保障流程总体框架下,要自上而下地开展流程建设工作,在建设过程中,要注重单位、部门、岗位、工序之间的统筹协调,确保各流程之间的紧密衔接和配合,从而提升保障工作的效率和效益。

对于舰船装备保障,建设有效的流程体系并加以实施是其流程管理的关键。

7.3.2 流程识别

识别流程就是把隐性流程显性化的过程,一般来说,流程并没有有无之说,只有显性与隐性的区别。任何目标的实现,都必须通过各部门、各岗位一系列顺序的活动配合完成,无论是否实施过流程管理,其流程都是客观存在的,只是没有可供管理的显性流程而已。海军舰船装备保障经过60多年的发展,早已形成了一套完整、有效的工作体系,大部分工作过程用文件、标准规范的形式予以确认,某些工作过程虽无明文规定,但早已是约定俗成,成为惯例。但目前,用流程的形式规范描述出来的工作过程不多,也不完整和系统,没有建立配套体系,因此要建立舰船装备保障流程,首先要将这些隐性流程识别出来,使之显性化,梳理流程运行线路,明确人员岗位职责,理清部门与部门、活动与活动之间的接口。只有识别了流程,才能继续下一个环节。

常用的流程识别与分析技术有5W2H法、鱼骨分析法、时间动作分析法等[6]。在流程识别过程中,充分运用这些方法有利于理清流程存在的问题,寻找解决的措施,理解流程运行环境和约束条件,为流程建立奠定基础。

1. 5W2H法

5W2H是由美国陆军首次提出的方法,由于其实用性较强,因此在各种管理活动中被广泛采纳使用。具体的5W2H含义为:

(1) why——流程的必要性。为什么要做这项工作?做这项工作有什么意义?

有必要吗?

(2) what——流程的内容。流程的具体过程是什么?

(3) where——流程执行地点。在什么地方进行,有更适合的场所吗?流程的范围是什么?

(4) when——流程的时间。这个流程什么时候开始做,什么时间完成?需要多长时间?

(5) who——谁来负责。由谁负责这项工作,由谁来执行?有更适合的人选吗?

(6) how——流程的方法。这个流程采用什么方法?有更好的方法吗?

(7) how much——流程执行的标准、成本。要花多少时间和资源?做到什么程度?

通过对5W2H的回答,可对问题进行更深入的思考,识别各流程环节及其因果关系链,并在此基础上找到解决方案。

2. 鱼骨图分析法

鱼骨图分析法就是首先发现流程中存在的表象缺陷,然后对可能造成缺陷的因素和活动进行系统的分析和梳理,查明其背后造成缺陷的真正原因。绘制的图形因其形状看起来像鱼骨,所以称为鱼骨图。

绘制鱼骨图主要分两步:

一是分析问题原因和结构。对问题进行分类,若是现场作业问题,则从"人机料法环"进行着手分析;若是管理类问题,则通常从"人时事地物"层面进行分析。通过头脑风暴法找出问题的各个层面的原因,然后对其进行归纳分析和整理。大类原因一般用中性词语进行描述,即名词类词语,不评论好坏,中小类原因则要判断优、良、差。

二是绘制鱼骨图。首先填写鱼头(对问题进行描述),画出主骨;然后画出大骨,填写大的原因;最后画出中小骨,填写中小原因。

具体如图7.5所示。

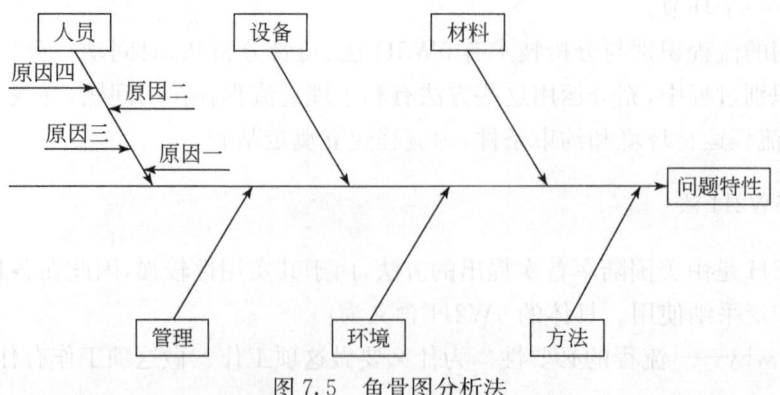

图7.5 鱼骨图分析法

3. 时间动作分析法

时间动作分析就是通过记录完整的流程节点活动，从中发现真正有价值的活动实际所占用的时间，压缩非价值创造环节中的相关活动占用时间，提高流程运作效率。

以某单位申领器材为例，对器材申领各个环节进行了时间分析，如表7.1所示。

表7.1 器材申领的时间动作分析表

作业任务	持续时间/min	传递或等待时间/d
填写申领单	10	
送主管人员签字		0.5
主管人员签字	3	
送申领单到本单位业务主管机关		0.5
本单位业务主管机关审核登记	20	
送上级业务主管机关审核		0.5
上级业务主管机关审核	20	
去器材仓库	60	
器材仓库核对清单	10	
器材仓库发货	60	
器材运送	60	
卸货入库	20	
时间合计	263	1.5

作业时间/等待时间＝263min/(1.5d×8h/d×60min)＝36.5%

从表7.1中可以看出，导致器材申领时间较长的环节为等待各级主管领导审核签字，进行未来流程优化设计时，应着重对以上方面进行改进。

7.3.3 流程建立

流程建立包括流程描述、流程分析和流程设计。

1. 流程描述

准确、客观地对梳理识别出来的流程现状进行描述是流程建立和优化的基础。在做流程描述时，需要使用流程语言（流程符号），并通过其排列顺序说明流程步骤之间的逻辑关系，常见的流程语言如图7.6所示。

运用以上相关符号进行流程描述时，应注意以下一些事项：

（1）注意相关流程步骤的先后顺序，避免逻辑关系错误。

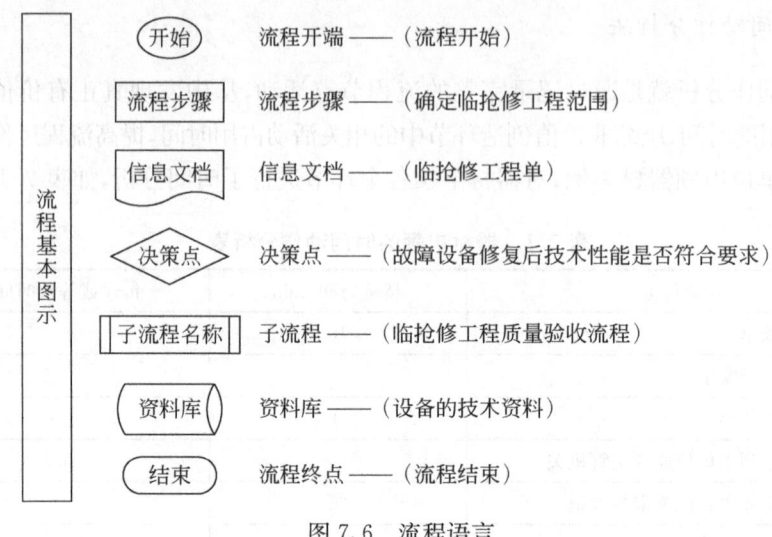

图 7.6 流程语言

(2) 运用决策点符号对流程流向进行判断时,在其前面都应有相应的流程步骤作为前期活动,在做出判断的情况下,一般右方连接"否"的情况,下方连接"是"的情况。

(3) 每个流程都有完整的起点和终点。对于某些可循环运作的流程,需要分清相关的截止区间。

(4) 流程设计中用到的相关文档资料应尽量明确和清晰。

采用得较多的流程描述形式分别为框图、工作流程图和职能流程图[6],如图 7.7 所示,其中框图用于流程的简略描述;工作流程图用于分析流程中的详细内部关系;职能流程图用于分析流程在组织间或领域间的流动。

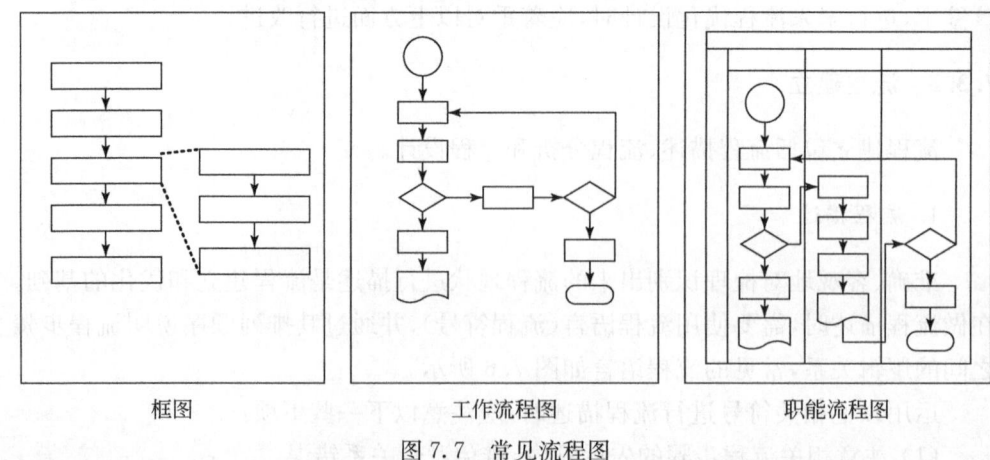

图 7.7 常见流程图

2. 流程分析

流程分析是针对以图表形式描述出来的现有流程,全面分析、诊断存在的问题,提出改进的方向,为流程设计打下基础。流程分析的方法很多,如现场调查、问卷调查、研讨会、绩效分析、现场模拟、测时等。

3. 流程设计

流程设计是在流程描述、问题分析的基础上,对各个层级的流程进行优化或重新设计,其目的是对舰船装备保障的成本、进度和质量的优化和控制。流程设计过程中,需要明确以下内容:一是流程的输入和输出是什么?二是流程中涉及的部门和岗位有哪些?三是在流程中需要做什么事情?四是流程中的审批、文件记录、检验判断等是可选的还是必需的?五是流程需要在什么时间、什么地点完成,需要产生什么文档?解决上述问题后,重新制作优化后的流程图,对流程进行文字说明,设计制作需要使用到的文档模板,并将各个流程按照业务逻辑进行分类、整理,这就构建起了完整的舰船装备保障流程。

随着信息技术的发展,在流程建立过程中引入信息技术的支持,可使流程设计更专业、更简明,也使得流程的运行效率更高。信息化技术已成为流程建立和固化的重要手段和工具。目前,在舰船装备保障实践中,保障流程的建立已融入舰船装备保障协同管理平台的建设中,初步建立起了基于信息系统的装备保障流程体系,如图7.8所示。

7.3.4 流程运行

舰船装备保障体制遵循统一领导、分级负责的原则,由海军装备部实施统一规划和协调,各舰队或海军直属单位装备部门按各自职能抓好工作的落实,由此决定舰船装备保障流程管理的推行必须是自上而下、统一部署、分级落实、检查监督的模式,在流程实施过程中要注重以下几点。

1. 做真正的"一把手"工程

舰船装备保障已经构建起完整的行政指挥线和技术指挥线。实施流程管理后,必然使得某些做法被新的流程所取代,某些部门掌握的资源重新分配,原本隐藏的问题会在流程执行过程中一览无遗。某些习惯与利益的触动可能导致各种干扰和阻力,如果没有高层领导的支持,流程的实施与应用就会无法推行。因此,流程管理需要得到高层领导的认同支持和实际参与。所谓认同支持是指高层领导即使不参与到流程管理的实际业务中,也要表达出对流程管理的重视态度。实际参

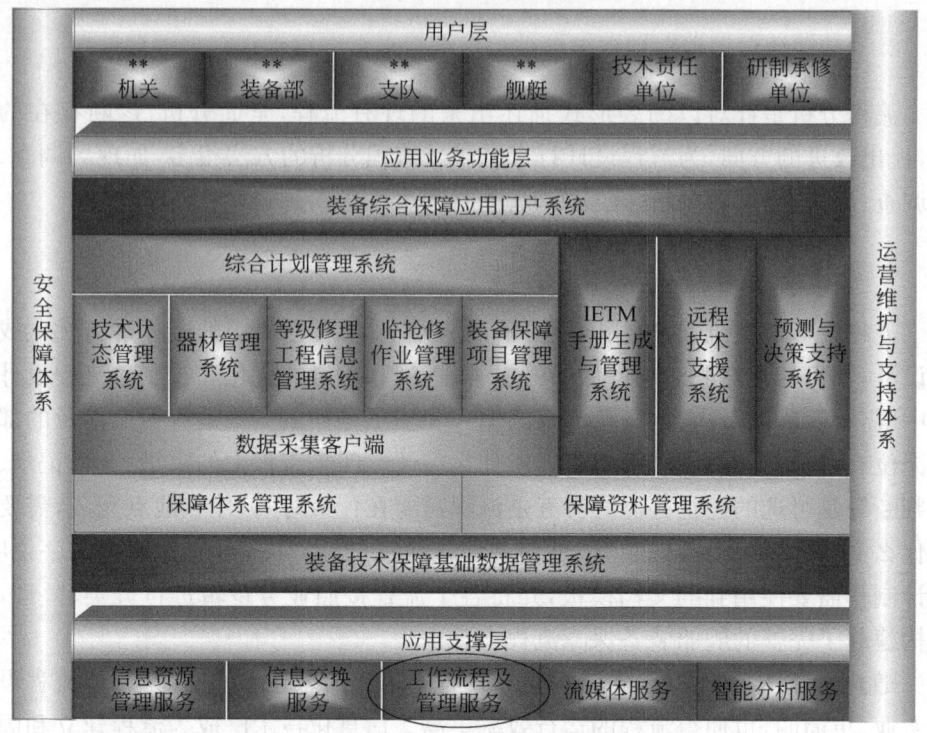

图 7.8 舰船装备保障协同管理平台总体框架（见彩图）

与则是指高层领导者花费时间和精力参与到流程管理中的相关事务中，如流程的调研、设计、优化与实施等。由于流程管理是一个系统工程，同时也是一个长期优化完善的过程，因此需要高层领导者的全程关注与监控，及时地给予指导与意见。

2. 确保流程相关人员全员参与

流程的实施离不开舰船装备保障全体人员的参与，每个岗位、人员都是流程的承接人，也都是流程的监督者，流程的良好运行需要每个环节都按章操作、熟练实施。因此，要树立舰船装备保障人员的流程意识，营造流程文化，确保相关责任人充分知晓、全员参与。

3. 建立流程责任制

对流程实施的效果和流程绩效进行定期评价是保证流程顺利实施的重要举措，要建立科学合理的评价指标体系，评价结果要作为衡量工作业绩的重要参考。

7.3.5 流程优化

流程优化是以现实为基础，对现有流程体系进行逐步改良和调整，通过一段时间的运行,达到提升流程绩效的目的。流程的持续改进优化是流程管理不断发展、螺旋上升的基础。由于新的保障理念、技术不断引入舰船装备保障中来,先前建立并运行的保障流程随着时间的推移可能不再适应新的形势,因此需要适时对保障流程进行优化,使其始终紧密贴合部队建设和装备保障需要,为提高装备保障的质量和水平提供有力的保证。

流程优化一般采用系统优化法,即以现有流程为基础,通过对现有流程的简化、整合、压缩无效消耗、缩短流程周期以及自动化、标准化、模板化等活动来完成流程优化的工作;同时,针对流程、组织体系的各种调整,将流程的管理逻辑与业务逻辑进行耦合。例如,射频技术和物联网技术的应用,使得舰船装备器材仓库入库点验、入库登记、出库点验、出库登记、库存管理、清单填制等工序合而为一,此时就可以将入库、出库流程简化为射频信息接收、确认、生成电子表单等流程,压缩了环节、缩短了周期、提高了效率。

流程优化是一个循序渐进的过程,应抓住重点,先对关键流程、再对一般流程进行优化。流程优化的时机和频率也需综合考虑,若流程优化过于频繁,则不但不能提升保障效率,相反会带来更多的问题,造成成本的增加和程序的混乱。常用流程优化的具体方法包括标杆瞄准法、DMAIC(define, measure, analyze, improve, control)模型、ESIA(eliminate, simply, integrate, automate)分析法、SDCA(standard, do, check, action)循环、瓶颈理论(theory of constraints, TOC)管理及Petri网法等。其中,Petri网具有丰富的系统描述手段和系统行为分析技术,可对并行、异步、分布式和随机性等特性的复杂系统进行建模分析,被广泛应用于业务流程优化中[11,12]。

7.4 舰船装备保障流程再造

流程优化与流程再造是两个不同的概念,前者是温和渐进地对现有流程进行局部改进,呈现出螺旋上升的趋势;后者则是彻底颠覆原有流程体系,对流程作根本性的思考和彻底的再设计,目标是使流程体系满足战略目标快速变化的需求[13]。

7.4.1 再造时机的确定

舰船装备保障是一个发展的动态过程,与海军战略和科技发展紧密相关。随着海军装备跨越式发展和信息技术迅猛发展,装备保障传统工作方式和业务流程必然受到巨大冲击。当舰船装备保障形势发生重大变化、现有流程不符合保障需求、无法满足保障目标时,就需要考虑舰船装备保障流程再造问题。

舰船装备保障的重大变化主要有如下几方面：一是保障战略转型，使得舰船装备保障的目标、任务发生重大变化，如舰船装备保障向远海保障拓展；二是保障体制调整，如海军装备体制的调整改革，战役级装备指挥机关成立和"三项制度"改革进一步深化；三是保障理念转变，如由传统的定期修理向定期修理和视情修理相结合转变；四是保障模式变革，如由分散的技术支援型向技术责任型转变；五是保障技术进步，如信息技术、管理技术的广泛深入应用，装备修理技术的突破性进展等。当这些重大变化发生时，舰船装备保障流程管理责任单位就需集思广益、审慎决策，确定是否实施保障流程再造。

7.4.2 流程再造实例

舰船装备保障流程再造的程序为建立领导机构、梳理现有流程、分析存在问题、建立新的流程、对再造后的流程进行评估、组织实施。其基本过程与流程建立、优化类似，但其核心在于满足战略转型、价值链重组、组织结构再造的需要，下面举一舰船装备保障实例予以阐述。

在第2章中对舰船装备保障模式由技术支援型向技术责任型转变的过程进行了探讨，技术支援型保障模式的流程如图2.1所示。伴随着保障模式的转变，舰船装备保障流程也需进行再造。图7.9所示为流程再造后，总体技术责任型保障模式下，对修理重难点技术问题的保障流程图。从图中可以看出，相对于技术支援型保障，技术责任型保障有效整合了多方力量，显著减少了保障环节，提高了解决问题的针对性和时效性。

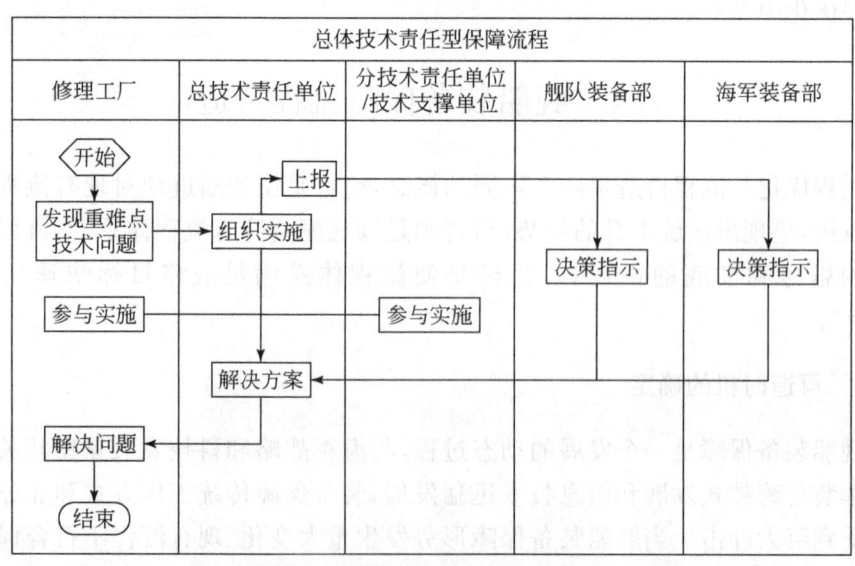

图7.9 总体技术责任型保障流程

7.5 流程管理与质量管理的协同应用

质量第一是我军军事装备建设中始终坚持的基本原则,对装备保障而言,就是要将修理质量放在首位,确保修理后的装备符合相应的质量标准。海军装备维修经过几十年的发展,已经建立了有效的质量管理体系,组建了完整的质量监督队伍,形成了浓厚的质量文化氛围,修理质量取得了显著进步。随着现代科学技术的飞速发展,新材料、新技术、新工艺在海军装备的大量应用,给新时期海军装备保障提出了更高的要求和全面的挑战,必须综合运用各种管理方法和控制技术,才能满足大量现代化新装备的保障需求。质量管理和流程管理作为先后兴起的两种有效的管理体系,均以流程为导向,相互融合、互为补充[14],两者在海军装备保障中的协同应用,可在确保保障质量的前提下,有效减少资源需求,显著提高保障效率,对信息化条件下的海军装备保障效率、效益提升具有重要意义。

7.5.1 流程管理与质量管理的相容性分析

质量管理与流程管理虽然提出时间不同,发展阶段不同,但都对管理变革产生了重要的推动作用,这两种方法不但相容而且相互补充,主要体现在以下方面。

1. 发展历程上一脉相承

流程管理和质量管理思想的萌芽均可以追溯到20世纪初以追求作业效率为首要目标的泰勒等的科学管理和福特的流水线生产时代[15]。到20世纪40年代,科学技术的巨大突破使得生产力水平空前的发展和提高,市场竞争加剧,消费者意识开始崛起,对产品和服务的质量要求越来越高,在此背景下,以美国朱兰博士为首的管理学者们提出了全面质量管理(total quality management,TQM)思想,后来在西欧各国与日本逐渐得到推广与发展,并逐渐标准化,形成了 ISO 9000 族标准,成为了企业管理现代化、科学化的一项重要内容[16]。GJB 9001B 标准源自 ISO 9000 族标准。这一阶段重在通过分解工序、强调过程来加强质量控制,流程的概念还没有真正引起人们的关注。

20世纪90年代,生产技术高度发达、信息技术逐步应用,企业亟须降低产品成本、提高生产效益、提升产品和服务质量、缩短研发周期,而 TQM 已不能适用上述全部要求,因此必须把企业的各项工作从以往单纯满足企业内部的需要彻底转变为与市场、用户的要求相适应。在此背景下,美国的迈克尔·哈默于1990年提出了一种新的、关注流程的激进式变革管理方法——流程再造(BPR)。流程再造理论正式强调以流程导向替代原有的职能导向,主张对流程进行彻底再设计,全面提升组织运行绩效。然而,在众多企业大力推行流程再造的过程中,结果并不如预期。在此情况下,流程管理思想开始走向前台。

流程管理思想修正了早期所宣扬的激进式再造主张,引入全面质量管理理论中的持续改进思想,指出组织要从实际情况出发,围绕顾客需求,以流程为基础,并结合信息技术的应用,开发出各种流程管理系统和技术,进行不同层面的流程变革:对现有流程进行一定的改进、规范,在总体战略、目标要求等发生重大变化时,适时重新设计新的业务流程。流程管理更强调流程的重要性,最终目标是通过卓越流程的建立提升竞争优势和改进绩效。

由流程管理的发展历程可以看出,流程管理不仅包括流程再造,而且融入了全面质量管理的内容,是对过去多种基于流程的管理方法的整合与发展[17]。

2. 管理原则上交叉融合

负责制订 ISO 9000 族标准的国际标准化组织第 176 技术委员会结合 2000 年版制订工作的需要,通过广泛调查、修改凝练,形成了质量管理八项原则,并于 1997 年哥本哈根会议上投票通过。八项质量管理原则是质量管理实践经验和理论的总结,高度概括、易于理解,适用于所有类型的产品和组织,是质量管理的理论基础。这八项质量管理原则分别是:以顾客为关注焦点、领导作用、全员参与、过程方法、管理的系统方法、持续改进、基于事实的决策方法、与供方互利的关系[18]。

流程管理在理论发展和实践过程中,不可避免地吸收了质量管理八项原则思想。在流程管理中,同样注重以顾客为关注焦点,以满足顾客的需要为目标,构建高效的组织体系、减少业务环节、提高工作效率;流程管理是自上而下的管理,在很大程度上是"一把手"工程,领导的意志和行动,在流程管理中的作用无疑是决定性的;流程的有效运行离不开每个岗位、每个环节人员按章操作、熟练实施,全员参与是流程管理得以实施的有效保证;过程方法实际上是流程管理的核心,流程管理把组织的各项工作以流程形式加以规范、确立、固化、运行,并逐步加以改进,体现的正是策划、实施、检查、处置(PDCA)的过程方法思想;流程管理强调在全价值链范围内,系统规划、统一设计、分级实施、逐步改进,充分体现了管理的系统方法;流程再造理论向流程管理理论发展过程中,从全面质量管理思想中吸取了持续改进原则,将激进式的变革变为温和渐进式的逐步改进,同时,流程管理还保留了在战略、目标、形势发生重大变化时,对流程体系进行全盘再造的内容和方法,可以说,流程管理在阶段之内为流程优化,在阶段之间为流程再造;以事实为决策依据是任何管理都必须遵循的道理,无论是结构化决策、非结构化决策还是半结构化决策,都必须基于事实,流程管理也不能例外;供应商是流程的要素之一,流程要能有效运行、组织要有长远发展,与供方互利是基本要求之一。

从上述分析可见，流程管理几乎全部接纳了质量管理八项原则，除此之外，流程管理在自身的理论研究和实践中，还逐步发展了责任共担原则、工具规范原则、价值增值原则、资源集中使用原则、信息现场处理原则等，这些原则也不同程度地融入于质量管理体系之中。流程管理与质量管理在原则上有着相互交融、相互借鉴的显著特点。

3. 管理技术上互为补充

质量管理体系采用的策划、实施、检查、改进过程方法中，检查是指对产品和过程进行监视和测量，并报告结果。在对产品和过程的检查中，经常会遇到两类形式的质量信息：一类表现形式是数据的；另一类是非数据的。对于质量数据，运用的是统计分析技术，如抽样法、直方图、排列图、控制图、散布图等，特别是GJB/Z 127A—2006《装备质量管理统计方法应用指南》列举了21种统计方法；而对非数据形式的质量信息，可以运用层次分析法、头脑风暴法和因果图、调查表、流程图等。这些技术和方法就构成了质量管理技术。

对于流程管理而言，在管理过程中采用的技术则主要为信息技术。现代流程管理提出之初，就与ERP、客户关系管理（customer relationship management，CRM）、供应链管理（supply chain management，SCM）等信息技术紧密结合在一起，实现了流程的高效运行与优化，可以说，信息技术是流程管理的驱动器和使能器。随着信息技术的进一步发展，各类流程管理信息平台的协同集成技术，成为了流程管理技术新的发展方向。另外，在流程识别、建立过程中，同样也会用到头脑风暴法、层次分析法、集成计算机辅助制造（integrated computer aided manufacturing definition，IDEF）建模法、层次化着色Petri网、因果图、鱼骨分析、作用因子分析、过程流图、数据流图、统计过程控制、时间动作分析等方法。

由上述分析可见，质量管理重在统计分析技术，流程管理重在信息技术，这两者可互为补充。统计分析技术与信息技术之间的相互融合早已进行，如大部分信息管理系统中均含有统计分析模块，将统计分析的方法、算法嵌入系统之中，增大了统计分析的样本数，提高了计算精度和速度，特别是大数据技术的应用，提高了质量改进的针对性和有效性。另外，各类质量数据及其分析结果，通过信息系统的流转、应用，有利于质量信息共享，发挥集体智慧，提出解决方案。因此，流程管理和质量管理在技术上互为补充。

7.5.2 协同应用方法

质量管理和流程管理在海军装备保障体系中的应用现状存在较大差异。近年来，海军装备承修单位基本建立起了基于GJB 9001B标准的质量管理体系，对海军装备维修质量的提升发挥了重要作用。但是，实际管理与质量管理体系要求脱节，质量管理体系文本规定与日常质量管理实务不符，人治多于法制，质量向进度、经费妥协等问题依然存在，质量管理体系的有效性仍有待进一步提高。

而流程管理只是在装备保障的局部得以实施，虽取得了较好的效果，但距离在海军装备保障系统中全面应用还有较大差距。因此，讨论流程管理和质量管理在装备保障中协同应用问题，侧重点应是在现有的质量管理体系中，如何引入流程管理的理念和方法，加强保障工作的全面统筹和优化，确保资源和信息的充分利用，实现舰船装备保障质量的有效提升。

1. 扩大覆盖范围，提升整体能力

质量管理体系所建立的流程仅覆盖了与装备维修质量相关的部分。在 GJB 9001B 中，对流程建立的要求表述为形成文件的程序，在程序文件中明确该程序各环节间的要求，即由谁做，什么时间做，什么地方做，做什么，做到什么程度，达到什么要求，如何控制，形成什么记录和报告，以及相应的审批手续如何，并由此形成流程图，建立起该程序的流程[20]。质量标准中明确要求建立流程的通常仅有九个，分别是文件控制、记录控制、质量信息、新产品试制、关键过程控制、内部审核、不合格品控制、纠正措施和预防措施。对于其他过程是否建立流程并编制文件，则取决于组织的自身情况。

在海军装备承修单位中，除上述九个流程外，普遍对装备维修的业务活动，如修理前勘验、修理工程范围确定、修理合同签订及评审、修理方案制订、外购件采购、各分系统修理施工、分系统和系统联调、修理后试验验收等过程编制了程序文件，建立了可供管理的显性流程，而对于其他支持活动，如行政管理、人力资源管理、工艺技术管理、设施设备管理、后勤服务等方面，只是根据标准要求形成相关质量记录，并没有建立起显性的流程及说明。

实际上，一方面，对于装备承修单位而言，流程的建立应覆盖组织全部价值链，既包括核心的业务活动，也包括各项支持活动。因为业务活动不能独立运行，必须与管理活动和辅助活动相互作用，才能推动装备维修工作的顺利开展。例如，承修单位若没有建立人力资源管理流程，人才培训不规范、随意性大，绩效考核无依据、人才晋升凭关系，势必对装备维修核心业务产生负面影响。另一方面，对于装备监修单位而言，更是要建立涵盖监修工作各个阶段的规范流程，只有以规范的程序、明确的标准、有效的方法来对装备维修过程实施监督，才能真正确保装备维修质量。因此，需要进一步紧贴海军装备维修保障实际，在装备维修保障价值链全范围、识别、建立、运行、优化保障流程，实施全面的流程管理，提升承修和监修单位整体能力。

2. 强化过程控制,确保维修质量

质量控制思想正是逐步由事后检验向过程控制发展的。海军装备维修质量管理要想上一个档次,就必须摆脱只靠事后检验,即修理后的系泊航行试验等单一检验做法,实施以事前预防、过程控制为主和事后检验为辅的管理模式。要做到这一点就必须在装备维修全过程建立系统的、可操作流程的同时,识别装备维修环节中的关键过程、风险区域,合理设置质量控制点,强化过程控制,确保维修质量。具体需要做到以下几点:

一是要在装备维修保障流程中,梳理识别关键环节、风险区域。关键环节是指维修工作中对装备维修质量具有重大影响、一旦出现不合格情形将严重影响维修质量和效果的工序和过程。关键环节一旦出现质量问题,将对整个维修保障工作产生重大的不利影响,大大降低维修保障的质量、效率和效益。例如,对于潜艇修理而言,与潜艇声隐身性能相关的低噪声设备修理,隔振、减振、吸振装置更换和修复,管系修理振动噪声控制就属于潜艇修理中的关键环节,必须加以严格控制。

二是要对关键环节配置更优的保障资源。正是由于关键环节对修理质量的影响更大,因此必须对其配备更高技能的人员、更高性能的设备、更为详尽的作业指导书、更高质量的备品备件、更受控的施工环境,以使"好钢用在刀刃上"。例如,开展潜艇主承修工厂修理振动噪声控制条件建设,研制设备振动测试台架,配备低噪声修理工装,培训低噪声修理技能,建立修理声隐身标准体系,这些举措就是为确保潜艇维修振动噪声控制这一关键环节能够获得更优质保障资源。

三是要加强对关键环节的质量控制。GJB 9001B 要求对关键过程设置质量控制点,以对过程参数和产品关键或重要特性进行有效监视和控制。对于关键环节,应对每一道工序都进行质量监视和检查,加强对关键重要工艺、工序的标识、检验和测试,将关键过程的各岗位、各因素都置于质量管理体系的监控和管理之下,全面、准确、清晰地记录质量信息,确保其可追溯性。对潜艇修理振动噪声控制而言,修理前的机械设备振动噪声测试、近场相对水声测试、故障分析和控制方案制订,修理过程中的电机、泵、压缩机、管路阀件等低噪声关键设备振动噪声台架测试、隔振减振元器件性能测试、低噪声安装工艺控制等,修理后系泊和航行试验中的振动噪声测试,使用中的在线或离线振动噪声测试等,这些都是对潜艇修理振动噪声控制这一关键过程在不同阶段的监视和控制,所有测试、分析数据均应进入潜艇振动噪声数据库中,并妥善保管,以确保记录的可追溯性。

3. 优化时序衔接,提高执行效率

在海军装备维修保障中实施流程管理,还有利于优化维修工作的时序衔接,在确保维修质量的前提下,实现维修效率的显著提升。

在质量体系文件有关流程的定义中,虽然对责任和验收标准的要求比较明确,但缺少时限控制和工序衔接要求的内容。当流程中包含多个环节时,若上一环节传递来的任务时限要求不明确,则当前岗位难以预先安排、做好准备,无法及时合理落实任务;若某个环节需两个以上上游流程全部达到后才能进行,而上游流程时限不一,则当前岗位存在较长等待时间,降低了运行效率。

在流程管理体系中,可将时限控制和工序衔接作为质量要求的重要内容。一方面将总体时限分解到流程的各个环节,如果某些流程环节上存在子流程,也同样将该环节的时限进一步分解到子流程的各个环节,要求各流程环节均在所分配的时限内完成相应的工作,流程当前岗位的上级和管控部门可按照所了解的任务进度,进行必要的协调监督,以便将超时责任准确定位,减少占用其他环节时间的现象;另一方面,优化工序衔接。例如,对于许多串行工作,可以将其进行并行处理;对于相似或连续的工作,可以将其整合在一个岗位;对于流转过于复杂的工作,可将其简化压缩。通过在质量管理体系中优化时序控制,可以在确保质量的前提下,提高流程的执行效率,缓解质量与进度之间的关系。

舰船修理中大型复杂装备整机先换后修、船体水下清洗和检修等方法,就是控制修理时限、优化工序衔接思想的直接体现。舰载大型复杂装备不再原位修理,其修理时限与舰船平台修理时限解耦,既确保舰船修期的有效控制,又为装备高质量修理提供了充分的时间;舰船船体除污和检修不再需要船坞,减少了占坞时间,既缓解了舰船因等待坞期而失修的问题,又便于灵活安排修理工序,缩短修理工期。

4. 推动信息建设,注重功能集成

经过几十年的发展,装备保障信息管理系统正逐步由单一功能型,向多功能集成的协同管理平台方向发展,这也为流程管理、质量管理在海军装备保障中的协同应用创造了条件。一方面,信息系统的应用固化了流程、减少了信息传递损耗、拓展了流程改进的空间、推动了流程管理的实现与组织的变革;另一方面,质量体系文件、相关记录、质量信息、检查和测量分析数据等进入信息系统中,有利于在更大的样本下、更宽的范围内,更有效运用统计技术,分析装备维修关键过程符合要求的能力,为持续改进质量管理体系的有效性提供依据。

例如,在装备保障流程管理和质量管理需求的牵引下,研发了功能集成、数据可靠的技术保障信息管理系统,以流程为驱动,将装备结构与特性、设计与维修技术资料、配套保障条件、备品备件情况、当前技术状态、维修保障历史记录、相关技术标准、保障专家等数据库信息进行了多重关联,一方面实现了技术文件的系统化、标准化、数字化和多角度、多层次的快速检索查询,为庞大而复杂的高等级修理工程和远程技术支援提供了综合信息支撑平台;另一方面固化了装备保障的业务流程、管理流程及辅助流程,为流程管理和质量管理的信息传递提供了高效畅通的渠道。

5. 加强记录管控,确保可追溯性

无论是流程管理还是质量管理,在执行过程中都将产生大量的相关信息,将这些信息以文件形式保存下来,就形成了记录。对于质量管理体系,记录用于证明产品质量、验证质量管理体系运行有效性。质量标准对承修单位必须提供的各种记录进行了明确规定,除此之外,还可以自主建立为了证实其产品、过程和体系的符合性所需的其他记录。对于流程管理,记录所包括的内容更为宽泛,流程中的任何信息载体,都可以称为记录,大到承修单位的年度工作计划,小到施工工人每日上下班的考勤表,都分别在不同的流程中起到了信息载体作用。

记录是确保维修过程可追溯的重要依据,加强流程中记录的管控,对于强化装备维修保障责任意识,查找分析存在的质量问题,采取纠正和预防措施均具有重要作用。为满足质量流程信息存储、检索要求,确保可追溯性,记录表单的设计及其管控除质量标准要求的以外,还需要做到以下几点:

一是系统性。记录应能体现整个流程的完整过程,具有连续性。例如,对于舰船修理中的水下船体涂装施工,就应从舰船进坞排水开始,记录船体勘验、船体除污、喷砂除锈、防腐底漆、中间漆、防污面漆涂装、下水出坞整个过程,特别是要真实记录表面处理等级、漆膜厚度、道数、施工环境温度湿度等对漆膜性能发挥具有重要作用的数据。

二是适用性。记录应能即时反映该项活动的特征,要素清晰、简洁明了。舰船维修现场环境复杂、人员走动频繁、管线布置复杂,因此更需要合理设计记录表格,实现高效、准确、完整记录。

三是多样性。记录并非专指纸质记录,电子表单、文档、图片、视频等也是记录的重要形式,但要确保电子记录的可识别、可检查、可追溯、不可更改性。例如,舰船水下清洗前勘验、清洗过程监督以及清洗后验收,均只能以潜水员所持水下摄影器材拍摄的影像资料作为依据,因此,必须对拍摄的角度、光线、行进路线、指示色卡、标尺等予以明确规定,确保电子记录的真实性和可比性。

四是统一性。纳入质量管理体系的记录与其他流程记录应统一形式、统一管理。

6. 注重持续改进,坚持系统优化

持续改进是现代质量管理体系的灵魂,是维持质量管理体系活力和有效性的重要手段。流程管理吸收了质量管理体系持续改进的思想,形成了流程优化的理念和方法。流程优化是以现实为基础,对现有流程体系进行逐步改良和调整,通过一段时间的运行,达到提升流程绩效的目的。

质量管理体系优化的时机一般是在内部审核和管理评审后,针对体系文件、实施过程及资源、环境、人员等不符合要求的问题进行必要的调整、充实和完善。从流程管理的角度来看,流程优化的时机则应以流程绩效指标为依据。评估流程管理的绩效时应与预期对比、与往年对比、与同行对比,即考虑以下几个方面:一是与事先确定的绩效目标进行对照,评价是否达到既定目标,在质量、进度、成本等方面的改进有多少;二是与往年的流程绩效进行对照,评价是否增速放缓或者停滞;三是与同行业整体进行对照,评价其绩效水平在同行业的地位是否与单位本身实力相一致。此外,流程优化的频率也需综合考虑,若流程优化过于频繁,则不但不能提升保障效率,相反会带来更多问题,易造成成本的增加和程序的混乱。

海军装备保障流程优化应体现出以下几方面:

一是海军部队对装备保障的需求。近年来,我国周边海洋局势日趋复杂,海军部队任务繁重、责任重大,舰船的高强度动用,对舰船装备保障的要求越来越高,这在装备保障流程优化中需首先考虑。

二是对流程体系运行有效性的持续监视和测量结果。海军装备承修单位流程优化还需要体现出单位在维修质量优良率、经费增长率、任务完成率、开工率等方面的测量结果。

三是新理念、新技术在海军装备维修保障中的应用预测。新的维修理念、维修技术不断涌现,例如美军在装备修理过程中采用的全程可视化、3D打印技术、全球快速响应保障理念等,可能在不久的将来,将应用于我国海军的装备保障中,因此海军装备保障流程的优化应具有一定的提前量,适当体现这些新理念、新技术的可能应用。

四是流程管理工作的规律和趋势。随着流程管理的建立、运行,海军装备承修单位上下会逐步深化对流程管理工作规律和趋势的认识,这种认识也应体现在流程优化之中,进一步理顺流程的内在和外在联系,优化流程各环节衔接,实现流程高效、稳定、自动运行。

目前,海军舰船装备保障整体上仍处于职能管理阶段,系统的运行体现为命令的传递和执行,各种管理文件、规章制度是其运行的基础。职能管理在明确责任、统一指挥、集中力量、重点攻关等方面发挥了重要作用,但由于组织结构层次多、决策权限级别高、部门协调成本大、中间环节设置密,难以满足新形势下舰船装备保障快速、全面、持续、精确等要求。

流程管理在舰船装备保障的局部得以实施,以流程为驱动,优化组织结构、适当分权放权,调整职责体系、实现无缝连接,减少中间环节、缩短流程周期,取得了较好的效果,但距离保障能力全面提升还有较大差距。还需进一步紧贴舰船装备保障实际,从减少保障资源需求、提高保障效率效益出发,在舰船装备保障价值链全范围,识别、建立、运行、优化保障流程,实施全面的流程管理。

GJB 9001B 质量管理体系与流程管理对海军装备承修单位管理的切入角度虽然不同,但最终目标都是高质高效地实现装备功能和性能的恢复和提高,满足装备平时战备和战时使用要求。质量持续改进思想与流程再造、流程优化异曲同工,将流程管理的方法应用于质量管理体系的建立、实施和改进,既满足过程方法所要求的规范化、程序化、自动化的要求,同时也使过程中相互关联、作用的各个环节得到识别和有效管理。质量管理体系审核中发现的问题同样为流程优化、流程再造提供了依据。质量管理体系与流程管理的有机结合,可以起到优势互补的作用,为提高承修单位管理水平、确保装备修理质量、增强装备保障能力提供有力支持。

参 考 文 献

[1] 朱石坚,辜健,等. 舰船装备综合保障工程[M]. 北京:国防工业出版社,2010.
[2] 朱石坚. 舰船装备技术保障管理与实践[M]. 北京:国防工业出版社,2014.
[3] Hammer M. Reengineering work:don't automate,obliterate[J]. Harvard Business Review,1990,(4):104—112.
[4] Hammer M,Champy J. Reengineering the Corporation:A Manifesto for Business Revolution[M]. London:Nicholas Brealey Publishing,1993.
[5] 朱石坚. 舰船装备保障流程管理[J]. 中国舰船研究,2016,11(1):19—26.
[6] 水藏玺,吴平新,刘志坚. 流程优化与再造[M]. 3 版. 北京:中国经济出版社,2013.
[7] 黄艾舟,梅绍祖. 超越 BPR——流程管理的管理思想研究[J]. 科学学与科学技术管理,2002,(12):105—107.
[8] 王玉荣. 流程管理[M]. 北京:机械工业出版社,2009.
[9] 王永德. 装备保障信息化建设浅析[J]. 舰船电子工程,2010,30(8):148—151.
[10] 陈春良,王岩磊,孙盛坤. HTCPN 在装备保障业务流程建模与优化中的应用[J]. 系统仿真学报,2008,20(10):2746—2749.
[11] 刘建英,李小龙,高波. 基于 CPN 战时装备保障业务流程建模[J]. 计算机工程与设计,2011,32(1):170—173.
[12] 闻立杰,王建民,孙家广. 用着色 Petri 网建模工作流模式[J]. 计算机科学,2006,33(6):135—139.
[13] 郑显柱,王树礼,罗建华,等. 数字化部队装备维修保障业务流程再造研究[J]. 装甲兵工程学院学报,2011,25(2):17—23.
[14] 刘飚,彭志伟,付红桥,等. 业务流程再造与全面质量管理一体化运用分析[J]. 科技进步与对策,2004,(3):105—106.

[15] 辛晴. BPR 与 TQM 的比较分析及其对泰罗模式的回归[J]. 齐鲁学刊,2005,(5):157—160.
[16] 张志刚,黄解宇,岳澎. 流程管理发展的当代趋势[J]. 现代管理科学,2008,(1):88—90.
[17] 潘国友,陈荣秋. BPR 与 TQM 的统一模型[J]. 科技进步与对策,2003,(11):116—118.
[18] GB/T 9000—2008 质量管理体系——基础和术语[S]. 2008.
[19] GJB/Z 127A—2006 装备质量管理统计方法应用指南[S]. 2006.
[20] GJB 9001B—2009 质量管理体系要求[S]. 2009.

第8章 舰船装备技术状态评估

随着实战化要求不断深化,舰船装备技术状态的有效掌控已经成为装备管理的首要目标,对舰船装备的作战使用和维修保障都具有重要意义。对作战使用而言,只有客观了解舰船装备的技术状态才能确保任务的合理分配与有效执行;对维修保障而言,若基于舰船的技术状态来确定维修时机和工程范围,则可显著减少运行和维修费用,提高设备使用可靠度,减少维修过程中的资源浪费。随着舰船装备等级修理模式由定期修理为主向定期修理与视情修理相结合转变,对舰船装备技术状态评估的时效性、科学性要求进一步提高。

在舰船装备系统越来越复杂、现代战争更加注重体系对抗等新形势下,传统的装备技术状态评估方法与机制,在新的历史时期已不适应对舰船装备进行精细化、科学化使用管理和维修保障的需要[1]。根据形势任务的变化及时建立适应新形势下的舰船装备技术状态评估方法和机制,对舰船装备保障具有重要意义[2]。

8.1 舰船装备技术状态评估现状

在多年的舰船装备管理和维修保障过程中,形成了多项与舰船装备技术状态有关的评估工作要求及方法。

8.1.1 舰船装备评估相关规定

1. 舰船在航率、装备完好率统计

舰船在航率是指处于航行状态的舰船数与实有舰船数之比;武器装备完好率是指武器装备能够随时遂行作战任务的完好数与武器装备的实有数之比。舰艇编队及其他相当等级的单位应当每年对所属部队装备管理情况进行检查、考评,给出舰船在航率和装备完好率,并依据相关规定给出考评结果为达标或不达标。对除舰船装备以外的海军其他各类装备提出的是装备完好率要求,对舰船装备提出的是舰船在航率要求。

武器装备完好率按照下列公式计算:

$$某类武器装备日完好率 = \frac{某类武器装备当日完好数}{某类武器装备当日实有数} \times 100\%$$

$$\text{某类武器装备年度平均完好率} = \frac{\text{某类武器装备当年每日完好率之和}}{\text{某类武器装备当年总日数}}$$

舰船在航率计算公式同武器装备完好率计算公式。

在海军舰船装备管理实践中，舰船在航率的统计分析分为两个层面。一是针对舰型的理论在航率计算分析，即根据舰型全寿命周期的修理结构，计算舰船总的任务期与服役总时间之比，如 5.4.4 节中计算得到了某型舰船改革后修理结构 A 理论在航率为 88.6%，改革后修理结构 B 理论在航率为 86.1%。二是针对某一建制单位所属舰船的实际在航率统计分析，即某单位所有同类型在航舰船数量与同类型舰船总数之比。

此外，虽然相关规定没有对舰船装备的完好率提出要求，但在舰船装备管理实践中，也经常统计和计算舰船装备完好率，只是其方法有所不同。

在实践中，舰船装备完好率统计和计算仅针对在航舰船，且以单艘舰船为单位。例如，某艘在航舰船共有 M 台套主要装设备，其中 N 台套装设备技术状态良好，则此时该艘舰船的装备完好率为

$$\text{装备完好率} = \frac{N}{M} \times 100\%$$

首先依据上式计算得到装备完好率，然后再按月、季度或者年度进行平均，得到该舰月、季度或年度的装备完好率。一旦舰船上报停航或者厂修，就不再统计该舰的装备完好率。

2. 舰船技术状态类别确定

舰船技术状态分为在航、停航和修理三种状态和一类在航、二类在航、三类在航、检修停航、故障停航、长期停航和厂（所）修理七种类别。舰船技术状态类别由舰艇长或中队长日检拭后，根据舰船实际情况确定。

3. 舰船装备管理评估

舰船装备管理评估将舰船装备分为 11 个项目，对每一个项目按照组织领导、规章制度、人员素质、技术状态、安全管理、文书资料等细分为内容，明确每项内容的分值。检查得分用于舰船装备管理检查工作，能够部分反映舰船装备技术状态。

8.1.2 现行的评估方式及存在的问题

在实际工作中，舰艇部队通常将装备完好率（在航率）统计和舰船技术状态类别确定两项工作合二为一，以装备完好率为基础来确定舰船装备技术状态等级，即舰船各部门值日向舰值日上报各部门装备完好情况。若装备无故障，则上报装备

完好,若有故障;则上报故障设备台套数和具体故障。舰值日将全舰装备完好情况进行统计,得出全船的装备完好率,并根据相关部门通报的舰员训练情况,确定本舰船的技术状态类别。例如,某舰装备完好率为99%以上,且全训合格,则该舰为一类在航。将这两项工作合二为一具有一定的合理性,因为如果装备完好率的统计方法得当,那么主要反映的也就是装备的技术状态,两者在本质上是一致的。

现行的舰船技术状态评估方法还存在如下问题。

1. 没有建立具有层级结构的指标体系

舰船通常由若干个功能系统组成,如船体、动力系统、电力系统、导航系统、通信系统、导弹武器系统、电子战系统、指挥控制系统等[3]。舰船作战效能的发挥取决于各系统的技术状态,而系统又由多个设备组成,设备自身的技术状态,以及设备间的连接关系和协同性,决定了系统的技术状态。因此,舰船技术状态评估及等级确定应是一个复杂的多层级、多指标,自下而上逐级综合评价的过程,但从目前舰船装备技术状态评估实际过程来看,没有建立起具有层级结构合理、定量和定性相结合的指标体系[4]。

2. 没有考虑设备性能的退化状态

舰艇部队在统计装备完好率、确定舰船技术状态等级时,仅对装设备是否发生故障进行了"二元"判断,认为装设备技术状态只有完好和故障两种状态,没有考虑到装设备随着使用时间的增加,其性能是逐渐退化的,舰船上的设备大部分除了正常和故障外,还存在中间状态——降功能状态,对性能退化进行合理科学的评估,并据此确定装备技术状态,对舰船的使用管理和维修保障具有重要作用。

3. 没有考虑设备对战斗力发挥的重要性不同

每艘舰船的设备数量很多,有的设备对系统起到了关键作用,而有些设备只是备份,起到功能冗余或性能冗余的作用。目前,舰艇部队在统计装备完好率、确定舰船技术状态等级时,只笼统地对各类设备数量进行简单求和,将大大小小的设备赋予了同样的重要程度。而实际上某些关键装设备的技术状态对舰船的安全和作战能力起到的作用远远大于其他设备,甚至具有"一票否决"的地位。例如,对于潜艇而言,一旦声呐系统失效,那么潜艇就将丧失作战能力,甚至威胁到航行安全;对于驱逐舰而言,若对海对空搜索雷达失效,那么在信息化条件下的战争中将无法先发制敌,极大地损害作战能力。

4. 没有考虑设备间的相互协同

系统功能和性能的发挥,离不开所属设备的有机结合、相互协同。如果设备间协同出现了问题,即使设备完好无故障,由这些设备组成的系统也无法发挥其功用,所以在舰船技术状态评估时,还应考虑对设备与设备间的相互协同进行评估,才能得到对系统技术状态的准确衡量。

5. 缺乏舰船技术状态检查规程

按照规定,舰艇长或中队长于每日机械检拭后,根据舰船的实际情况确定舰船技术状态,这就要求舰员结合装备保养开展舰船技术状态检查工作。目前,舰艇部队只有舰船装备保养规则,而没有成形的技术状态检查规程,对于如何结合装备保养来开展技术状态检查,如日检拭、周检修、月检修等分别需要进行哪些检查,需要记录哪些数据,哪些数据的变化对技术状态影响较大等,都没有标准和规范。目前,新的装备保养五项制度实施,舰艇部队根据舰船使用强度大、装备保养时间紧的特点,推行循环保养法等新的装备保养方法,因此需要结合新的装备保养法规制度制订出适用的舰船技术状态检查规程。

此外,由于舰员作战训练任务较重、舰上检验设备配备不足,舰员日常进行的技术状态检查深度、广度有限,因此重大任务前,由专业人员对舰船,特别是武器系统开展技术状态巡检是必不可少的。目前,针对部分驱逐舰和潜艇已经编制有武器系统技术状态检查规程,但大部分舰船尚缺乏此类检查规程。

8.2 技术状态评估总体思路

为提高舰船装备技术状态评估的科学性、针对性、适用性,进一步完善舰船装备技术状态评估方法的总体思路为:

(1) 舰船装备通常由各个功能系统组成,如船体、动力系统、电力系统、导航系统、通信系统、导弹武器系统、电子战系统、指挥控制系统等,舰船整体的技术状态与各系统技术状态直接相关,而系统的技术状态又依赖各组成设备的技术状态及其相互协同。因此,为评价舰船装备技术状态并确定其等级,拟将其划分为三个层次,即设备级、系统级、舰船级,如图 8.1 所示。先以设备技术状态数据为基础对设备的技术状态进行评价,再逐级向上综合,得到舰船的技术状态评估结果。

(2) 系统的技术状态不仅应考虑系统主要组成设备的技术状态及其相互间的协同关系,还需要考虑与装备维修保障密切相关的工装、备件、技术资料等的配套情况,并通过综合权衡得到系统的技术状态评分。

(3) 舰船装备的战技术指标融入各系统技术性能之中[5]。例如,舰船的航速指标不仅与主动力系统相关,而且与船体的防污水平相关。对舰船装备技术状态进行评估,硬性地给出装备技术状态唯一值是没有实际意义的,更重要的是得出各

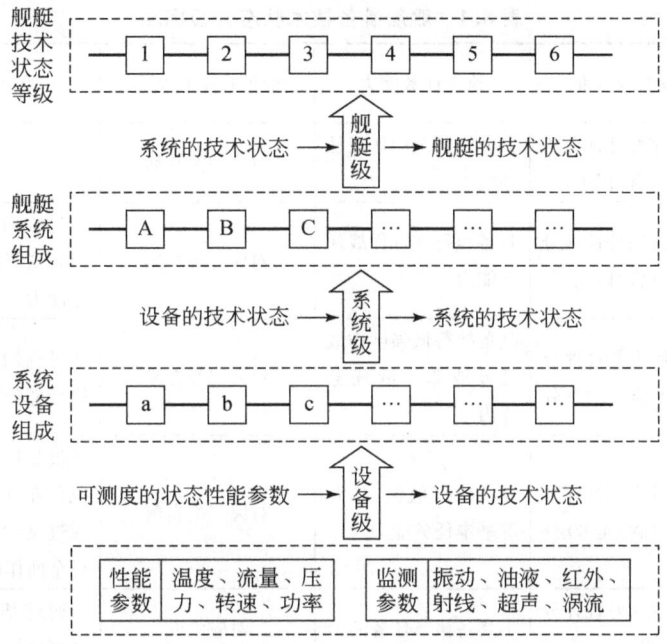

图 8.1 舰船装备技术状态评估的层次分解

系统的技术状态评分,以此为依据,针对不同的任务需求,给出维修保障要求[6]。以某型舰船为例,系统技术状态评分如图 8.2 所示。

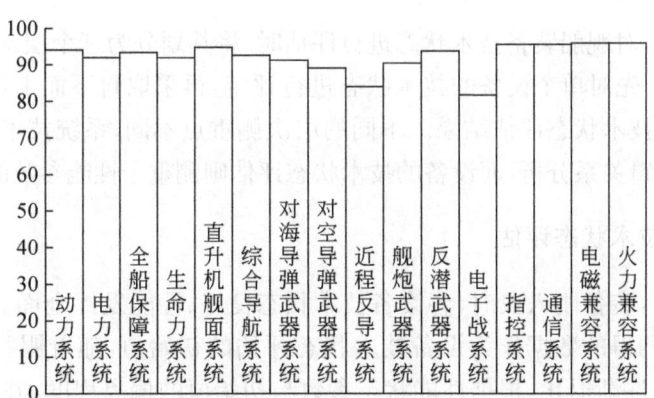

图 8.2 舰船装备各系统技术状态评分

(4) 根据系统技术状态评分将舰船装备进行分级,明确各等级舰船装备的执行任务能力和维修保障需求。该分级与相关规定中的舰船装备技术状态类别存在对应关系。舰船装备的等级划分标准及对应的执行任务能力和维修保障需求如表 8.1 所示。

表 8.1 舰船装备技术状态分级标准

装备等级	装备等级标准	执行任务能力	对应的技术状态类别	维修保障需求
一级	各系统完好性评分均在 90 分(含)以上	具备执行全面作战任务能力	对应一类在航	—
二级	主要系统完好性评分在 90 分(含)以上	具备执行部分作战任务能力	对应二类在航	通过临时修理,可在较短时间恢复执行全面作战任务能力
三级	主要系统完好性评分在 80 分(含)至 90 分	具备执行低强度作战任务或非作战任务能力	对应二类在航	通过临时修理,可以恢复执行部分作战任务能力
四级	主要系统完好性评分在 70 分(含)至 80 分	具备执行航渡、扫海等基本任务能力	对应三类在航	通过临时修理,可以恢复执行非作战任务能力;或通过基地级修理,恢复执行全面作战任务能力
五级	主要系统完好性评分在 70 分以下	不具备执行任务能力	对应停航	需通过基地级修理,才能恢复执行全面作战能力

8.3 技术状态评估方法

如前所述,对舰船装备技术状态进行评估时,将其划分为三个层次,即设备级、系统级、舰船级。先对单个设备的技术状态进行评定,再采取自下而上逐级向上综合,得到舰船装备技术状态评估结果。不同的层次侧重点不同,系统技术状态评估侧重于设备间的逻辑关系分析,而设备的技术状态评估则侧重于性能参数的变化规律。

8.3.1 设备技术状态评估

一般而言,装备刚入役时,各设备技术状态良好、性能发挥全面。因此,将入役时试验、试航测得的数据作为设备技术状态评估的初始值,随着服役时间的增长,设备技术状态逐渐退化,根据性能状态参数与初始值的偏离程度,并考虑其技术指标要求,可得出设备技术状态的退化程度[7]。这里首先给出单个技术指标评分的方法,在此基础上,再对设备的技术状态评分。

1. 单个技术指标评分

根据技术指标要求的特点,可以分为以下四种情况。

(1) 对于技术指标要求为一个值的情况,如发电机组的额定功率,则该技术指标评分按下式计算：

$$d_L = \left(1 - \left|\frac{x_1 - x_f}{x_1}\right|\right) \times 100 \tag{8.1}$$

式中，d_L 为技术指标评分；x_1 为技术指标要求值；x_f 为测得的实际值。

（2）对于技术指标要求为一个下限的情况，如发电机绝缘电阻要求不低于 0.5 MΩ，则该技术指标评分按下式计算：

$$d_L = \begin{cases} 0, & x_f < x_1 \\ 60 + \left(\dfrac{x_f - x_1}{x_0 - x_1}\right) \times 40, & x_1 \leqslant x_f < x_0 \\ 100, & x_0 \leqslant x_f \end{cases} \tag{8.2}$$

式中，d_L 为技术指标评分；x_1 为技术指标要求值；x_0 为技术指标初始值，即入役时试验试航所测得的值；x_f 为测得的实际值。

（3）对于技术指标要求为一个上限的情况，如发电机轴承温度要求不高于 90℃，则该技术指标评分按下式计算：

$$d_L = \begin{cases} 0, & x_f > x_1 \\ 60 + \left(\dfrac{x_1 - x_f}{x_1 - x_0}\right) \times 40, & x_1 \geqslant x_f > x_0 \\ 100, & x_0 \geqslant x_f \end{cases} \tag{8.3}$$

式中，d_L 为技术指标评分；x_1 为技术指标要求值；x_0 为技术指标初始值；x_f 为测得的实际值。

（4）对于技术指标要求为一个范围的情况，如滑油冷却器出口滑油温度要求在 40~45℃，则该技术指标评分按下式计算：

$$d_L = \begin{cases} 0, & x_f < x_1 \\ 60 + \dfrac{x_f - x_1}{x_0 - x_1} \times 40, & x_1 \leqslant x_f < x_0 \\ 60 + \dfrac{x_2 - x_f}{x_2 - x_0} \times 40, & x_0 \leqslant x_f \leqslant x_2 \\ 0, & x_f > x_2 \end{cases} \tag{8.4}$$

式中，d_L 为技术指标评分；x_1 为技术指标要求下限值；x_2 为技术指标要求上限值；x_0 为技术指标初始值；x_f 为测得的实际值。

2. 设备的技术状态评分

（1）对于结构功能较简单的设备，具有一个体现其技术状态的主要技术参数，且该参数是日常可以测得并进行记录的，选取该参数来评定设备的技术状态，计算方法为式(8.1)~式(8.4)。

(2) 对于可测得的技术参数较多并进行记录的设备，将各个技术指标评分按照重要程度进行加权平均，来评定设备的技术状态，技术指标评分方法为式(8.1)~式(8.4)。

(3) 对于技术参数难以检测但有明确使用寿命要求的设备，其技术状态评分按下式计算：

$$d_L = \begin{cases} 60 + \dfrac{T_1 - T_f}{T_1} \times 40, & T_f \leqslant T_1 \\ 0, & T_f > T_1 \end{cases} \quad (8.5)$$

式中，d_L 为设备技术状态评分；T_1 为设备的使用寿命；T_f 为设备累计工作时间。

(4) 对于无法进行状态检测且没有明确使用寿命要求的设备，其评分由检查人员根据技术状态检查规程打分估计：

$$d_L = \dfrac{\sum\limits_{i=1}^{N} d_i}{N} \quad (8.6)$$

式中，d_i 为第 i 个检查人员打分值，对于故障设备，其值为 0，对于正常设备，根据其技术状态评定，其值介于 60~100；N 为检查人员人数。

8.3.2 系统技术状态评估

系统的技术状态需要从多个方面来综合评估，包括各设备的技术状态、设备间的系统协同性、维修器材与技术资料的配套性等。因此，首先需要从功能性、协同性和完整性三个方面构建装置的系统技术状态评估指标体系。

1. 指标体系

首先构建系统技术状态综合评估指标体系。指标体系是评估的基础，关系到评估结果的科学性和准确性，应以评估目标为牵引，深入分析系统特点，确保指标体系最大限度满足评估要求。指标体系的建立可采用专家会议法，即由对该系统结构、组成、使用、维护等方面具有丰富经验的人员组成专家组，通过会议讨论、统一意见、形成决议的形式，建立系统的指标体系。图 8.3 所示为一示例，在这个由两级指标组成的指标体系中，既体现出了各设备技术状态及设备间的系统协同对技术状态的影响，也体现出了装备的配套性要求。其中，各设备的技术状态及设备间的系统协同性评估是系统技术状态评估的重点。

2. 权重确定

确定各个层级指标的权重，也是系统技术状态评估的基础性工作。指标权重的确定分为两个部分，对于如图 8.3 所示虚线包围的部分，各级指标权重确定采用

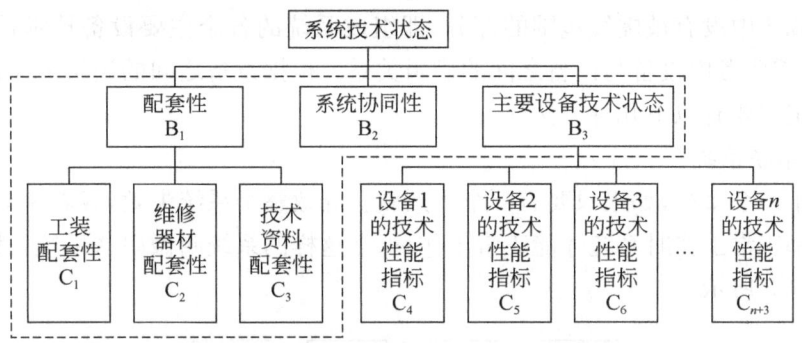

图 8.3 系统技术状态评估的指标体系(示例)

专家会议法。由专家对同一级指标两两比较,形成权重判断矩阵,并进行一致性检验,检验通过后,就可以利用矩阵特征向量并归一化计算得出各个指标的权重值。利用判断矩阵求权重值的方法较为成熟,并广泛应用,其流程如图 8.4 所示。

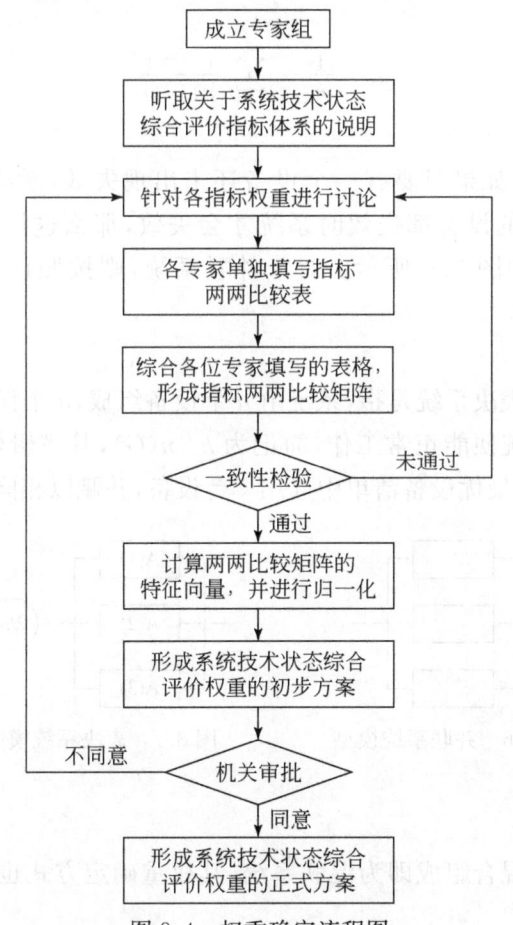

图 8.4 权重确定流程图

图 8.3 中没有被虚线包围的部分,即组成系统的各个主要设备技术性能权重的确定,需要考虑设备与设备之间的逻辑关系。根据设备之间的逻辑关系的不同,权重确定主要有以下几种方法[8,9]:

1) 串联系统

对于一个系统,如果只要有一个失效就会导致整个系统失效,或者说只有当所有设备都正常工作时系统才能正常工作,那么这样的系统叫做串联系统,其逻辑框图如图 8.5 所示。

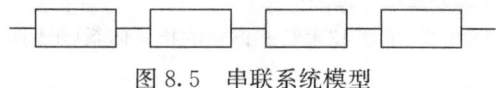

图 8.5　串联系统模型

对于串联系统,考虑到如果某一设备技术状态值很差,整个系统任务完成情况会受到很大影响,可以采用权重向技术状态相对较差的设备倾斜的做法,第 i 个设备的权重计算式为

$$a_i = \frac{1}{n} - \sum_{j=1}^{n} \frac{x_i - x_j}{10 \times n^2} \tag{8.7}$$

2) 并联系统

对于一个系统,如果只要有一个设备还未出现失效,系统就不会出现失效,或者说只有当所有的设备都失效时系统才会失效,那么这样的系统叫做并联系统,其逻辑关系图如图 8.6 所示。对于并联系统,则按照设备的重要程度赋予权重。

3) 表决系统

所谓 n 中取 k 表决系统是指,系统由 n 个设备组成,n 个设备中至少有 k 个设备正常工作整个系统便能正常工作,简记为 $k/n(G)$,其逻辑框图如图 8.7 所示。对于表决系统,则在最优设备清单中选用 k 台设备,并赋以相同的权重。

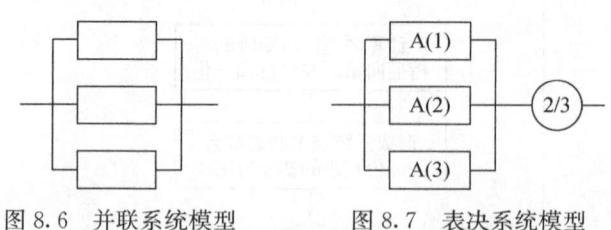

图 8.6　并联系统模型　　　图 8.7　表决系统模型

4) 混联系统

上述几种系统混合组成即为混联系统,其权重确定方式也由上述三种组合方式分别得到。

利用框图来建立模型时,如果涉及的设备繁多复杂,那么可以根据功能分解的结果逐级建立各级逻辑框图。

3. 定性指标评分

在图 8.3 所示的指标体系中,定性指标主要是指配套性指标和系统协调性指标,需要建立定性指标评分规则:W=(好,较好,一般,较差,差)=(100,75,50,25,0),以及评分标准,如表 8.2 所示。在系统技术状态评估过程中,根据指标的实际情况,按照评分标准给予相应的分值。

表 8.2 定性指标评分表

一级指标	二级指标	定义	评语集合		等级取值标准
配套性	工装配套性	工装满足维修保养的能力	好	100	工装数量充足、性能完好,能满足维修保养要求
			较好	75	工装数量足够、性能良好,能基本满足维修保养要求
			一般	50	工装数量一般、性能一般,能部分满足维修保养要求
			较差	25	工装数量不足、性能较差,满足维修保养要求的程度较低
			差	0	工装数量缺乏、性能较差,不能满足维修保养要求
	维修器材配套性	维修器材满足维修保养的能力	好	100	备品备件配备充足,器材性能完好,满足维修保养要求
			较好	75	备品备件配备足够,器材性能良好,基本满足维修保养要求
			一般	50	备品备件配备一般,器材性能一般,能部分满足维修保养要求
			较差	25	备品备件配备不足,器材性能较差,满足维修保养要求程度低
			差	0	备品备件缺乏,器材性能差,不能满足维修保养要求
	技术资料配套性	技术资料满足维修保养的能力	好	100	技术资料齐全,适用性强,能满足维修保养要求
			较好	75	技术资料足够,适用性较强,能基本满足维修保养要求
			一般	50	技术资料一般,适用性一般,能部分满足维修保养要求
			较差	25	技术资料不足,适用性较差,满足维修保养要求程度较低
			差	0	技术资料缺乏,适用性差,不能满足维修保养要求

续表

一级指标	二级指标	定义	评语集合		等级取值标准
系统协同性	技术资料配套性	设备间协同的能力	好	100	设备间接口匹配,连接稳定,数据传输速率高,功能协同性强
			较好	75	设备间接口匹配,连接较稳定,数据传输速率较高,功能协同性较强
			一般	50	设备间接口较匹配,偶尔连接不稳定,数据传输速率一般,功能协同性一般
			较差	25	设备间接口匹配性较差,经常连接不稳定,数据传输速率慢,功能协同性较差
			差	0	设备间接口不匹配,连接不稳定,数据传输不畅,功能协同性差

4. 系统技术状态综合评分

对图 8.3 中的各指标进行评分后,再按照指标的权重进行加权求和,就可以得到系统技术状态的综合评分。

8.3.3 舰船技术状态分级

舰船装备技术状态评估对作战使用的意义在于,根据不同的任务特点,判断舰船技术状态满足执行任务需要的程度;对维修保障的意义在于,基于舰船装备技术状态确定维修保障的时机和工程范围。在舰船的使用和维修保障中,真正起到作用的仍然是各系统的技术状态水平,没有必要得出舰船技术状态唯一值。因此,在得到各系统的技术状态评分后,可以根据表 8.1 对舰船装备技术状态进行分级。

此外,还可以根据各系统技术状态评分确定舰船执行任务的能力。舰船执行不同的任务时,各系统的重要程度各不相同,对其技术状态的要求也不同。例如,对于执行扫海、警戒任务的舰船,主要保证舰船平台系统良好的技术状态水平;舰艇编队中担任区域防空任务舰船,其对空导弹武器系统的技术状态必须保持在最佳水平,而对海、反潜武器系统技术状态可相对较低;对于执行高强度作战任务舰船,则对各个系统的技术状态均要求很高。

图 8.8 中,直方条表示各系统技术状态评分,虚线表示执行某任务时各系统的技术状态要求(下限),只有舰船的所有系统技术状态评分达到虚线以上,该舰船才

具有执行该任务的能力。通过该图还可以明确的是，达不到图中下限要求的系统，就是该舰执行任务前维修保障的重点。

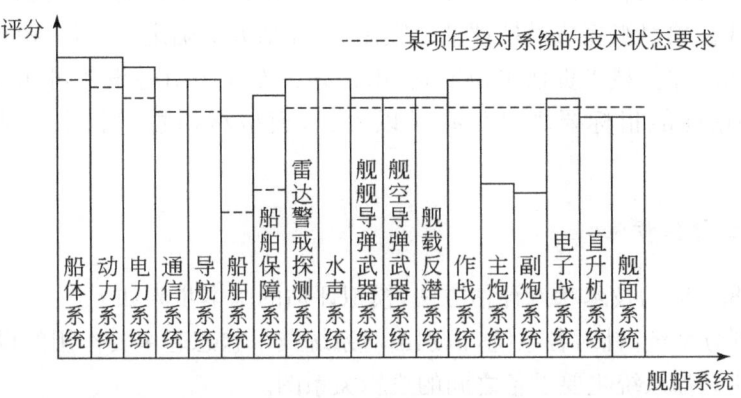

图 8.8　舰船执行某任务下各系统完好性标准(示例)

8.4　技术状态评估实例

为验证舰船装备技术状态评估方法的可行性，发现复杂大型装备技术状态评估中存在的问题，进一步完善装备技术状态评估方法，本节以某型驱逐舰为对象，进行了舰船装备技术状态的模拟评估。

8.4.1　评估范围

舰船装备技术状态模拟评估的对象是处于在航状态的某型驱逐舰，评定范围涵盖了该舰主要系统：动力系统、电力系统、全船保障系统、生命力系统、直升机舰面系统、综合导航系统、对海导弹武器系统、对空导弹武器系统、近程反导系统、主炮武器系统、反潜武器系统、电子战系统、指控系统、通信系统、电磁兼容系统、火力兼容系统。

8.4.2　组织实施

1. 评估工作分工

舰船装备技术状态评估通常由主管机关下达任务，协调各部门工作；由技术责任单位负责制订评定方法、检查规程等规范性技术文件，并对评定工作进行技术指导；由检查组深入舰艇部队，获取装备完好性评定的基础性数据，根据评定方法和细则对装备完好性进行评定和分级。

此次模拟评估工作由某舰船装备保障总师办承担,由总师办总师下达任务,组织各部门协同开展装备技术状态评估推演工作,模拟承担评估主管机关职责;由专门成立的评估项目组完成模拟评估方案制订、评估方法确定等工作,模拟承担舰船装备技术状态评估技术责任单位职责;由该办各专业组对各设备可测性能参数进行梳理,根据性能指标要求对设备予以评分,模拟承担技术状态评估检查组的职责。

2. 模拟评估步骤

根据8.3节的技术状态评估方法,模拟评估的基本步骤如下:
(1) 划分系统,针对各系统,识别出对系统技术状态起主要作用的设备。
(2) 建立各系统主要设备之间的逻辑关系图。
(3) 针对逻辑关系图中所列设备,分析各设备的技术状态,按照8.3节的技术状态评估方法对设备技术状态进行评分,并形成设备技术状态评分表和各系统设备技术状态一览表。
(4) 建立系统技术状态评估指标体系,按照8.3节所列方法确定各指标权重,并根据定性指标评分表对各定性指标进行评分。
(5) 对各指标按照确定的权重进行加权求和,得出系统技术状态评分。
(6) 确定作战和非作战任务对系统技术状态评分要求,并按照各系统的技术状态评分情况,对装备技术状态进行分级。

3. 模拟评估流程

根据上述步骤及任务分工,确定了如图8.9所示的舰船装备技术状态模拟评估流程。

8.4.3 评估过程及数据分析

1. 设备技术状态评估

对该型驱逐舰而言,大部分设备都自带监测设备,可对其自身运行状态进行不断地监视,收集必要的数据,并由值更舰员登记在工作登记本上。

如前所述,将入役初期测得的指标值作为初始值,计算可测得的状态性能参数与初始值的偏离程度,并由此给出设备的技术状态评分,其具体计算方法为式(8.1)~式(8.6)。对于汽轮机发电机组,其技术指标要求、初始值、实际值以及评分如表8.3所示。

第8章 舰船装备技术状态评估

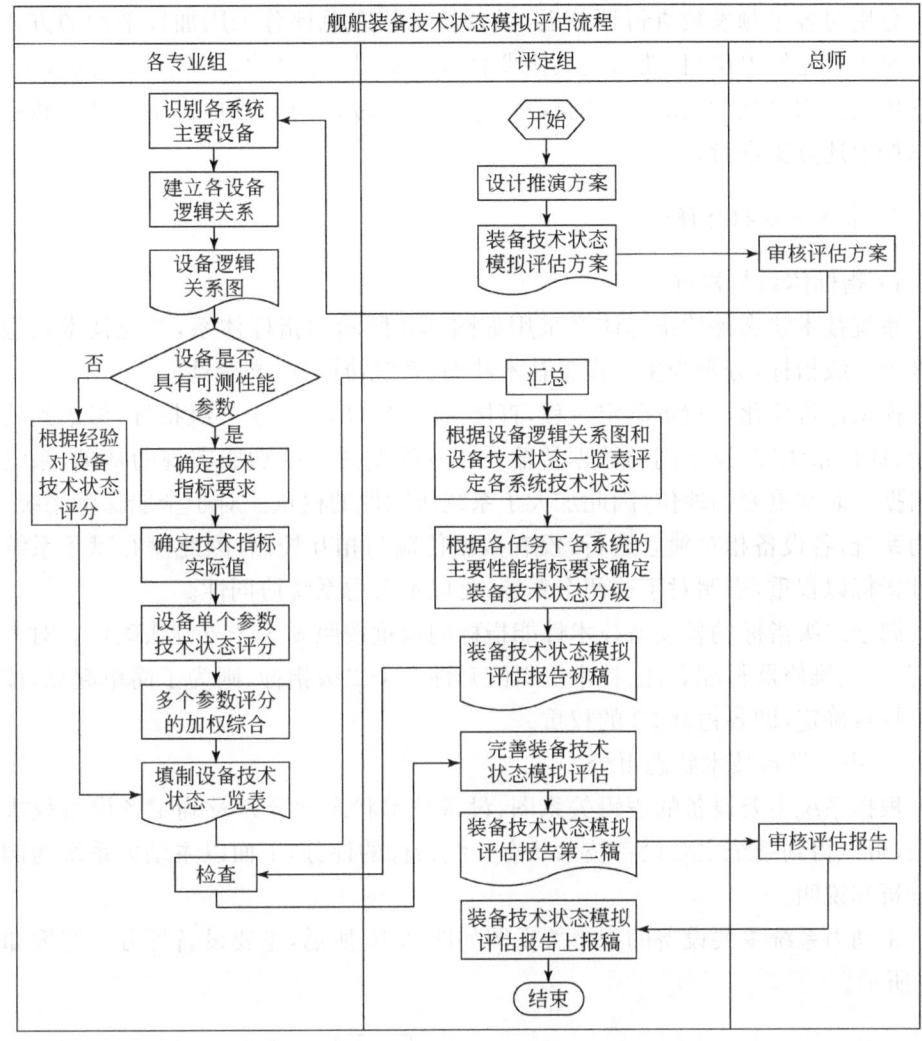

图 8.9 装备完好性推演流程及分工

表 8.3 汽轮机发电机组设备技术状态评分表

参数名称	单位	技术指标 要求	技术指标 初始值	技术指标 实际值	技术状态评分
冷态绝缘电阻	MΩ	不低于 0.5	65	60	96.9
功率	kW	2140	2140	2089	97.6
发电机轴承温度	℃	不超过 90	73	75	95.3
频率	Hz	50	50	50	100.0
电压	V	380～400	390	390	100.0
滑油冷却器后滑油温度	℃	40～45	42	42	100.0
设备技术状态总评分					97.1

分别对各可测参数进行评分后,设备技术状态总评分采用加权平均的方式进行。对于汽轮发电机组,功率是其主要性能参数,因此对功率赋予 0.5 的权重,其他 5 项指标均分配剩余的 0.5 的权重,综合评分为 97.1。其他设备的技术状态评分均按上述分析进行。

2. 系统技术状态评估

1) 指标体系与权重

系统技术状态评估指标体系采用如图 8.3 所示的指标体系,系统技术状态下分 3 个一级指标,分别为主要设备技术状态、系统协同性、配套性。

模拟评价简化了权重确定过程,直接由经验给出。对于一级指标,考虑到武器系统、通信系统等,设备间的数据传输与相互控制是系统功能实现的基础,系统协同占据了非常重要的地位,因此加大了系统协同性的权重。对于全船保障系统、生命力系统,各设备相对独立运行,没有数据传输与相互控制,因此没有赋予系统协同性指标以权重,表明对于这两个系统,可以不考虑系统协同性。

属于二级指标的各设备技术性能指标的权重按照 8.3.2 节方法确定。对于工装配套性、维修器材配套性、技术资料配套性 3 个二级指标,则为了简单起见,按照相同权重确定,即各占 0.33 的权重。

2) 主要设备技术状态得分

根据系统主要设备的逻辑关系图、设备技术状态评分以及确定各设备权重的方法,可以得到系统主要设备技术状态一级指标的评分,下面以主动力系统为例加以分析和说明。

主动力系统主要设备的逻辑关系图如图 8.10 所示,主要设备评分一览表如表 8.4 所示。

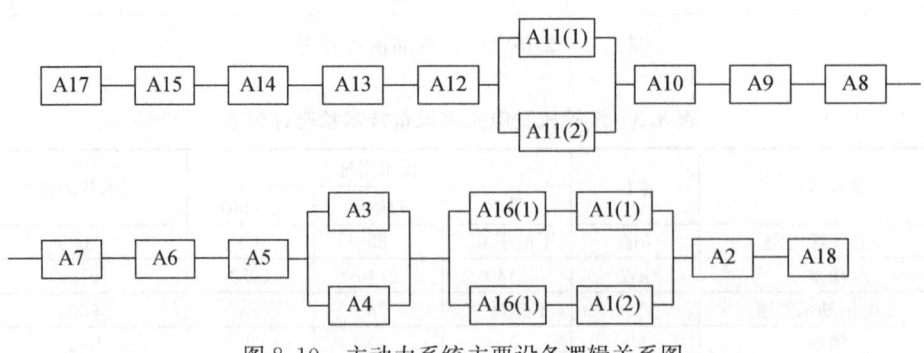

图 8.10 主动力系统主要设备逻辑关系图

表 8.4 主动力系统设备评分及权重

序号	设备数量	设备技术状态评分		组合评分	权重
		(1)	(2)		
A1	2	94.1	97.7	96.4	0.06
A16	2	97.6	97.0		
A2	1	93.1		93.1	0.08
A3	1	92.3		94.8	0.07
A4	1	100.0			
A5	1	90.3		90.3	0.10
A6	1	98.1		98.1	0.05
A7	1	98.4		98.4	0.05
A8	1	87.3		87.3	0.12
A9	1	95.0		95.0	0.07
A10	1	100.0		100	0.04
A11	2	99.4	99.1	99.2	0.04
A12	1	99.5		99.5	0.04
A13	1	100.0		100	0.04
A14	1	96.9		96.9	0.06
A15	1	99.9		99.9	0.04
A17	1	98.9		98.9	0.05
A18	1	94.6		94.6	0.07

由图 8.10 可见,A11 所示的两个设备为并联系统,且两个设备重要程度相当,因此取其技术状态评分的平均值作为该并联系统的得分,为 99.2。

A3、A4 所示的两个设备为并联系统,由于 A3 设备起主要作用,A4 设备起加强作用,因此 A3 设备的权重为 0.67,而 A4 设备的权重为 0.33,两者技术状态评分加权后得到该并联系统的得分,为 94.8。

A16、A1 所示的混联系统为 A16 和 A1 串联后再并联,A16 和 A1 的串联系统评分按照式(8.7)计算各自权重后加权求和得到,然后再按照重要程度相同的并联系统得到 A16、A1 混联系统得分,为 96.4。

上述 3 个并联或者混联系统与其他设备构成了串联系统,按照式(8.7)可以计算得到各个设备的权重,如表 8.4 所示。由表 8.4 可以看出,评分最低的 A8 其权重最大,这体现出串联系统中单设备对整个系统完好性具有较大影响。按照表 8.4 所示得到主动力系统主要设备技术状态得分为 95。

3) 系统协同性与配套性得分

对于主动力系统的系统协同性和配套性,考虑到该型驱逐舰多年的良好使用和保障能力建设,根据经验将系统协同性评分确定为 90,配套性评分为 95。

4) 系统技术状态综合评分

根据主动力系统的主要设备技术状态得分、系统协同性得分和配套性得分,以及各指标权重设定,可以得到主动力系统的技术状态评分为 94.7。

其他系统的技术状态评分的方法和过程与上述主动力系统的相同,各系统完好性评分如表 8.5 所示。

表 8.5 模拟评估得到的各系统完好性评分

系统	系统完好性评分						
	主要设备技术状态		系统协同性		配套性		总分
	权重	得分	权重	得分	权重	得分	
动力系统	0.6	95.0	0.2	90	0.2	95	94.0
电力系统	0.6	92.8	0.2	87	0.2	95	92.1
全船保障系统	0.8	94.2	0	—	0.2	90	93.4
生命力系统	0.8	92.5	0	—	0.2	90	92.0
直升机舰面系统	0.5	88.8	0.3	85	0.2	95	88.9
综合导航系统	0.6	94.6	0.2	85	0.2	95	92.8
导弹武器系统	0.5	93.1	0.3	85	0.2	95	91.1
舰炮武器系统	0.5	91.5	0.3	85	0.2	95	90.3
反潜武器系统	0.5	77.2	0.3	80	0.2	95	81.6
指控系统	0.5	99.0	0.3	90	0.2	95	95.5
通信系统	0.5	99.0	0.3	90	0.2	95	95.5

3. 舰船技术状态分级

由表 8.5 可以看出,该舰 11 个主要系统中,有 9 个的技术状态评分在 90 分以上,直升机舰面系统、反潜武器系统的完好性则低于 90 分。由表 8.1 可知,该舰的装备完好性等级为二级,即可执行部分作战任务,并通过临时修理,可在较短时间恢复执行全面作战任务能力。

从舰船维修保障的角度来看,直升机舰面系统、反潜武器系统在在航检修和等级修理中需要重点考虑。

8.5 技术状态评估机制

8.5.1 健全技术状态评估标准体系

建立健全技术状态评估法规标准体系,是舰船装备技术状态评估的基础。只有在统一标准下开展的技术状态评估和类别确定,由此得到的战场态势评估和兵力部署才能准确反映出海军的舰船装备实力水平,得到的装备维修时机和工程范围才能符合舰船装备保障需求。目前,海军舰船装备技术状态评估的相关规定分散于多部条例和法规条文之中,缺乏有效的整合,引领性和约束力不够,针对性和可操作性不强,信息化和协同思想体现不明显。在联合作战日益强化,信息化条件下数据日益融合的趋势下,舰船装备技术状态评估的标准体系建设也应在主管机关组织领导下统一开展,体现出舰船装备技术状态评估标准体系的层次性和综合性。

舰船装备技术状态评估标准体系建设应着重从两方面开展:一是在管理层面,自上而下制订技术状态评估管理规定,明确技术状态评估组织机制、目的要求、评价时机、评价对象、奖惩措施等;二是在技术层面,构建海军统一的舰船装备技术状态标准体系框架,从宏观和整体角度明确技术状态评估的总体思路、指导原则、基本方法、实施规划等,并在该体系框架下,由各责任单位针对各型舰船的特点,分舰型制订技术状态评估技术标准。

舰船装备技术状态评估的关键在于设备具有可测度的性能状态参数和稳定可靠的数据来源。为科学规范舰船装备技术状态的检查和评估工作,获取稳定可靠的检查数据,便于部队结合日常装备保养及相关保障单位通过技术状态巡检,掌握舰船装备所属分系统和设备技术状态,还需要编制舰船装备技术状态检查规程。

8.5.2 完善技术状态评估组织体系

舰船装备技术状态评估既是一项基础性管理工作,又是一项综合性技术工作,由此决定了技术状态评估的有效开展,必须依靠"两手抓"的方针。一是继续完善管理有力的行政指挥线,二是尽快建立扎实有效的技术指挥线。舰船装备技术状态监测与管理,在海军各部队开展多年,目前已形成了一条相对较为成熟的行政指挥线,而由技术责任单位、技术支撑单位组成的技术线则仍处于空白阶段。

基于设备的舰船装备技术状态评估,需要开展大量技术性、基础性工作,这其中主要包括规章制度的编制建立、技术措施手段的论证建设、评价过程中的技术指导、性能状态数据的统计分析、装备作战效能的决策建议等。如此众多的技术支持工作,无法由一家单位全部承担,必须依托技术实力强,对装备使用、管理和保障均熟悉的单位来实施技术抓总,发挥技术状态评估技术指挥线的核心作用,组织国内、军内装备设计、建造、使用、保障的相关单位,共同为技术状态评估提供技术支撑。

8.5.3 建立技术状态评估信息系统

舰船装备技术状态评估需要对大量设备的技术状态参数进行统计,并综合分析设备和系统间的协同性能。要在较短的时间内,对如此众多的数据进行处理与管理,需要依靠有效的信息系统。舰船装备技术状态评估一体化信息系统是技术状态评估和管理工作的物质基础和技术手段,将在技术状态评估中发挥重要作用。

因此,需依托全军的信息基础设施,以各级装备维修保障和使用管理部门为枢纽,遵循技术状态评估行政指挥线和技术指挥线的基础架构,运用先进的信息技术和手段,构建集装设备技术状态数据采集、技术状态评估和类别确定、装备健康状态管理、维修保障辅助决策、战场装备态势评估等功能于一体的网络平台和信息系统。

8.5.4 加强技术状态监测手段建设

随着舰船装备复杂度和技术集成度的提高,要准确评估舰船装备技术状态,越来越离不开装备技术状态的监测与分析。传统的装备技术状态监测手段信息化程度不高,数据的实时性、精确性不能有效满足复杂大型装备技术状态实时监测和健康管理的需要。因此,需要加强装备状态监测技术与分析手段建设,通过现代传感器技术和信号处理技术,准确测量有关参数,为舰船装备技术状态评估提供及时准确的基础性数据,并通过相应的处理和分析,对故障类型、故障位置、发生时间进行预先判断,提前准备预防性修理所需的工装和备品备件,根据装备的健康状态开展预防性修理,这样可以做到未雨绸缪,确保装备较高的完好率和舰船较高的一类在航比例。

8.5.5 建立基于技术状态的维修机制

长期以来,我军装备维修指导思想强调积极预防和以预防为主,主张在装备损耗到一定程度时,对装备进行定期的预防性维修。例如,在这一预防性维修思想指导下,海军舰船修理目前采用的是一种以舰体防护日历时间为主要因素来确定等级修理间隔的定期修理模式。近年来,随着我军使命任务、现实需求、市场环境、技术基础的发展变化,定期修理方式针对性不强、精确性不够所导致的维修过剩或不足的问题日益突显,难以满足信息化条件下局部战争非线性、高消耗、快节奏对装备维修保障的要求。

为适应未来一体化联合作战和机械化与信息化复合发展阶段装备维修保障需要，必须全面深入开展舰船装备技术状态评估，切实掌握真实技术状况，摸清装备损耗规律和器材消耗规律，预测装备剩余寿命，开展装备健康管理，基于技术状态水平科学确定维修时机和维修工程范围，做到视技术状态该修才修，合理设置各级各类保障机构并区分职能任务，明确保障资源配置建设标准，建立基于装备完好性的维修机制。

基于上述思路，可以形成如图 8.11 所示的舰船装备技术状态评估机制规划示意图。

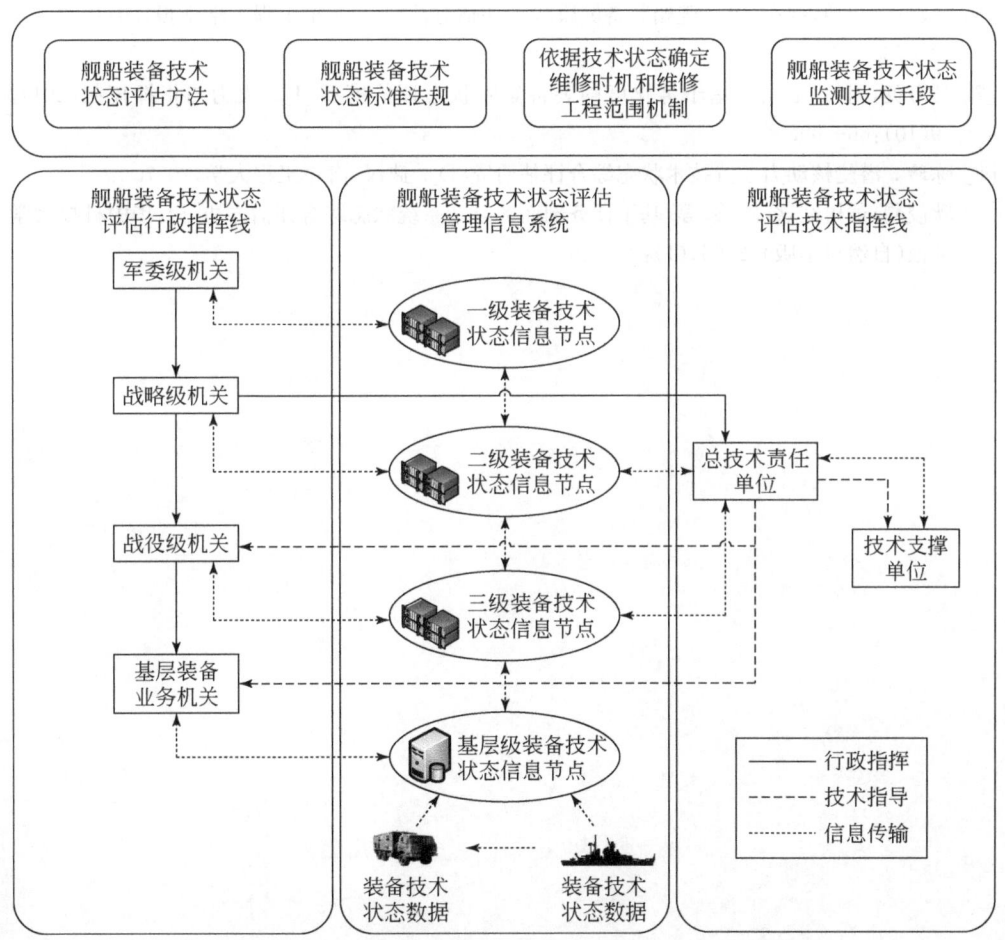

图 8.11　舰船装备技术状态评估机制规划示意图

参 考 文 献

[1] 毛炳祥,白桦,程文鑫. 系统战备完好性分析、计算与检测[M]. 北京:国防工业出版社,2012.
[2] 俞翔,何其伟,杜刚. 武器装备完好性评价方法研究[J]. 中国工程科学,2015,17(5):78—84.
[3] 沈浩. 海军装备作战效能评估研究[M]. 北京:海潮出版社,2004.
[4] 林茜. 舰艇总体技术状态评估方法研究[D]. 武汉:海军工程大学,2006.
[5] 刘益新,刘增良,余达太,等. 一种新型装备完好率计算模型的研究[J]. 航天控制,2005,23(4):73—78.
[6] 吕建伟,余鹏,魏军,等. 舰船装备健康状态评估方法[J]. 海军工程大学学报,2011,23(3):72—76.
[7] 马海英,周林,王亮. 基于劣化度的装备健康状态评估模型[J]. 火力与指挥控制,2014,39(10):66—69.
[8] 陈玲. 潜艇核动力装置技术状态综合评估研究[D]. 武汉:海军工程大学,2007.
[9] 耿俊豹,黄树红,金家善,等. 基于任务剖面的复杂系统状态综合评估方法[J]. 华中科技大学学报(自然科学版),2006,(1):27—29.

第 9 章 舰船装备保障半结构化管理

在舰船装备保障过程中,既存在着可予以量化的部分,如修理设施数量、保障人员数量、技术资料数量等,也存在着诸多无法量化的部分,如人员能力素质、工厂修理水平、机关管理能力、突发故障类型、战时损伤程度等。同时在决策过程中,还会出现许多不确定因素,如引进装备在未形成国内保障能力之前,修理工装和备品备件的引进强烈依赖于国际形势;在大型舰船长达数十年的实际使用寿命中,某些舰载装备的生产线甚至整个工厂都有可能关闭,或生产线虽未关闭,但生产的产品已改型换代,与舰船装备不再匹配,造成保障资源不足。由此可见,舰船装备保障的管理符合半结构化决策"有一定规律可以遵循,但又不能完全确定;局部可以结构化,而不能全部结构化"的特征,是典型的半结构化管理过程。研究舰船装备保障的半结构化管理特点及方法,对提升保障决策的科学性、提高资源投向的精确性具有重要意义。

9.1 半结构化决策问题概述

9.1.1 决策问题分类

决策问题的范围很广,计划、调度、政策、法规、发展战略、体制结构、系统目标等都属于决策范畴,但它们的结构化程度不同。结构化程度是指对某一决策问题的决策过程、决策环境和规律,能否用明确的语言(数学的或逻辑学的、形式的或非形式的、定量的或定性的)给予说明或描述。决策问题按照结构化程度不同,可分成结构化问题、半结构化问题和非结构化问题三种类型[1]。

1. 结构化决策

结构化决策问题相对比较简单、直接,其决策过程和决策方法有固定的规律可以遵循,能用明确的语言和模型加以描述,并可依据一定的通用模型和决策规则实现其决策过程的基本自动化。早期的多数管理信息系统,能够求解这类问题,例如,应用解析方法、运筹学方法等求解资源优化问题。典型的结构化决策问题有产品配方、生产计划、调度等。

2. 非结构化决策问题

非结构化决策问题是指那些决策过程复杂,其决策过程和决策方法没有固定的规律可以遵循,没有固定的决策规则和通用模型可依,决策者的主观行为(学识、经验、直觉、判断力、洞察力、个人偏好和决策风格等)对各阶段的决策效果有相当影响的问题。往往是决策者根据掌握的情况和数据临时做出决定。典型的非结构化决策问题有聘用人员、为杂志选封面等。

3. 半结构化决策问题

半结构化决策问题介于上述两者之间,其决策过程和决策方法有一定规律可以遵循,但又不能完全确定;局部可以结构化,而不能全部结构化。此类问题一般可适当建立模型,但无法确定最优方案,需要人的判断的介入。这样的决策问题一直是极为活跃的研究领域,如开发市场、经费预算。

9.1.2 半结构决策方法

舰船装备保障涉及面广、影响因素多,对其进行资源配置和工程管理的过程非常复杂,是典型的半结构决策问题。对于这一半结构化决策问题,简单来说,可以采取减少非结构化因素、群决策、建立计算机决策支持系统等方法。

1. 减少非结构化因素

对于半结构化决策而言,可通过采取各种方法减少非结构化部分,使非结构化问题在一定程度上呈现出结构化问题的特点,那么就可以采用相应的算法和决策准则解决该问题。

减少非结构化因素,通常可以采用层次分析法(AHP)、效用理论和非结构模糊决策方法(NSFDM)等。例如,对于单个保障人员的能力素质,可以建立各个层级的指标体系,每个指标赋予权值,再通过各种形式的考核予以评分,采用层次分析法得到其最后得分;对于承修工厂整体人员能力素质,同样可以建立指标体系,给予评分而进行量化。这就将保障人员能力素质这一非结构化因素转化为了可以定量衡量的结构化因素。

2. 群决策方法

美国决策管理大师西蒙将决策过程分为以下步骤:识别问题、明确目标、拟订方案、筛选方案、执行方案、评估效果。因此,西蒙的半结构化决策,是以问题为导向,以事实为基础,以知识为根据。

在舰船装备保障过程中,应基于上述决策过程,结合舰船装备保障实际,强调充分发挥集体的智慧,在装备保障的每个阶段均要形成多个方案并召开评审会,邀请机关、部队、研究院所、工厂等各单位专家形成评审组,由方案提出者各自陈述方案的特点,由评审专家从中筛选出合理的方案,这就是采取了群决策的方法。

群决策具有如下优点:一是有利于集中不同领域专家的智慧,应付复杂的决策问题;二是有利于借助更多的信息,形成更多的可行性方案;三是有利于决策得到普遍认同,有助于决策的顺利实施。

3. 建立计算机决策支持系统

舰船如同一个移动的城市,涉及舰船平台、动力系统、武器系统、通信、导航、作战、后勤保障等各个方面,要对其进行装备保障,需要处理大量的数据,并综合这些数据做出决策,这个过程是非常艰辛和困难的。随着计算机技术的发展,基于现代信息技术的计算机决策支持系统发挥了越来越重要的作用。

在舰船装备保障过程中,应构建有效的计算机决策支持系统,使得该系统以工作流为中心,将工作分解为定义良好的任务,按照一定的规则和过程来执行任务并对其进行监控,形成处理过程自动化。整个系统包括信息处理、数据分析、辅助决策、工作流程、日程安排等功能,能够为装备保障各个层级的人员提供决策支持。

9.2 保障资源需求的半结构化预测

舰船装备保障资源是指能够用于舰船装备综合保障活动的人力、物力、财力和信息资源,主要包括舰船装备综合保障人员队伍、修理设施和工装、检测设备、维修器材、技术资料、标准法规和信息资源等[2]。保障资源是实施舰船装备综合保障工作的重要物质基础,对舰船装备综合保障工作的成败和效益具有重要影响,因此,科学而准确地预测保障资源需求对舰船装备保障力的形成及部队战斗力的保持具有重要的现实意义。

目前,在舰船装备保障资源需求预测及配置优化研究中,通常采用结构化方法,Sherbrooke 等以 Palm 定理为理论基础,建立了适用于指数型部件(或泊松类需求)的备件配置模型[3~5],Muckstadt 和 Sherbrooke 将此理论拓展至应用范围更广的 MOD- Metric[6]、VARI-Metric[7] 等模型,Sleptchenko 等[8] 和 Rustenburg 等[9]将 METRIC 理论应用于海军舰船装备保障,建立了舰船备件配置优化模型。但是,这些结构化方法对装备可靠性信息、使用信息的掌握等均提出了较苛刻的要求,一定程度上限制了结构化方法的工程应用。本节结合多年舰船装备保障工程实践,提出了一种半结构化的舰船装备备品备件需求预测方法,利用使用时间规模的线性函数及自回归模型表征备品备件需求的结构化部分,利用广义自回归条件异方差(GARCH)模型表征备品备件需求预测误差的非结构化部分,克服了现有舰船装备备件需求预测方法对装备可靠性信息及使用信息依赖程度高的技术缺陷,充分发掘了预测误差条件异方差特性包含的信息,增强了舰船装备备件需求的预测能力,提高了预测精度,为及时筹措资源保障好舰船装备奠定了坚实的基础,其基本思想还可推广应用于其他保障资源的需求预测[10]。

9.2.1 备品备件需求半结构化预测模型

舰船装备具有数量众多、部署地域广泛等特点,用解析方法建立装备备品备件需求结构化预测模型存在以下困难:一是大量同类装备的累计使用时间往往不能准确统计,只能知道大致规模,而且装备的使用时间也不能等同于部组件使用时间;二是不同舰船部署的区域各不相同,装备的使用环境存在差异,进而使得安装于不同舰船的同一类型的部组件故障率也不尽相同;三是非结构化因素,如装备组织管理水平及操作使用人员能力素质上的差异等,无法用统一的分布进行结构化描述,对舰船装备备件需求的影响却不可忽略。正是上述原因的存在,使得用纯解析方法建立模型确定保障资源需求时预测能力往往较差,而且由于存在过度拟合的问题,模型建立得越精确、越复杂,往往预测能力越差,这时需要采用半结构化方法对结构化和非结构化部分分别加以考虑。

1. 结构化部分

保障资源需求的结构化部分 $f(t)$ 反映的是确定性规律,以某大型仓库备品备件配置需求为例,其结构化部分由两部分组成。

第一部分 $f_1(t)$ 是使用时间规模的线性函数,表征的是已知部组件使用时间规模的前提下,备品备件的理论需求量。对大型仓库中的任意一种备件 B_i ($i=1, 2, \cdots, L$),设部组件 B_i 安装于由大型仓库所保障舰船的 N_{B_i} 台不同装备之中,安装数量为 M_{B_i},用装备的使用时间替代其部组件使用时间,可统计得到部组件 B_i 在时段 $(t-1, t]$ 的使用时间大致规模为 $T_{B_i}(t)$,那么有

$$f_{1,B_i}(t) = a_i + \lambda_i T_{B_i}(t), \quad i=1,2,\cdots,L \tag{9.1}$$

式中,λ_i 反映的物理意义是部组件的理论故障率,但装备使用环境、人员能力素质等因素的存在,使得实际故障率与其存在一定差异,此处暂将影响因素剥离,在结构化的第二部分及非结构化部分对影响分别进行建模分析及补偿。

由于部组件在某一时段使用时间规模通常难以准确统计,加之不同舰船部署的区域各不相同,装备的使用环境存在差异,安装于不同舰船的同一类型的部组件故障率也不尽相同,因此需要利用保障资源需求的时间序列规律对 $f_1(t)$ 进行修正。

第二部分 $f_2(t)$ 是备品备件消耗数量的自回归函数，补偿时间规模统计误差及使用环境差异带来的影响。p 阶自回归模型是最常用的模型之一，其表达式为

$$f_{2,B_i}(t) = \sum_{j=1}^{p} c(i,j) [y_{B_i}(t-j) - a_i - \lambda_i T_{B_i}(t-j)] \quad (9.2)$$

式中，$c(i,j)$（$j=1,2,\cdots,p$）是部组件 B_i 备品备件需求的自回归系数，可通过求解 Yule-Walker 方程进行估计[11]；$y_{B_i}(t-j)$ 是部组件 B_i 在前面第 j 个时段备品备件的消耗数量。

综合 $f_1(t)$ 和 $f_2(t)$，部组件 B_i 备品备件需求半结构化模型的结构化部分为

$$f_{B_i}(t) = a_i + \lambda_i T_{B_i}(t) + \sum_{j=1}^{p} c(i,j) [y_{B_i}(t-j) - a_i - \lambda_i T_{B_i}(t-j)] \quad (9.3)$$

2. 非结构化部分

保障资源需求的非结构化部分 $g(t)$ 表征的是一些不确定因素，如装备组织管理水平及操作使用人员能力素质上的差异等，对保障资源如备品备件需求造成的影响。这些影响无法用统一的分布进行量化描述，具有明显的非结构化特征，但是这些不确定因素对保障资源需求预测造成的误差呈现了异方差特性，也即不同时刻预测误差的方差各不相同，不仅具有条件相关特性，而且具有微弱的长记忆性。以装备操作使用人员为例，每年老兵退伍及新兵入伍工作会使装备操作使用人员的组成发生较大变化，这一因素会影响装备故障的发生频率，进而影响备品备件的需求，导致保障资源需求的预测误差相对较大，随着人员操作使用经验的丰富以及能力素质的提高，人员能力因素造成的预测误差会逐渐变小，且这种影响将具有长记忆性。

Engle[12] 提出的自回归条件异方差（auto-regressive conditional heteroskedasticity, ARCH）模型无法表达某些情形中自相关系数消退很慢这一特征[13,14]，具有短时记忆特性，本节采用广义自回归条件异方差（GARCH）[15] 模型来刻画保障资源需求的非结构化部分，反映人员能力素质差异等随机不确定因素造成预测误差的条件异方差特性，对任意一种部组件 B_i，其备品备件需求预测误差为

$$g_{B_i}(t) = \varepsilon_{B_i}(t) \quad (9.4)$$

式中，预测误差 $\varepsilon_{B_i}(t)$ 的分布形式未知，是非结构化的。但其均值为 0，方差 $\sigma^2_{B_i}(t)$ 满足 GARCH(p_1,q_1) 的相关特性[13]，即

$$\sigma^2_{B_i}(t) | \Psi_{t-1} = \alpha_{0,i} + \sum_{j=1}^{q_1} \alpha(i,j)\varepsilon_{B_i}^{\ 2}(t-j)$$

$$+ \sum_{j=1}^{p_1} \beta(i,j)\sigma^2_{B_i}(t-j), \quad i=1,2,\cdots,L \quad (9.5)$$

式中，Ψ_{t-1} 是过去信息集[13]；$p_1 \geqslant 0$；$q_1 \geqslant 0$；$\alpha_0 > 0$；$\alpha(i,j) \geqslant 0$；$\beta(i,j) \geqslant 0$。

3. 半结构化模型

通过对保障资源需求预测结构化以及非结构化部分进行分析可知,对大型仓库而言,其备品备件配置需求结构化部分主要反映了备品备件需求同使用时间规模的线性关系以及由时间规模统计不准确、不同舰船使用环境差异而引入的自回归修正;非结构化部分虽然不能给出预测误差的结构化形式,但通过对预测误差的异方差特性进行刻画,反映了不确定随机因素中的重要信息。因此,可建立不依赖于掌握装备准确的可靠性信息及使用信息,同时考虑了不同舰船装备使用环境及人员素质差异的备品备件需求半结构化模型:

$$y_{B_i}(t) = a_i + \lambda_i T_{B_i}(t) + \sum_{j=1}^{p} c(i,j)[y_{B_i}(t-j) - a_i - \lambda_i T_{B_i}(t-j)] \\ + \varepsilon_{B_i}(t), \quad i=1,2,\cdots,L \tag{9.6}$$

式中,$\varepsilon_{B_i}(t)$ 的方差 $\sigma_{B_i}^2(t)$ 满足式(9.5)所示的 GARCH(p_1,q_1) 模型。

9.2.2 模型阶数确定

为了应用舰船装备保障资源需求半结构化模型预测备品备件需求,首先需要合理确定自回归(AR)模型和广义自回归条件异方差模型(GARCH)模型阶数,其确定过程如下。

在确定 AR 模型的阶数时,首先要剔除备件消耗时间序列中的 $f_1(t)$ 部分;其次是计算其自协方差函数的点估计;再次利用 Levinson 递推公式得到偏相关函数的估计;最后,若偏相关函数的估计在 $\hat{p}$ 表现出截尾性,则可将 $\hat{p}$ 作为模型阶数的估计[11]。对于大型仓库某部组件的备件消耗数据,当统计时段为每年时,计算得到 AR 模型为 AR(1);当统计时段为每季度时,AR 模型为 AR(4),这表明应当利用一年左右的历史数据来补偿时间规模统计误差及使用环境差异带来的影响。

要确定 GARCH 模型的阶数较为困难[16],在实际应用中大多使用低阶的 GARCH 模型,如 GARCH(1,1)、GARCH(1,2) 或 GARCH(2,1),许多实证结果也表明[16],低阶的 GARCH(1,1) 模型已经能够充分地描述异方差特性。因此,在本节中采用 GARCH(1,1) 模型刻画非结构因素导致预测误差的条件异方差特性。

9.2.3 预测需求的方法步骤

在确定模型阶数后,利用备品备件使用时间规模及消耗数量的历史数据,估计 a_i、λ_i、$c(i,j)$、$\alpha(i,j)$、$\beta(i,j)$ 等参数,同时根据用船安排对将来时段的备件使用时间规模进行预估,进而预测备件需求。

具体步骤如下:

(1) 利用装备的使用时间获得任意备件 B_i 在各个时段的使用时间规模 $T_{B_i}(t)$；$T_{B_i}(t) = \sum_{k=1}^{M_{B_i}} \tau_k(t)$，$t=1,2,\cdots,n$，$M_{B_i}$ 为备件 B_i 的装舰总数，$i=1,2,\cdots,L$；$\tau_k(t)$ 为备件 B_i 中第 k 个装舰备件在 $(n-1,n]$ 时段其所属装备的使用时间；L 为备品备件的种类总数，n 为时段数。

(2) 根据使用时间规模 $T_{B_i}(t)$ 和备件消耗历史数据 $y_{B_i}(t)$ 获得第 i 类备件模型参数估计值 $\hat{a}_i$ 和 $\hat{\lambda}_i$：

$$\begin{cases} \hat{a}_i = \bar{y} - \hat{b}_i \bar{T} \\ \hat{\lambda}_i = \dfrac{\sum_{t=1}^{n}[T_{B_i}(t) - \bar{T}] y_{B_i}(t)}{\sum_{t=1}^{n}[T_{B_i}(t) - \bar{T}]^2} \end{cases} \tag{9.7}$$

式中，$\bar{T} = \dfrac{1}{n} \sum_{t=1}^{n} T_{B_i}(t)$，$\bar{y} = \dfrac{1}{n} \sum_{t=1}^{n} y_{B_i}(t)$。

(3) 从备件消耗历史数据 $y_{B_i}(t)$ 中剔除趋势项 $\hat{a}_i + \hat{\lambda}_i T_{B_i}(t)$ 后得到时间序列 $x(t)$，根据时间序列 $x(t)$ 和 Yule-Walker 方程获得自回归系数 $c(i,j)$ 的估计值 $\hat{c}(i,j)$：

$$\begin{bmatrix} \hat{\gamma}_1 \\ \hat{\gamma}_2 \\ \vdots \\ \hat{\gamma}_p \end{bmatrix} = \begin{bmatrix} \hat{\gamma}_0 & \hat{\gamma}_1 & \cdots & \hat{\gamma}_{p-1} \\ \hat{\gamma}_1 & \hat{\gamma}_0 & \cdots & \hat{\gamma}_{p-2} \\ \vdots & \vdots & & \vdots \\ \hat{\gamma}_{p-1} & \hat{\gamma}_{p-2} & \cdots & \hat{\gamma}_0 \end{bmatrix} \begin{bmatrix} \hat{c}(i,1) \\ \hat{c}(i,2) \\ \vdots \\ \hat{c}(i,p) \end{bmatrix} \tag{9.8}$$

式中，j 为自回归模型阶数的序号，$j=1,2,\cdots,4$；$\hat{\gamma}_m = \dfrac{1}{n} \sum_{t=1}^{n-m} x(t) x(t+m)$ 为时间窗宽度为 m 时的自协方差。

(4) 从备件消耗历史数据 $y_{B_i}(t)$ 中剔除趋势项及修正项 $\sum_{j=1}^{p} c(i,j)$ $[y_{B_i}(t-j) - a_i - \lambda_i T_{B_i}(t-j)]$ 后得到时间序列 $z(t)$，并根据时间序列和 GARCH(1,1) 获得第一异方差系数 $\alpha_{0,i}$ 的估计值 $\hat{b}_0$、第二异方差系数 $\alpha(i,1)$ 的估计值 $\hat{b}_1$、第三异方差系数 $\beta(i,1)$ 的估计值 $\hat{b}_2$。

GARCH(1,1) 为

$$\sigma_{B_i}^2(t) = \alpha_{0,i} + \alpha(i,1) \varepsilon_{B_i}^2(t-1) + \beta(i,1) \sigma_{B_i}^2(t-1), \quad i=1,2,\cdots,L \tag{9.9}$$

式中，$\hat{\sigma}_{B_i}^2(t) = \frac{1}{u_2 - u_1} \sum_{e=u_1}^{u_2} [z(e) - \frac{1}{u_2 - u_1 + 1} \sum_{e=u_1}^{u_2} z(e)]^2$；$u_1 = \max(1, t-2)$，$u_2 = \min(n, t+2)$，$e$ 为估计 $\sigma_{B_i}^2(t)$ 时涉及的时段范围，u_1 是 e 的下限，u_2 是 e 的上限；$\hat{\varepsilon}_{B_i}(t) = z(t)$。

为便于表达，记序列 $\hat{\sigma}_{B_i}^2(t)$ 为 $(y_1, \cdots, y_n)$，$\hat{\varepsilon}_{B_i}^2(t-1)$ 为 $(x_{11}, \cdots, x_{n1})$，$\sigma_{B_i}^2(t-1)$ 为 $(x_{12}, \cdots, x_{n2})$，$\alpha_{0,i} = b_0$，$\alpha(i,1) = b_1$，$\beta(i,1) = b_2$，取 $\hat{\varepsilon}_{B_i}^2(0) = 0$，$\sigma_{B_i}^2(0) = 0$，则有

$$\begin{cases} l_{11}\hat{b}_1 + l_{12}\hat{b}_2 = l_{1y} \\ l_{21}\hat{b}_1 + l_{22}\hat{b}_2 = l_{2y} \end{cases} \quad (9.10)$$

式中

$$l_{11} = \sum_{i=1}^{n}(x_{i1} - \bar{x}_1)^2, \quad l_{12} = l_{21} = \sum_{i=1}^{n}(x_{i1} - \bar{x}_1)(x_{i2} - \bar{x}_2)$$

$$l_{22} = \sum_{i=1}^{n}(x_{i2} - \bar{x}_2)^2, \quad l_{1y} = \sum_{i=1}^{n}(x_{i1} - \bar{x}_1)(y_i - \bar{y})$$

$$l_{2y} = \sum_{i=1}^{n}(x_{i2} - \bar{x}_2)(y_i - \bar{y}), \quad \hat{x}_1 = \frac{1}{n}\sum_{i=1}^{n}x_{i1}$$

$$\hat{x}_2 = \frac{1}{n}\sum_{i=1}^{n}x_{i2}, \quad \bar{y} = \frac{1}{n}\sum_{i=1}^{n}y_i$$

此时有 $\hat{b}_0 = \bar{y} - \hat{b}_1\bar{x}_1 - \hat{b}_2\bar{x}_2$。

(5) 根据不同任务用船需求预估第 $(n, n+1]$ 时段装备的使用时间 $\tau_k(n+1)$，并获得备件 B_i 在第 $(n, n+1]$ 时段的使用时间规模 $T_{B_i}(n+1) = \sum_{k=1}^{M_{B_i}} \tau_k(n+1)$。

(6) 根据第一异方差系数估计值 $\hat{b}_0$、第二异方差系数估计值 $\hat{b}_1$、第三异方差系数估计值 $\hat{b}_2$ 及 $\varepsilon_{B_i}^2(n)$ 和 $\sigma_{B_i}^2(n)$ 估计预测误差在 $n+1$ 时刻的方差 $\hat{\sigma}_{B_i}^2(n+1) = \hat{b}_0 + \hat{b}_1\varepsilon_{B_i}^2(n) + \hat{b}_2\sigma_{B_i}^2(n)$。

(7) 根据下式获得预测的第 $(n, n+1]$ 时段的备件 B_i 需求 $y_{B_i}(n+1)$：

$$\begin{aligned} y_{B_i}(n+1) = & \hat{a}_i + \hat{\lambda}_i T_{B_i}(n+1) \\ & + \sum_{j=1}^{p} \hat{c}(i,j) \cdot [y_{B_i}(n+1-j) - \hat{a}_i - \hat{\lambda}_i T_{B_i}(n+1-j)] \\ & + \hat{\varepsilon}_{B_i}(n+1) \end{aligned} \quad (9.11)$$

9.2.4 实例分析

以大型仓库某备件 B_1 为例，利用其第 $(S-6)\sim(S-1)$ 年每季度该备件的消耗量以及依据装备使用时间计算得到由该大型仓库负责供应的所有装舰 B_1 的累计使用时间，按照通常采用的结构化方法拟合可以得到该备件的故障率估计值为 $2.74\times10^{-3}/h$，即备件消耗量与 B_1 累计使用时间的关系为

$$Y_{B_1}(n+1)=2.74\times10^{-3}\times T_{B_1}(n+1) \tag{9.12}$$

而对于半结构化方法，在历史数据使用方面将条件放宽为部组件使用时间的规模，而非准确的使用时间。例如，对备件 B_1 在 $S-6$ 年第一季度的累计使用时间为 5810.8h，在进行半结构化计算时则使用时间的大致规模为 6000h。按照式(9.7)~式(9.11)，可对半结构化模型的参数进行估计并预测需求，以 S 年第一季度备件需求预测为例，此时计算得到的参数估计为

$$\hat{a}_1=-0.288,\quad \hat{\lambda}_1=2.80\times10^{-3}$$

$$\hat{c}(1,1)=-0.022,\quad \hat{c}(1,2)=-0.30$$

$$\hat{c}(1,1)=0.062,\quad \hat{c}(1,1)=-0.28$$

$$\hat{b}_0=1.3\times10^{-4},\quad \hat{b}_1=-0.006,\quad \hat{b}_2=0.592$$

需要注意的是，上述参数估计结果只能用于 S 年第一季度备件需求预测，预测后续时段(如 S 年第二季度)的需求时需要利用已经预测得到的数据(S 年第一季度数据)，按照式(9.7)~式(9.11)所述步骤重新计算即可。

按照结构化方法和半结构化方法预测的第 S 年各季度备件 B_1 的消耗量如表 9.1 所示。从表中结果可以看出，半结构化预测方法平均预测误差为 5.5%，优于结构化方法的 13.9%，表现出较好的预测性能。

表 9.1 两种方法拟合及预测结果对比

年	季度	实际值	使用时间/h		结构化方法		半结构方法	
			依据装备	时间规模	拟合值	误差/%	拟合值	误差/%
$S-6$	1	14	5810.8	6000	15.91	13.69	14.05	0.38
	2	10	4018.6	4000	11	10	9.88	1.15
	3	14	5933.2	6000	16.25	16.09	14.22	1.57
	4	9	3758.8	4000	10.3	14.4	8.88	1.31
$S-5$	1	19	6415.6	6500	17.57	7.51	19.22	1.15
	2	11	4367.3	4500	11.96	8.75	10.9	0.83
	3	8	2701.3	2500	7.4	7.51	8.02	0.27
	4	6	2371.1	2500	6.49	8.25	6.07	1.09

续表

年	季度	实际值	使用时间/h		结构化方法		半结构方法	
			依据装备	时间规模	拟合值	误差/%	拟合值	误差/%
S−4	1	12	4200.4	4000	11.51	4.12	11.92	0.65
	2	18	7094.6	7000	19.43	7.96	18.06	0.31
	3	13	4567.7	4500	12.51	3.76	13.12	0.95
	4	12	3844.2	4000	10.53	12.25	12.16	1.33
S−3	1	31	10453	10000	28.63	7.64	30.66	1.11
	2	10	3231.9	3000	8.85	11.47	10.16	1.6
	3	11	4619.7	4500	12.65	15.04	11.17	1.54
	4	15	6063.1	6000	16.61	10.72	14.97	0.19
S−2	1	19	6115	6000	16.75	11.84	19.12	0.64
	2	29	9859	10000	27.01	6.88	28.73	0.92
	3	32	12701	12500	34.79	8.72	31.84	0.49
	4	14	4671.6	4500	12.8	8.62	14.14	1.01
S−1	1	24	9536.2	9500	26.12	8.84	24.04	0.17
	2	22	9046.4	9000	24.78	12.63	21.79	0.96
	3	35	11085	11000	30.31	13.4	35.4	1.15
	4	16	5361.8	5500	14.69	8.21	15.75	1.54
S	1	18	7818	800	21.42	18.97	19.12	6.25
	2	37	15306	15500	41.93	13.31	34.7	6.18
	3	26	8816	9000	24.15	7.11	27.05	4.02
	4	27	11473	11500	31.43	16.4	28.47	5.44
平均相对误差						13.94		5.47

同样的,可以得到 $B_2 \sim B_{10}$ 9 种备件第 S 年每季度消耗量的预测值,两种方法的对比情况如表 9.2 所示。从表中结果可以看出,半结构化预测方法预测性能明显优于结构化方法。

表 9.2　备件第 S 年各季度预测性能对比　　　　(单位:%)

序号	预测误差(一)					预测误差(二)				
	1	2	3	4	平均	1	2	3	4	平均
B_1	19.0	13.3	7.1	16.4	13.9	6.3	6.2	4.0	5.4	5.5
B_2	18.6	23.1	15.0	22.0	19.7	2.1	8.1	9.5	6.2	6.5
B_3	19.6	12.0	24.9	7.3	15.9	9.1	8.2	8.2	3.4	7.2
B_4	18.6	17.9	11.2	5.0	13.2	8.1	5.9	7.9	3.0	6.2
B_5	20.1	7.9	6.4	16.9	12.8	9.3	8.4	8.9	3.8	7.6
B_6	16.2	10.6	15.5	5.2	11.9	8.1	5.8	9.9	2.8	6.7

续表

序号	预测误差(一)					预测误差(二)				
	1	2	3	4	平均	1	2	3	4	平均
B_7	20.7	22.7	26.6	14.9	21.2	5.0	3.6	6.0	3.1	4.4
B_8	16.3	19.7	25.3	9.3	17.7	4.6	6.6	7.0	5.7	6.0
B_9	18.3	5.3	17.3	22.3	15.8	6.0	7.3	8.3	8.3	7.5
B_{10}	26.3	17.4	19.3	18.6	20.4	6.5	7.4	5.6	4.2	5.9

注:"(一)"代表结构化方法;"(二)"代表半结构化方法。

本节以保障资源需求预测为出发点,建立了备品备件半结构化预测模型,用AR模型补偿了时间规模统计误差及使用环境差异带来的影响,用GARCH模型刻画了预测误差的条件异方差特性,并给出了预测备品备件需求的方法步骤。所采用方法的优点是减弱了对装备可靠性及使用信息的依赖,充分发掘了预测误差条件异方差特性包含的信息,提高了预测精度,半结构化建模的思想还可推广到其他保障资源的需求预测。存在的不足是未能充分利用同一装备不同备件之间的相关特性对半结构化模型进行修正,有待开展更进一步的研究。

9.3 引进装备保障战略的半结构化决策

9.3.1 舰船装备保障工程战略

"战略"一词最初为军事用语,随着社会的发展,20世纪60年代,该词开始被广泛应用于管理领域,成为管理科学最基本的概念之一。工程管理作为管理科学的分支,战略一词同样被广泛使用,工程战略的定义可以表述为:为了实现工程目标,有效利用资源,根据工程外部环境和内部能力,对工程发展目标、达成目标的途径和手段的总体策划。

对于引进装备保障工程管理,其战略目标是为引进装备平时使用和战时作战提供可靠的保障,从而尽快形成并长久保持战斗力。要达成这一战略目标,作者认为解决的途径有三条:一是全部由外方保障;二是选择中外联合保障;三是完全国内自主保障。引进装备保障的三条途径将决定着装备保障体系建设的三个截然不同的发展方向,究竟如何选择,成为了牵一发而动全身的重大战略决策问题,需慎之又慎,必须遵循钱学森先生提出的从定性到定量的综合集成方法论[17],着眼于我军装备全局和长远发展,采用科学的决策方法。为此,朱石坚针对引进装备保障工程战略提出了基于层次分析的决策方法[18]。

9.3.2 保障战略的定量决策

层次分析法是美国运筹学家 Saaty 于 20 世纪 70 年代提出的,是一种定性与定量分析相结合的多目标决策分析方法[19]。特别是将决策者的经验判断给予量化,在目标(因素)结构复杂且缺乏必要的数据情况下更为实用,所以近几年来此方法在我国实际应用中发展较快。

层次分析法的基本内容是:首先,根据问题的性质和要求,提出一个总的目标;然后,将问题按层次分解,对同一层次内的诸要素通过两两比较的方法确定出相对于上一层目标的权系数,这样层层下去,直到最后一层,即可给出所有方案相对于总目标而言的按重要性程度的一个排序[20]。具体叙述如下。

第 1 步,明确问题,提出总目标。

第 2 步,建立层次结构,把问题分解成若干层。第一层为总目标;中间层可根据问题的性质分为目标层(准则层)、部门层、约束层等;最低层一般为方案层或措施层。层次的正确划分和各因素间关系的正确描述是层次分析法的关键。经过充分的讨论和分析,最后确定的各层结构如下。

1) 保障目标层

目标既是一种愿望,也是一种要求,它既为组织或个人规定了努力的方向,也是衡量工作成就、评价工作方案的标准。在外军装备引进入役之初,无论是选择全部由外方保障,还是选择中外联合保障,或者是完全国内自主保障,其目的都是要建立可靠的保障体系,为引进装备提供可靠的保障,从而尽快形成和长久保持其战斗力。因此,引进装备保障工程战略决策的总目标是为引进装备提供可靠的保障。在总目标下,建立三个子目标,分别为经济性、平时战备完好性和战时任务成功性,这三个子目标共同保证了总目标的可实现性。

2) 保障准则层

引进装备保障目标的实现受制于保障体系的建设,依据引进装备保障的复杂性将保障准则层分为两层,第一层分别为保障工作组织体系、保障技术资料和标准法规体系、保障物质资源体系和保障关键技术体系,保障体系第一层各体系建设的可实现性又同时依赖于保障体系第二层(子准则层)的建立,具体分析如下。

(1) 保障工作组织体系。

在引进装备的保障能力建设管理过程中,保障工作组织体系是确保军事装备保障工程有效实施的核心,包括健全的保障队伍、高效的运行机制、规范的工作程序等。其建设可由聘请外方维修人员、培训建立国内维修队伍、聘请外方专家和建立国内专家队伍来实现。

(2) 保障技术资料和标准法规体系。

技术资料与标准法规体系是有效实施保障工程的基本依据,包括保障相关法规、修理技术标准、技术保障资料等。其建设可由引进外方技术资料和标准、国内自主编制保障技术资料和修理标准来实现。

(3) 保障物质资源体系。

物质资源体系是保障能力形成的先决条件,包括维修设施、维修设备、维修器材、专用工装等。其建设可由购买外方备品备件和修理工装、国内自主研制备品备件和修理工装、国内自主建立修理线来实现。

(4) 保障关键技术体系。

关键技术体系是有效解决保障工程疑难瓶颈问题、不断提高保障能力的基本途径,包括装备技术状态管理、保障信息化建设和各种先进修理手段运用等技术基础研究,以及复杂巨系统修理技术攻关等。其建设可由购买外方技术、开展关键技术攻关和送到国外修理来实现。

3) 保障决策层

根据引进装备保障工程战略目标,保障决策层包括全部由外方保障、中外联合保障和国内自主保障三种战略决策方案。

通过以上分析,引进装备保障工程战略决策的分层结构如图 9.1 所示。

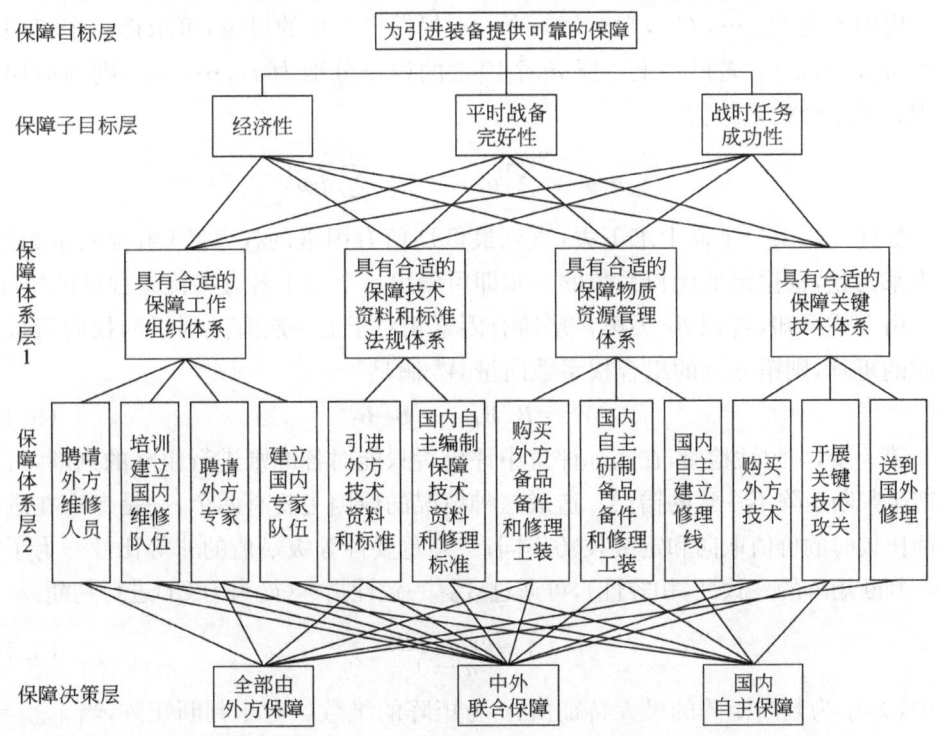

图 9.1 引进装备保障工程战略决策的分层结构图

第3步,求同一层次上的权系数(从高层到底层)。假设当前层上的因素为 $A_1,\cdots,A_n$,相关的上一层因素为 C(可以不止一个),则可针对因素 C,对所有因素 $A_1,\cdots,A_n$ 进行两两比较,得到数值 a_{ij},其定义和解释如表9.3所示[21]。记 $\boldsymbol{A}=(a_{ij})_{n\times n}$,则 $\boldsymbol{A}$ 为因素 $A_1,\cdots,A_n$ 相应于上一层因素 C 的判断矩阵。记 $\boldsymbol{A}$ 的最大特征值为 $\lambda_{\max}$,属于 $\lambda_{\max}$ 的标准化的特征向量为 $\boldsymbol{\omega}=(\omega_1,\cdots,\omega_n)^{\mathrm{T}}$,则 $\omega_1,\cdots,\omega_n$ 给出了因素 $A_1,\cdots,A_n$ 相应于因素 C 的按重要程度的一个排序。

表9.3 判断矩阵标度及其含义

相对重要程度 a_{ij}	定义	解释
1	同等重要	目标 i 和 j 同样重要
3	略微重要	目标 i 比 j 略微重要
5	相当重要	目标 i 比 j 重要
7	明显重要	目标 i 比 j 明显重要
9	绝对重要	目标 i 比 j 绝对重要
2,4,6,8	介于两相邻重要程度间	

第4步,求同一层上的组合权系数,设当前层上的因素为 $A_1,\cdots,A_n$,相关的上一层因素为 $C_1,\cdots,C_m$,则对每一个 C_i,根据第3步的讨论,可求得一个权向量 $\boldsymbol{\omega}^i=(\omega_1^i,\cdots,\omega_n^i)$。若已知上一层 m 个因素的权重分别为 $a_1,\cdots,a_m$,则当前层每个因素的组合权系数为

$$\sum_{i=1}^{m} a_i\omega_1^i , \sum_{i=1}^{m} a_i\omega_2^i , \cdots , \sum_{i=1}^{m} a_i\omega_n^i$$

如此一层层自下而上求下去,直到最低层所有因素的权系数(组合权系数)都求出来为止,根据最低层权系数的分布即可给出一个关于各方案优先程度的排序。

由上式可知,若记 $\boldsymbol{B}_k$ 为第 k 层所有因素相对于上一层有关因素的权向量按列组成的矩阵,则第 k 层的组合权系数向量 $\boldsymbol{W}^k$ 满足

$$\boldsymbol{W}^k = \boldsymbol{B}_k \boldsymbol{B}_{k-1} \cdots \boldsymbol{B}_2 \boldsymbol{B}_1 \tag{9.13}$$

第5步,一致性检验,在实际评价中评价者只能对各准则进行粗略的判断,可能会产生判断矩阵不一致的错误。造成这种情况的原因主要有两个:一是专家在进行两两比较时的价值取向和定级技巧不同;二是重要性等级赋值的非等比性。为了检验各判断矩阵的一致性(相容性),可通过计算一致性指标(简写为CI)进行判断:

$$\mathrm{CI} = \frac{\lambda_{\max} - n}{n-1} \tag{9.14}$$

式中,$\lambda_{\max}$ 为判断矩阵的最大特征值;n 为矩阵的维数。对于判断矩阵,当 $\lambda_{\max}=n$ 时,由CI=0,判断矩阵完全一致;当 $\lambda_{\max} \geqslant n$ 时,CI的值大于零,判断矩阵稍有不一

致；λ_{max} 与 n 的差越大，即 CI 值越大，判断矩阵的不一致性也就越大。随着判断矩阵维数 n 的增大，判断的一致性就越差，维数 n 对矩阵的一致性造成一定的影响。

9.3.3 计算及决策过程

通过层次结构图要得到定量的战略决策，需建立各层的比较判断矩阵，然后计算各层相关因素的权重向量，最后得到战略决策。

1. 建立比较判断矩阵

建立层次体系结构图后，利用层次分析法第 3 步中的方法构造判断矩阵。即同一层次的各元素关于上一层次中某一准则的重要性进行两两比较，并赋予一定的分值，则可以得到不同的判断矩阵 A。

每个专家根据上述判断规则进行判断分析，都可以逐层写出比较判断矩阵。由于这个矩阵是依据每个专家的个体判断写出来的，可称之为个体判断矩阵。不同的专家在分析认识上可能存有一定的偏见或差异，往往会出现一些偏激判断（即偏离正常结果或多数人意见的判断），给合理确定权重带来不利影响。因此，需要对个体判断矩阵中的偏激判断信息进行有效剔除，然后再综合成群体判断矩阵。剔除方法是：计算所有专家个体判断矩阵中每一信息元素的算术平均数和标准差，剔除掉超过算术平均数两个标准差以上的个体判断信息，然后再次计算算术平均数，以此作为专家群体对这一元素的综合判断信息。对每一个信息元素依次进行上述判断，就可以综合成专家群体的综合判断矩阵。

相应的判断矩阵已在计算结果中给出，如第一层为保障目标层，为引进装备提供可靠的保障，第二层为保障子目标层，其因素包括经济性、平时战备完好性、战时任务成功性。

第一层到第二层之间的判断矩阵可写为

$$A = \begin{bmatrix} 经济性 \\ 平时战备完好性 \\ 战时任务成功性 \end{bmatrix} = \begin{bmatrix} 1 & 1/5 & 1/8 \\ 5 & 1 & 1/3 \\ 8 & 3 & 1 \end{bmatrix}$$

矩阵 A 表明，就为引进装备提供可靠的保障这一目标而言，最重视战时任务成功性，平时战备完好性次之，最不重视经济性。

2. 计算同一层次上的组合权系数

依据层次分析法第 4 步，为了从判断矩阵中提炼出有用的信息，达到对事物的规律性认识，为决策提供科学的依据，就需要计算每个判断矩阵的权重向量和全体判断矩阵的合成权重向量。确定指标权重向量的方法有多种，常用的算法有特征向量法(EVM)、对数最小二乘法(LLSM)、最小二乘法(LSM)、最小偏差法(LDM)等。一般而言,在层次分析法中计算判断矩阵的最大特征值与特征向量,并不需要很高的精度,故用近似法计算即可。实践证明,在实际应用中,采用方根法来计算特征向量的近似值已经能够满足计算指标权值的要求。

本节主要采用方根法来计算特征向量的近似值,其步骤如下:

第1步,判断各矩阵 A 每行元素连乘后求根值,计算 $\bar{\omega}_i$,有

$$\bar{\omega}_i = (\prod_{j=1}^{n} a_{ij})^{\frac{1}{n}}, \quad i=1,2,\cdots,n \tag{9.15}$$

例如,由第一层与第二层之间的判断矩阵 A 可以得到

$$\bar{\omega}_1 = \sqrt[3]{1 \times 1/5 \times 1/8} = 0.2924$$

$$\bar{\omega}_2 = \sqrt[3]{5 \times 1 \times 1/3} = 1.1856$$

$$\bar{\omega}_3 = \sqrt[3]{8 \times 3 \times 1} = 2.8845$$

对于其他判断矩阵计算方法一样。

第2步,$\bar{\omega}_i$ 规范化,得到 ω_i

$$\omega_i = \frac{\bar{\omega}_i}{\sum_{i=1}^{n} \bar{\omega}_i}, \quad i=1,2,\cdots,n \tag{9.16}$$

式中,ω_i 即特征向量 ω 的第 i 个分量,针对上述例子可得

$$\omega = [0.0670 \quad 0.2718 \quad 0.6612]$$

将 ω 转置则可以得到第二层按列组成的特征矩阵 B_2,即

$$B_2 = [0.067 \quad 0.2718 \quad 0.6612]^T$$

第3步,$\lambda_{\max}$ 可表示为

$$\lambda_{\max} = \sum_{i=1}^{n} \frac{\sum_{j=1}^{n} a_{ij}\omega_j}{n\omega_i} \tag{9.17}$$

根据此方法可以得到第 k 层次上所有因素相对于上一层上有关因素的权向量按列组成的矩阵 B_k,由图9.1所示的分层结构图可以看出,$B_1 = [1]$,为 1×1 矩阵,B_2 为 3×1 矩阵,B_3 为 4×3 矩阵,B_4 为 12×4 矩阵,B_5 为 3×12 矩阵,最后根据式(9.13)可以得到组合权系数向量 W^5 为 3×1 矩阵,通过比较 W^5 中各元素数值的大小既可以得到最好的方案,值最大者对应的方案最优。

3. 判断矩阵的一致性检验

可以根据各判断矩阵的 $\lambda_{\max}$,求出各判断矩阵的CI,再考虑到专家对问题认识的不同而引起的误差,可取CI对平均随机一致性指标(RI)之比,即一致性比率

(CR)作为一致性检验的判别式

$$CR = \frac{CI}{RI} \quad (9.18)$$

式中,RI 是仅与判断矩阵的维数有关的指标。RI 的取值如表 9.4 所示。

表 9.4 平均随机一致性指标 RI 的值

n	1	2	3	4	5	6	7	8	9	10	11	12	13	14
RI	0.00	0.00	0.58	0.90	1.12	1.24	1.32	1.41	1.45	1.49	1.52	1.54	1.56	1.58

对每个判断矩阵求 CR,当 CR<0.1 时,认为此判断矩阵有满意的一致性,即评判较为合理。否则,需要重新评审来确定判断矩阵数据,再按层次分析法步骤进行重新计算。

4. 计算结果

如图 9.1 所示的层次结构,对于引进装备保障的战略决策问题共分为 5 个层次,根据层次结构图确定每一层的各因素的相对重要性的权数,直至计算出保障决策层各方案的相对权数。通过层次分析理论,分别计算各层判断矩阵及相对权重(表中各层以英文字母排序,各层因素以数字排序)。

1) 第一层到第二层

保障子目标层各因素的判断矩阵及权重如表 9.5 所示。

表 9.5 保障子目标层判断矩阵及权重

A	B_1	B_2	B_3	$A-B$ 权重
B_1	1	1/5	1/8	0.0670
B_2	5	1	1/3	0.2718
B_3	8	3	1	0.6612

由表 9.5 可得

$$\boldsymbol{B}_2 = [0.0670 \quad 0.2718 \quad 0.6612]^{\mathrm{T}}$$

2) 第二层到第三层

由于层次结构图中,第二层到第五层均存在多目标决策问题,因此需先对各层进行单目标的权重分析,然后进行各层的组合权重分析,各层以此类推,最后得到保障决策层的组合权重。

保障体系层 1 中各因素相对于保障子目标层中经济性、平时战备完好性和战时任务成功性三个因素的判断矩阵及权重如表 9.6~表 9.8 所示。

表 9.6　保障体系层 1 相对于经济性因素的判断矩阵及权重

B_1	C_1	C_2	C_3	C_4	B_1-C 权重
C_1	1	3	4	5	0.5349
C_2	1/3	1	3	4	0.2697
C_3	1/4	1/3	1	2	0.1201
C_4	1/5	1/4	1/2	1	0.0753

表 9.7　保障体系层 1 相对于平时战备完好性因素的判断矩阵及权重

B_2	C_1	C_2	C_3	C_4	B_2-C 权重
C_1	1	4	3	5	0.5376
C_2	1/4	1	1/2	3	0.1494
C_3	1/3	2	1	4	0.2430
C_4	1/5	1/3	1/4	1	0.0699

表 9.8　保障体系层 1 相对于战时任务成功性因素的判断矩阵及权重

B_3	C_1	C_2	C_3	C_4	B_3-C 权重
C_1	1	2	1/2	4	0.2880
C_2	1/2	1	1/3	2	0.1539
C_3	2	3	1	5	0.4773
C_4	1/4	1/2	5	1	0.0809

保障体系层 1 中各因素相对于保障目标层的组合权重如表 9.9 所示。

表 9.9　保障体系层 1 中各因素的权重

A	C_1	C_2	C_3	C_4
$A-C$ 权重	0.3724	0.1604	0.3897	0.0775

3）第三层到第四层

保障体系层 2 中各因素相对于保障体系层 1 中各因素的判断矩阵及权重如表 9.10～表 9.13 所示。

表 9.10　保障体系层 2 相对于具有合适的保障工作组织体系因素的判断矩阵及权重

C_1	D_1	D_2	D_3	D_4	D_5	D_6	D_7	D_8	D_9	D_{10}	D_{11}	D_{12}	C_1-D 权重
D_1	1	1/5	1/3	1/7	0	0	0	0	0	0	0	0	0.0570
D_2	5	1	3	1/2	0	0	0	0	0	0	0	0	0.2976

续表

C_1	D_1	D_2	D_3	D_4	D_5	D_6	D_7	D_8	D_9	D_{10}	D_{11}	D_{12}	C_1-D 权重
D_3	3	1/3	1	1/5	0	0	0	0	0	0	0	0	0.1222
D_4	7	2	5	1	0	0	0	0	0	0	0	0	0.5232
D_5	0	0	0	0	1	0	0	0	0	0	0	0	0
D_6	0	0	0	0	0	1	0	0	0	0	0	0	0
D_7	0	0	0	0	0	0	1	0	0	0	0	0	0
D_8	0	0	0	0	0	0	0	1	0	0	0	0	0
D_9	0	0	0	0	0	0	0	0	1	0	0	0	0
D_{10}	0	0	0	0	0	0	0	0	0	1	0	0	0
D_{11}	0	0	0	0	0	0	0	0	0	0	1	0	0
D_{12}	0	0	0	0	0	0	0	0	0	0	0	1	0

表 9.11 保障体系层 2 相对于具有合适的保障技术资料和标准法规体系因素的判断矩阵及权重

C_2	D_1	D_2	D_3	D_4	D_5	D_6	D_7	D_8	D_9	D_{10}	D_{11}	D_{12}	C_2-D 权重
D_1	1	0	0	0	0	0	0	0	0	0	0	0	0
D_2	0	1	0	0	0	0	0	0	0	0	0	0	0
D_3	0	0	1	0	0	0	0	0	0	0	0	0	0
D_4	0	0	0	1	0	0	0	0	0	0	0	0	0
D_5	0	0	0	0	1	1/5	0	0	0	0	0	0	0.1667
D_6	0	0	0	0	5	1	0	0	0	0	0	0	0.8333
D_7	0	0	0	0	0	0	1	0	0	0	0	0	0
D_8	0	0	0	0	0	0	0	1	0	0	0	0	0
D_9	0	0	0	0	0	0	0	0	1	0	0	0	0
D_{10}	0	0	0	0	0	0	0	0	0	1	0	0	0
D_{11}	0	0	0	0	0	0	0	0	0	0	1	0	0
D_{12}	0	0	0	0	0	0	0	0	0	0	0	1	0

表 9.12 保障体系层 2 相对于具有合适的保障物质资源管理体系因素的判断矩阵及权重

C_3	D_1	D_2	D_3	D_4	D_5	D_6	D_7	D_8	D_9	D_{10}	D_{11}	D_{12}	C_3-D 权重
D_1	1	0	0	0	0	0	0	0	0	0	0	0	0
D_2	0	1	0	0	0	0	0	0	0	0	0	0	0
D_3	0	0	1	0	0	0	0	0	0	0	0	0	0
D_4	0	0	0	1	0	0	0	0	0	0	0	0	0

C_3	D_1	D_2	D_3	D_4	D_5	D_6	D_7	D_8	D_9	D_{10}	D_{11}	D_{12}	C_3-D 权重
D_5	0	0	0	0	1	0	0	0	0	0	0	0	0
D_6	0	0	0	0	0	1	0	0	0	0	0	0	0
D_7	0	0	0	0	0	0	1	1/3	1/5	0	0	0	0.1095
D_8	0	0	0	0	0	0	3	1	1/2	0	0	0	0.3090
D_9	0	0	0	0	0	0	5	2	1	0	0	0	0.5816
D_{10}	0	0	0	0	0	0	0	0	0	1	0	0	0
D_{11}	0	0	0	0	0	0	0	0	0	0	1	0	0
D_{12}	0	0	0	0	0	0	0	0	0	0	0	1	0

表 9.13 保障体系层 2 相对于具有合适的保障关键技术体系因素的判断矩阵及权重

C_4	D_1	D_2	D_3	D_4	D_5	D_6	D_7	D_8	D_9	D_{10}	D_{11}	D_{12}	C_4-D 权重
D_1	1	0	0	0	0	0	0	0	0	0	0	0	0
D_2	0	1	0	0	0	0	0	0	0	0	0	0	0
D_3	0	0	1	0	0	0	0	0	0	0	0	0	0
D_4	0	0	0	1	0	0	0	0	0	0	0	0	0
D_5	0	0	0	0	1	0	0	0	0	0	0	0	0
D_6	0	0	0	0	0	1	0	0	0	0	0	0	0
D_7	0	0	0	0	0	0	1	0	0	0	0	0	0
D_8	0	0	0	0	0	0	0	1	0	0	0	0	0
D_9	0	0	0	0	0	0	0	0	1	0	0	0	0
D_{10}	0	0	0	0	0	0	0	0	0	1	1/2	3	0.3090
D_{11}	0	0	0	0	0	0	0	0	0	2	1	5	0.5816
D_{12}	0	0	0	0	0	0	0	0	0	1/3	1/5	1	0.1095

保障体系层 2 中各因素相对于保障目标层的组合权重如表 9.14 所示。

表 9.14 保障体系层 2 中各因素的权重

	D_1	D_2	D_3	D_4	D_5	D_6	D_7	D_8	D_9	D_{10}	D_{11}	D_{12}
$A-D$ 权重	0.0212	0.1108	0.0455	0.1948	0.0267	0.1337	0.0427	0.1204	0.2266	0.0240	0.0451	0.0085

4) 第四层到第五层

保障决策层中各因素相对于保障体系层 2 中各因素的判断矩阵及权重计算同上面的计算过程类似，共有 12 个 3 维矩阵，这里仅给出权重结果，如表 9.15 所示。

表 9.15 保障决策层相对于保障体系层 2 中各因素的权重

$D-E$权重	D_1	D_2	D_3	D_4	D_5	D_6	D_7	D_8	D_9	D_{10}	D_{11}	D_{12}
E_1	0.2500	0	0.2500	0	0.2500	0	0.2500	0	0	0.2500	0	1
E_2	0.7500	0.2500	0.7500	0.2500	0.7500	0.2500	0.7500	0.2500	0	0.7500	0.2500	0
E_3	0	0.7500	0	0.7500	0	0.7500	0	0.7500	1	0	0.7500	0

由表 9.14 和表 9.15 中的权重计算结果，即可求得保障决策层中各因素相对于保障目标的组合权重，如表 9.16 所示。

表 9.16 保障决策层各因素的权重

A	E_1	E_2	E_3
$A-E$权重	0.0485	0.2713	0.6803

由表 9.16 可得

$$W^5 = [0.0485 \quad 0.2713 \quad 0.6803]^T$$

由此可见，引进装备保障的战略决策方案中，国内自主保障所得到的权重最高，因此选择国内自主保障作为引进装备保障工程的战略发展方向。

9.3.4 保障战略的实施

根据引进装备国内自主保障这一工程战略，作者所在单位在十几年的保障工作中，始终按照图 9.1 中保障体系层建设要求，逐步构建了某引进装备四个方面的保障体系。

1. 保障工作组织体系

按照总技术责任单位、分技术责任单位、技术支撑单位和装备承修单位四个层面，技术保障"国家队"的专家、修理厂所技术人员、装备部队自修舰员三个层次，构建了科学、有效的新型保障组织体系。制订了合格承修单位、保障人才队伍的评价方法、遴选标准、运行机制，实施了体系单位合作框架协议、保障资源共同开发、现代项目管理等运作方式；制订了修理技术人员、舰员（艇员）的培训规划和计划，编写了成套的培训教材，研制了训练模拟器材，提高了等级修理能力及自修能力。

2. 保障技术资料和标准法规体系

通过组织编写技术资料、编制修理技术要求、修理技术规程等标准规范，初步建立了一套保障技术资料和标准法规体系，使得某引进装备保障工作有据可查、有章可循、有法可依。

3. 保障物质资源体系

规划指导军内外保障单位开展了专用工装设备、检测试验平台、高等级修理线的建设，开展了三级备品备件清理、关键系统备件研制及试验验收，建立了立足国内的保障物质资源体系。

4. 保障关键技术体系

组织进行了技术基础研究及核心技术攻关，突破了××项关键技术，取得了××项发明专利，开展了引进装备重要控制系统软件备份、汉化等，形成了复杂系统的自主修理能力。

通过以上保障体系的建设，实现了某引进装备的全面自主保障。采用层次分析法，将引进装备保障战略如何选择这一重大决策问题进行科学的层层剖析，将一个复杂决策的系统问题，分解为互相关联、有层次结构的若干子系统。作者所在单位将引进装备保障战略决策问题的经验判断给予量化，将定性问题上升到定量的认识，最终得出了引进装备保障工程的战略发展方向为国内自主保障。

通过这一保障战略的实施，成功实现了某引进装备的全面国内自主保障，印证了引进装备保障工程战略决策的层次分析方法的科学性和正确性。

参 考 文 献

[1] 西蒙. 管理行为[M]. 北京：机械工业出版社，2005.
[2] 朱石坚，宰健，等. 舰船装备综合保障工程[M]. 北京：国防工业出版社，2010.
[3] Sherbrooke C C. Metric a multi-echelon technique for recoverable item control[J]. Operations Research，1968，16(1)：122—141.
[4] Feeney G J，Sherbrooke C C. The(S-1，S)inventory policy under compound Poisson demand [J]. Management Science，1966，12(5)：391—411.
[5] Sherbrooke C C. Technical note-waiting time in an(S-1，S)inventory system-constant service time case[J]. Operations Research，1975，23(4)：819—820.
[6] Muckstadt J A. A model for a multi-item multi-echelon multi-indenture inventory system [J]. Management Science，1973，20(4)：472—481.
[7] Sherbrooke C C. VARI-METRIC：improved approximations for multi-indenture multi-echelon availability models[J]. Operations Research，1986，34(2)：311—319.
[8] Sleptchenko A，van der Heijden M C，van Harten A. Effects of finite repair capacity in multi-echelon multi-indenture service part supply systems[J]. International Journal of Production Economics，2002，79(3)：209—230.
[9] Rustenburg W D，van Houtum G J，Zijm W. Spare parts management at complex technology-

based organizations: an agenda for research[J]. International Journal of Production Economics,2001,71(1):177—193.

[10] 朱石坚. 舰船装备保障资源需求半结构化预测方法研究[J]. 海军工程大学学报,2015, 27(4):54—59.

[11] 何书元. 应用时间序列分析[M]. 北京:北京大学出版社,2003.

[12] Engle R F. Autoregressive conditional heteroskedasticity with estimates of the variance of U. K. inflation[J]. Econometrica,1982,50:987—1008.

[13] 张世英,柯珂. ARCH 模型体系[J]. 系统工程学报,2002,17(3):236—245.

[14] 张学工. 统计学习理论的本质[M]. 北京:清华大学出版社,2000.

[15] Bollerslev T. Generalized autoregressive conditional heteroskedasticity[J]. Journal of Economics,1986,31:307—327.

[16] 蔡宗武,陈琳娜,方颖. 人民币汇率半参数预测模型[J]. 系统工程理论与实践,2012, 32(4):685—692.

[17] 钱学森. 钱学森文集[M]. 北京:国防工业出版社,2011.

[18] 朱石坚. 基于层次分析法的引进装备保障战略决策[J]. 海军工程大学学报,2015,27(5): 63—70.

[19] Saaty T L. The Analytic Hierarchy Process[M]. New York:McGraw-Hill, 1980.

[20] Hwang C L,Yoon K S. Multiple Attribute Decision Making[M]. Berlin:Springer-Verlag,1981.

[21] 赵焕臣,许树柏,和今生. 层次分析法:一种简易的新决策方法[M]. 北京:科学出版社,1986.

索　引

A

岸海支援保障	42

B

半结构化决策	20
保障能力	3
保障体系	2
保障系统	2
保障资源需求预测	7

C

层次分析法	60
持续采办和全寿命支持系统	70

D

等级修理	44
电磁兼容	35
定期修理	19

F

分类保障	50
腐蚀防护	35

G

感知与响应保障	68
功能恢复性修理	35
关键技术要素	28

H

海上机动保障	42
核心保障能力	19

J

技术责任型保障	22
技术支援型保障	22
技术状态评估	20
基于状态的维修	69
舰船在航率	19
渐进式修理	95
舰员级保障	39
军地联合保障	50
军民融合保障	31
军内自主保障	50

L

流程管理	20
流程再造	20

Q

器材保障	5
全球作战保障系统	68
全寿命保障	10

S

设施设备	14

声隐身	117	远程技术支援	139
时间动作分析法	141	**Z**	
视情修理	19		
水下清洗	19	整机先换后修	94
W		质量管理	20
		装备保障	1
物质资源要素	28	装备技术保障	1
X		装备完好率	10
		装备维修工程	3
系统协同	35	装备修理	1
信息化保障	43	装备综合保障	1
修理结构	45	资源可视化	78
修理类别	19	总技术责任单位	23
Y		总体性能恢复性修理	35
		组织机构要素	28
鱼骨图分析法	142		

彩 图

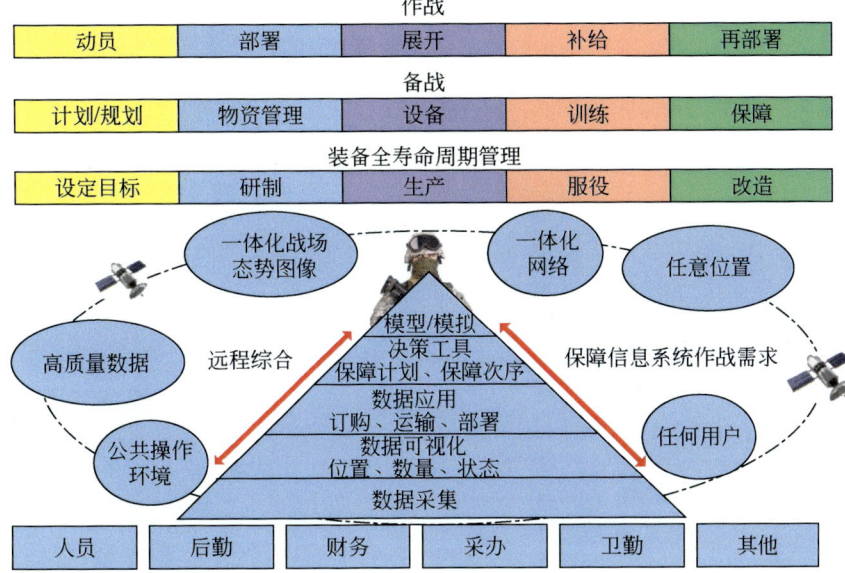

图 4.3 GCSS 的功能构成

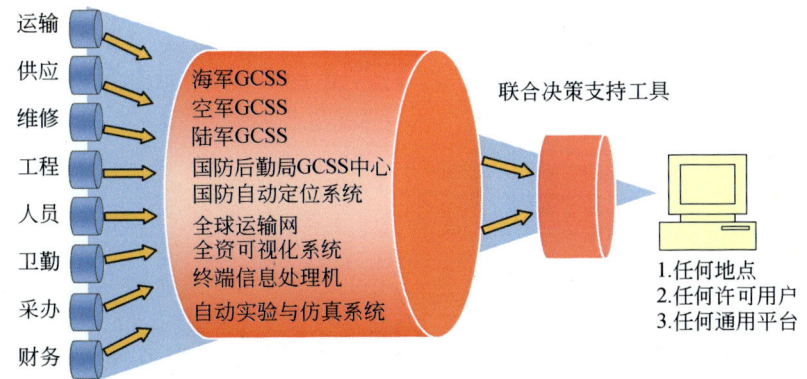

图 4.4 GCSS 的总体设想

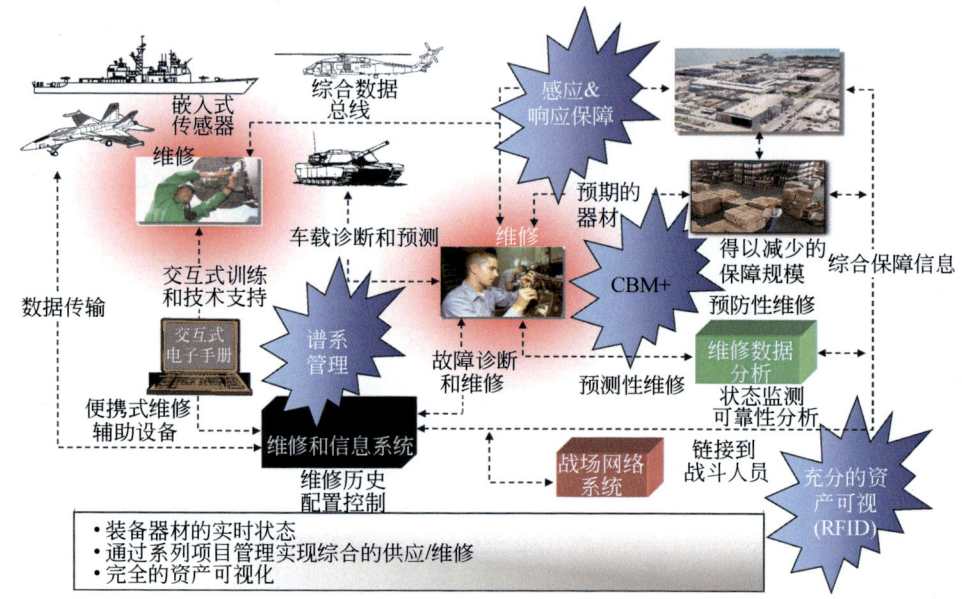

图 4.5 CBM+系统模型的基本构想

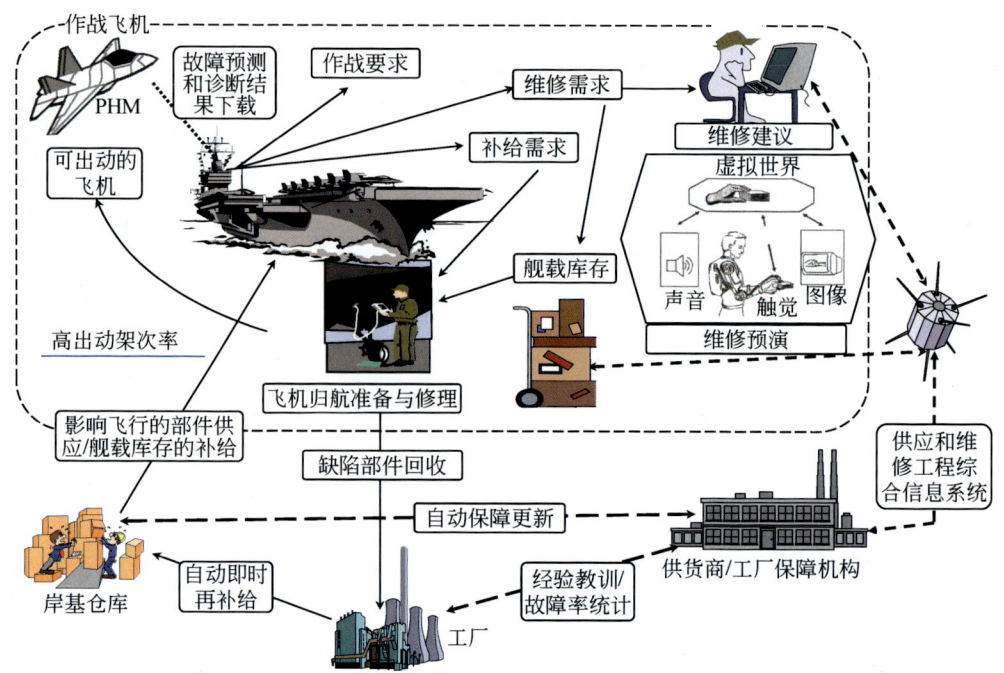

图 4.6 自主式保障系统的总体方案

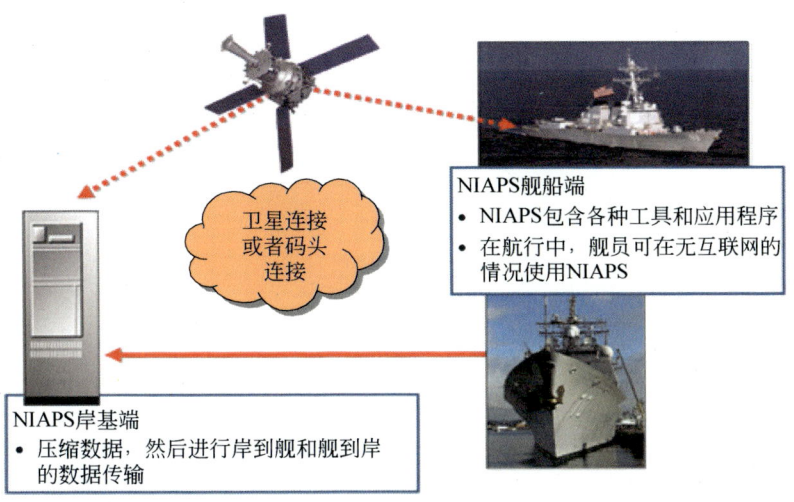

图 4.7　NIAPS 数据传输途径

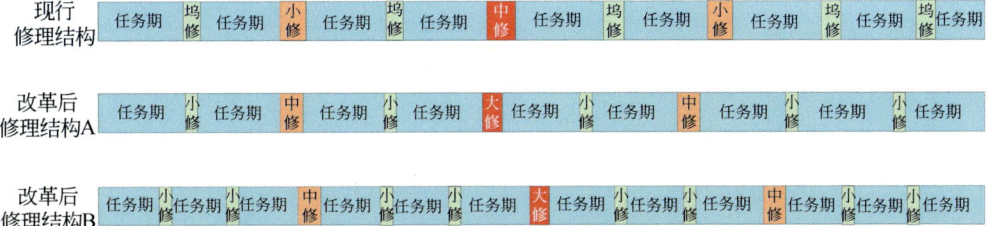

图 5.5　优化前后某型舰修理结构对比

图 5.8　典型的旋刷式水下清洗设备

图 5.10 清洗前勘验和清洗后验收使用标识牌的参考样式

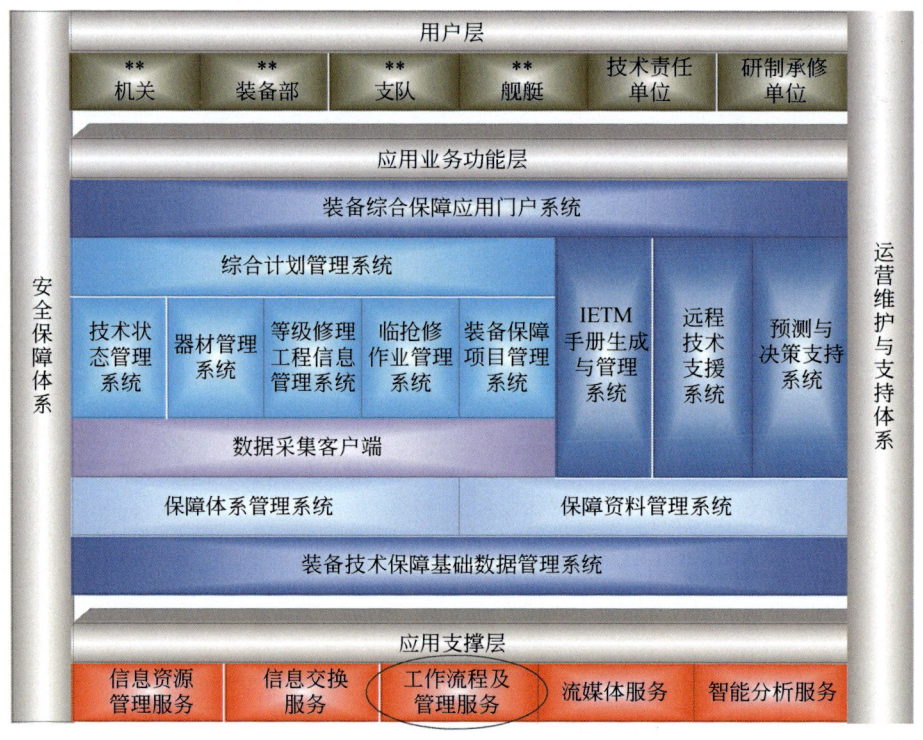

图 7.8 舰船装备保障协同管理平台总体框架